ARABE

VOCABULAIRE

POUR L'AUTOFORMATION

FRANÇAIS ARABE

Les mots les plus utiles
Pour enrichir votre vocabulaire et aiguiser
vos compétences linguistiques

9000 mots

Vocabulaire Français-Arabe pour l'autoformation - 9000 mots
Dictionnaire thématique

Par Andrey Taranov

Les dictionnaires T&P Books ont pour but de vous aider à apprendre, à mémoriser et à réviser votre vocabulaire en langue étrangère. Ce dictionnaire thématique couvre tous les grands domaines du quotidien: l'économie, les sciences, la culture, etc ...

Acquérir du vocabulaire avec les dictionnaires thématiques T&P Books vous offre les avantages suivants:

- Les données d'origine sont regroupées de manière cohérente, ce qui vous permet une mémorisation lexicale optimale
- La présentation conjointe de mots ayant la même racine vous permet de mémoriser des groupes sémantiques entiers (plutôt que des mots isolés)
- Les sous-groupes sémantiques vous permettent d'associer les mots entre eux de manière logique, ce qui facilite votre consolidation du vocabulaire
- Votre maîtrise de la langue peut être évaluée en fonction du nombre de mots acquis

T&P Books Publishing
www.tpbooks.com

ISBN: 978-1-78716-698-1

Ce livre existe également en format électronique.
Pour plus d'informations, veuillez consulter notre site: www.tpbooks.com ou rendez-vous sur ceux des grandes librairies en ligne.

VOCABULAIRE ARABE POUR L'AUTOFORMATION
Dictionnaire thématique

Les dictionnaires T&P Books ont pour but de vous aider à apprendre, à mémoriser et à réviser votre vocabulaire en langue étrangère. Ce lexique présente, de façon thématique, plus de 9000 mots les plus fréquents de la langue.

- Ce livre comporte les mots les plus couramment utilisés
- Son usage est recommandé en complément de l'étude de toute autre méthode de langue
- Il répond à la fois aux besoins des débutants et à ceux des étudiants en langues étrangères de niveau avancé
- Il est idéal pour un usage quotidien, des séances de révision ponctuelles et des tests d'auto-évaluation
- Il vous permet de tester votre niveau de vocabulaire

Spécificités de ce dictionnaire thématique:

- Les mots sont présentés de manière sémantique, et non alphabétique
- Ils sont répartis en trois colonnes pour faciliter la révision et l'auto-évaluation
- Les groupes sémantiques sont divisés en sous-groupes pour favoriser l'apprentissage
- Ce lexique donne une transcription simple et pratique de chaque mot en langue étrangère

Ce dictionnaire comporte 256 thèmes, dont:

les notions fondamentales, les nombres, les couleurs, les mois et les saisons, les unités de mesure, les vêtements et les accessoires, les aliments et la nutrition, le restaurant, la famille et les liens de parenté, le caractère et la personnalité, les sentiments et les émotions, les maladies, la ville et la cité, le tourisme, le shopping, l'argent, la maison, le foyer, le bureau, la vie de bureau, l'import-export, le marketing, la recherche d'emploi, les sports, l'éducation, l'informatique, l'Internet, les outils, la nature, les différents pays du monde, les nationalités, et bien d'autres encore ...

TABLE DES MATIÈRES

GUIDE DE PRONONCIATION

Alphabet phonétique T&P	Exemple en arabe	Exemple en français
[a]	[ṭaffa] طفّى	classe
[ā]	[iχtār] إختار	camarade
[e]	[hamburger] هامبورجر	équipe
[i]	[zifāf] زفاف	stylo
[ī]	[abrīl] أبريل	industrie
[u]	[kalkutta] كلكتا	boulevard
[ū]	[ʒāmūs] جاموس	sucre
[b]	[bidāya] بداية	bureau
[d]	[saʿāda] سعادة	document
[ḍ]	[waḍʿ] وضع	[d] pharyngale
[ʒ]	[arʒantīn] الأرجنتين	jeunesse
[ð]	[tiðkār] تذكار	[th] pharyngalisé
[ẓ]	[ẓahar] ظهر	[z] pharyngale
[f]	[χafīf] خفيف	formule
[g]	[gūlf] جولف	gris
[h]	[ittiʒāh] إتّجاه	[h] aspiré
[ḥ]	[aḥabb] أحبّ	[h] pharyngale
[y]	[ðahabiy] ذهبيّ	maillot
[k]	[kursiy] كرسيّ	bocal
[l]	[lamaḥ] لمح	vélo
[m]	[marṣad] مرصد	minéral
[n]	[ʒanūb] جنوب	ananas
[p]	[kaputʃīnu] كابتشينو	panama
[q]	[waθiq] وثق	cadeau
[r]	[rūḥ] روح	racine, rouge
[s]	[suχriyya] سخريّة	syndicat
[ṣ]	[miʿṣam] معصم	[s] pharyngale
[ʃ]	[ʿaʃāʾ] عشاء	chariot
[t]	[tannūb] تنّوب	tennis
[ṭ]	[χarīṭa] خريطة	[t] pharyngale
[θ]	[mamūθ] ماموث	consonne fricative dentale sourde
[v]	[vitnām] فيتنام	rivière
[w]	[waddaʿ] ودّع	iguane
[x]	[baχīl] بخيل	scots - nicht, allemand - Dach
[ɣ]	[taɣadda] تغدّى	g espagnol - amigo, magnífico
[z]	[māʿiz] ماعز	gazeuse

Alphabet phonétique T&P	Exemple en arabe	Exemple en français
[ʻ] (ayn)	[sab'a] سبعة	consonne fricative pharyngale voisée
[ʼ] (hamza)	[sa'al] سأل	coup de glotte

ABRÉVIATIONS employées dans ce livre

Abréviations en arabe

du	-	nom (à double) pluriel
f	-	nom féminin
m	-	nom masculin
pl	-	pluriel

Abréviations en français

adj	-	adjective
adv	-	adverbe
anim.	-	animé
conj	-	conjonction
dénombr.	-	dénombrable
etc.	-	et cetera
f	-	nom féminin
f pl	-	féminin pluriel
fam.	-	familiar
fem.	-	féminin
form.	-	formal
inanim.	-	inanimé
indénombr.	-	indénombrable
m	-	nom masculin
m pl	-	masculin pluriel
m, f	-	masculin, féminin
masc.	-	masculin
math	-	mathematics
mil.	-	militaire
pl	-	pluriel
prep	-	préposition
pron	-	pronom
qch	-	quelque chose
qn	-	quelqu'un
sing.	-	singulier
v aux	-	verbe auxiliaire
v imp	-	verbe impersonnel
vi	-	verbe intransitif
vi, vt	-	verbe intransitif, transitif
vp	-	verbe pronominal
vt	-	verbe transitif

CONCEPTS DE BASE

Concepts de base. Partie 1

1. Les pronoms

je	ana	أنا
tu (masc.)	anta	أنت
tu (fem.)	anti	أنت
il	huwa	هو
elle	hiya	هي
nous	naḥnu	نحن
vous	antum	أنتم
ils, elles	hum	هم

2. Adresser des vœux. Se dire bonjour. Se dire au revoir

Bonjour! (form.)	as salāmu 'alaykum!	السلام عليكم!
Bonjour! (le matin)	ṣabāḥ al χayr!	صباح الخير!
Bonjour! (après-midi)	nahārak sa'īd!	نهارك سعيد!
Bonsoir!	masā' al χayr!	مساء الخير!
dire bonjour	sallam	سلّم
Salut!	salām!	سلام!
salut (m)	salām (m)	سلام
saluer (vt)	sallam 'ala	سلّم على
Comment ça va?	kayfa ḥāluka?	كيف حالك؟
Quoi de neuf?	ma aχbārak?	ما أخبارك؟
Au revoir!	ma' as salāma!	مع السلامة!
À bientôt!	ilal liqā'!	إلى اللقاء!
Adieu!	ma' as salāma!	مع السلامة!
dire au revoir	wadda'	ودع
Salut! (À bientôt!)	bay bay!	باي باي!
Merci!	ʃukran!	شكرًا!
Merci beaucoup!	ʃukran ʒazīlan!	شكرًا جزيلًا!
Je vous en prie	'afwan	عفوا
Il n'y a pas de quoi	la ʃukr 'ala wāʒib	لا شكر على واجب
Pas de quoi	al 'afw	العفو
Excuse-moi!	'an iðnak!	عن أذنك!
Excusez-moi!	'afwan!	عفوًا!
excuser (vt)	'aðar	عذر
s'excuser (vp)	i'taðar	إعتذر
Mes excuses	ana 'āsif	أنا آسف

Pardonnez-moi!	la tu'āχiðni!	لا تؤاخذني!
pardonner (vt)	'afa	عفا
s'il vous plaît	min faḍlak	من فضلك
N'oubliez pas!	la tansa!	لا تنس!
Bien sûr!	ṭab'an!	طبعًا!
Bien sûr que non!	abadan!	أبدًا!
D'accord!	ittafaqna!	إتّفقنا!
Ça suffit!	kifāya!	كفاية!

3. Comment s'adresser à quelqu'un

monsieur	ya sayyid	يا سيّد
madame	ya sayyida	يا سيدة
madame (mademoiselle)	ya 'ānisa	يا آنسة
jeune homme	ya ustāð	يا أستاذ
petit garçon	ya bni	يا بني
petite fille	ya binti	يا بنتي

4. Les nombres cardinaux. Partie 1

zéro	ṣifr	صفر
un	wāḥid	واحد
une	wāḥida	واحدة
deux	iθnān	إثنان
trois	θalāθa	ثلاثة
quatre	arba'a	أربعة
cinq	χamsa	خمسة
six	sitta	ستّة
sept	sab'a	سبعة
huit	θamāniya	ثمانية
neuf	tis'a	تسعة
dix	'aʃara	عشرة
onze	aḥad 'aʃar	أحد عشر
douze	iθnā 'aʃar	إثنا عشر
treize	θalāθat 'aʃar	ثلاثة عشر
quatorze	arba'at 'aʃar	أربعة عشر
quinze	χamsat 'aʃar	خمسة عشر
seize	sittat 'aʃar	ستّة عشر
dix-sept	sab'at 'aʃar	سبعة عشر
dix-huit	θamāniyat 'aʃar	ثمانية عشر
dix-neuf	tis'at 'aʃar	تسعة عشر
vingt	'iʃrūn	عشرون
vingt et un	wāḥid wa 'iʃrūn	واحد وعشرون
vingt-deux	iθnān wa 'iʃrūn	إثنان وعشرون
vingt-trois	θalāθa wa 'iʃrūn	ثلاثة وعشرون
trente	θalāθīn	ثلاثون
trente et un	wāḥid wa θalāθūn	واحد وثلاثون

trente-deux	iθnān wa θalāθūn	إثنان وثلاثون
trente-trois	θalāθa wa θalāθūn	ثلاثة وثلاثون
quarante	arbaʿūn	أربعون
quarante et un	wāḥid wa arbaʿūn	واحد وأربعون
quarante-deux	iθnān wa arbaʿūn	إثنان وأربعون
quarante-trois	θalāθa wa arbaʿūn	ثلاثة وأربعون
cinquante	χamsūn	خمسون
cinquante et un	wāḥid wa χamsūn	واحد وخمسون
cinquante-deux	iθnān wa χamsūn	إثنان وخمسون
cinquante-trois	θalāθa wa χamsūn	ثلاثة وخمسون
soixante	sittūn	ستّون
soixante et un	wāḥid wa sittūn	واحد وستّون
soixante-deux	iθnān wa sittūn	إثنان وستّون
soixante-trois	θalāθa wa sittūn	ثلاثة وستّون
soixante-dix	sabʿūn	سبعون
soixante et onze	wāḥid wa sabʿūn	واحد وسبعون
soixante-douze	iθnān wa sabʿūn	إثنان وسبعون
soixante-treize	θalāθa wa sabʿūn	ثلاثة وسبعون
quatre-vingts	θamānūn	ثمانون
quatre-vingt et un	wāḥid wa θamānūn	واحد وثمانون
quatre-vingt deux	iθnān wa θamānūn	إثنان وثمانون
quatre-vingt trois	θalāθa wa θamānūn	ثلاثة وثمانون
quatre-vingt-dix	tisʿūn	تسعون
quatre-vingt et onze	wāḥid wa tisʿūn	واحد وتسعون
quatre-vingt-douze	iθnān wa tisʿūn	إثنان وتسعون
quatre-vingt-treize	θalāθa wa tisʿūn	ثلاثة وتسعون

5. Les nombres cardinaux. Partie 2

cent	miʾa	مائة
deux cents	miʾatān	مائتان
trois cents	θalāθumiʾa	ثلاثمائة
quatre cents	rubʿumiʾa	أربعمائة
cinq cents	χamsumiʾa	خمسمائة
six cents	sittumiʾa	ستّمائة
sept cents	sabʿumiʾa	سبعمائة
huit cents	θamānimiʾa	ثمانمائة
neuf cents	tisʿumiʾa	تسعمائة
mille	alf	ألف
deux mille	alfān	ألفان
trois mille	θalāθat ʾālāf	ثلاثة آلاف
dix mille	ʿaʃarat ʾālāf	عشرة آلاف
cent mille	miʾat alf	مائة ألف
million (m)	milyūn (m)	مليون
milliard (m)	milyār (m)	مليار

6. Les nombres ordinaux

premier (adj)	awwal	أوّل
deuxième (adj)	θāni	ثان
troisième (adj)	θāliθ	ثالث
quatrième (adj)	rābi'	رابع
cinquième (adj)	χāmis	خامس
sixième (adj)	sādis	سادس
septième (adj)	sābi'	سابع
huitième (adj)	θāmin	ثامن
neuvième (adj)	tāsi'	تاسع
dixième (adj)	'āʃir	عاشر

7. Nombres. Fractions

fraction (f)	kasr (m)	كسر
un demi	niṣf	نصف
un tiers	θulθ	ثلث
un quart	rub'	ربع
un huitième	θumn	ثمن
un dixième	'uʃr	عشر
deux tiers	θulθān	ثلثان
trois quarts	talātit arbā'	ثلاثة أرباع

8. Les nombres. Opérations mathématiques

soustraction (f)	ṭarḥ (m)	طرح
soustraire (vt)	ṭaraḥ	طرح
division (f)	qisma (f)	قسمة
diviser (vt)	qasam	قسم
addition (f)	ʒam' (m)	جمع
additionner (vt)	ʒama'	جمع
ajouter (vt)	ʒama'	جمع
multiplication (f)	ḍarb (m)	ضرب
multiplier (vt)	ḍarab	ضرب

9. Les nombres. Divers

chiffre (m)	raqm (m)	رقم
nombre (m)	'adad (m)	عدد
adjectif (m) numéral	ism al 'adad (m)	إسم العدد
moins (m)	nāqiṣ (m)	ناقص
plus (m)	zā'id (m)	زائد
formule (f)	ṣīɣa (f)	صيغة
calcul (m)	ḥisāb (m)	حساب
compter (vt)	'add	عدّ

calculer (vt)	ḥasab	حسب
comparer (vt)	qāran	قارن
Combien?	kam?	كم؟
somme (f)	maʒmūʿ (m)	مجموع
résultat (m)	natīʒa (f)	نتيجة
reste (m)	al bāqi (m)	الباقي
quelques …	ʿiddat	عدّة
peu de …	qalīl	قليل
reste (m)	al bāqi (m)	الباقي
un et demi	wāḥid wa niṣf (m)	واحد ونصف
douzaine (f)	iθnā ʿaʃar (f)	إثنا عشر
en deux (adv)	ila ʃaṭrayn	إلى شطرين
en parties égales	bit tasāwi	بالتساوى
moitié (f)	niṣf (m)	نصف
fois (f)	marra (f)	مرّة

10. Les verbes les plus importants. Partie 1

aider (vt)	sāʿad	ساعد
aimer (qn)	aḥabb	أحبّ
aller (à pied)	maʃa	مشى
apercevoir (vt)	lāḥaẓ	لاحظ
appartenir à …	χaṣṣ	خصّ
appeler (au secours)	istaɣāθ	إستغاث
attendre (vt)	intaẓar	إنتظر
attraper (vt)	amsak	أمسك
avertir (vt)	ḥaððar	حذّر
avoir (vt)	malak	ملك
avoir confiance	waθiq	وثق
avoir faim	arād an yaʾkul	أراد أن يأكل
avoir peur	χāf	خاف
avoir soif	arād an yaʃrab	أراد أن يشرب
cacher (vt)	χabaʾ	خبأ
casser (briser)	kasar	كسر
cesser (vt)	tawaqqaf	توقّف
changer (vt)	ɣayyar	غيّر
chasser (animaux)	iṣṭād	إصطاد
chercher (vt)	baḥaθ	بحث
choisir (vt)	iχtār	إختار
commander (~ le menu)	ṭalab	طلب
commencer (vt)	badaʾ	بدأ
comparer (vt)	qāran	قارن
comprendre (vt)	fahim	فهم
compter (dénombrer)	ʿadd	عدّ
compter sur …	iʿtamad ʿala …	إعتمد على...
confondre (vt)	iχtalaṭ	إختلط

connaître (qn)	ʿaraf	عرف
conseiller (vt)	naṣaḥ	نصح
continuer (vt)	istamarr	إستمرّ
contrôler (vt)	taḥakkam	تحكّم
courir (vi)	ʒara	جرى
coûter (vt)	kallaf	كلّف
créer (vt)	χalaq	خلق
creuser (vt)	ḥafar	حفر
crier (vi)	ṣaraχ	صرخ

11. Les verbes les plus importants. Partie 2

décorer (~ la maison)	zayyan	زيّن
défendre (vt)	dāfaʿ	دافع
déjeuner (vi)	taɣadda	تغدّى
demander (~ l'heure)	sa'al	سأل
demander (de faire qch)	ṭalab	طلب
descendre (vi)	nazil	نزل
deviner (vt)	χamman	خمّن
dîner (vi)	taʿaʃʃa	تعشّى
dire (vt)	qāl	قال
diriger (~ une usine)	adār	أدار
discuter (vt)	nāqaʃ	ناقش
donner (vt)	aʿṭa	أعطى
donner un indice	aʿṭa talmīḥ	أعطى تلميحًا
douter (vt)	ʃakk fi	شكّ في
écrire (vt)	katab	كتب
entendre (bruit, etc.)	samiʿ	سمع
entrer (vi)	daχal	دخل
envoyer (vt)	arsal	أرسل
espérer (vi)	tamanna	تمنّى
essayer (vt)	ḥāwal	حاول
être (vi)	kān	كان
être d'accord	ittafaq	إتّفق
être nécessaire	kān maṭlūb	كان مطلوبا
être pressé	istaʿʒal	إستعجل
étudier (vt)	daras	درس
exiger (vt)	ṭālib	طالب
exister (vi)	kān mawʒūd	كان موجودًا
expliquer (vt)	ʃaraḥ	شرح
faire (vt)	ʿamal	عمل
faire tomber	awqaʿ	أوقع
finir (vt)	atamm	أتمّ
garder (conserver)	ḥafaẓ	حفظ
gronder, réprimander (vt)	wabbaχ	وبّخ
informer (vt)	aχbar	أخبر
insister (vi)	aṣarr	أصرّ

insulter (vt)	ahān	أهان
inviter (vt)	da'a	دعا
jouer (s'amuser)	la'ib	لعب

12. Les verbes les plus importants. Partie 3

libérer (ville, etc.)	ḥarrar	حرّر
lire (vi, vt)	qara'	قرأ
louer (prendre en location)	ista'ʒar	إستأجر
manquer (l'école)	ɣāb	غاب
menacer (vt)	haddad	هدّد
mentionner (vt)	ðakar	ذكر
montrer (vt)	'araḍ	عرض
nager (vi)	sabaḥ	سبح
objecter (vt)	i'taraḍ	إعترض
observer (vt)	rāqab	راقب
ordonner (mil.)	amar	أمر
oublier (vt)	nasiy	نسي
ouvrir (vt)	fataḥ	فتح
pardonner (vt)	'afa	عفا
parler (vi, vt)	takallam	تكلّم
participer à ...	iʃtarak	إشترك
payer (régler)	dafa'	دفع
penser (vi, vt)	ẓann	ظنّ
permettre (vt)	raχχaṣ	رخّص
plaire (être apprécié)	a'ʒab	أعجب
plaisanter (vi)	mazaḥ	مزح
planifier (vt)	χaṭṭaṭ	خطّط
pleurer (vi)	baka	بكى
posséder (vt)	malak	ملك
pouvoir (v aux)	istaṭā'	إستطاع
préférer (vt)	faḍḍal	فضّل
prendre (vt)	aχað	أخذ
prendre en note	katab	كتب
prendre le petit déjeuner	afṭar	أفطر
préparer (le dîner)	ḥaḍḍar	حضّر
prévoir (vt)	tanabba'	تنبّأ
prier (~ Dieu)	ṣalla	صلّى
promettre (vt)	wa'ad	وعد
prononcer (vt)	naṭaq	نطق
proposer (vt)	iqtaraḥ	إقترح
punir (vt)	'āqab	عاقب

13. Les verbes les plus importants. Partie 4

recommander (vt)	naṣaḥ	نصح
regretter (vt)	nadim	ندم

répéter (dire encore)	karrar	كرّر
répondre (vi, vt)	aʒāb	أجاب
réserver (une chambre)	ḥaʒaz	حجز
rester silencieux	sakat	سكت
réunir (regrouper)	waḥḥad	وحّد
rire (vi)	ḍaḥik	ضحك
s'arrêter (vp)	waqaf	وقف
s'asseoir (vp)	ʒalas	جلس
sauver (la vie à qn)	anqað	أنقذ
savoir (qch)	ʻaraf	عرف
se baigner (vp)	sabaḥ	سبح
se plaindre (vp)	ʃaka	شكا
se refuser (vp)	rafaḍ	رفض
se tromper (vp)	aχṭa'	أخطأ
se vanter (vp)	tabāha	تباهى
s'étonner (vp)	indahaʃ	إندهش
s'excuser (vp)	iʻtaðar	إعتذر
signer (vt)	waqqaʻ	وقّع
signifier (vt)	ʻana	عنى
s'intéresser (vp)	ihtamm	إهتمّ
sortir (aller dehors)	χaraʒ	خرج
sourire (vi)	ibtasam	إبتسم
sous-estimer (vt)	istaχaff	إستخفّ
suivre ... (suivez-moi)	tabaʻ	تبع
tirer (vi)	aṭlaq an nār	أطلق النار
tomber (vi)	saqaṭ	سقط
toucher (avec les mains)	lamas	لمس
tourner (~ à gauche)	inʻaṭaf	إنعطف
traduire (vt)	tarʒam	ترجم
travailler (vi)	ʻamal	عمل
tromper (vt)	χadaʻ	خدع
trouver (vt)	waʒad	وجد
tuer (vt)	qatal	قتل
vendre (vt)	bāʻ	باع
venir (vi)	waṣal	وصل
voir (vt)	ra'a	رأى
voler (avion, oiseau)	ṭār	طار
voler (qch à qn)	saraq	سرق
vouloir (vt)	arād	أراد

14. Les couleurs

couleur (f)	lawn (m)	لون
teinte (f)	daraʒat al lawn (m)	درجة اللون
ton (m)	ṣabɣit lūn (f)	لون
arc-en-ciel (m)	qaws quzaḥ (m)	قوس قزح
blanc (adj)	abyaḍ	أبيض

noir (adj)	aswad	أسود
gris (adj)	ramādiy	رماديّ
vert (adj)	aχḍar	أخضر
jaune (adj)	aṣfar	أصفر
rouge (adj)	aḥmar	أحمر
bleu (adj)	azraq	أزرق
bleu clair (adj)	azraq fātiḥ	أزرق فاتح
rose (adj)	wardiy	ورديّ
orange (adj)	burtuqāliy	برتقاليّ
violet (adj)	banafsaʒiy	بنفسجي
brun (adj)	bunniy	بنّيّ
d'or (adj)	ðahabiy	ذهبيّ
argenté (adj)	fiḍḍiy	فضيّ
beige (adj)	bɛ:ʒ	بيج
crème (adj)	ʿāʒiy	عاجيّ
turquoise (adj)	fayrūziy	فيروزيّ
rouge cerise (adj)	karaziy	كرزيّ
lilas (adj)	laylakiy	ليلكيّ
framboise (adj)	qirmiziy	قرمزيّ
clair (adj)	fātiḥ	فاتح
foncé (adj)	ɣāmiq	غامق
vif (adj)	zāhi	زاه
de couleur (adj)	mulawwan	ملوّن
en couleurs (adj)	mulawwan	ملوّن
noir et blanc (adj)	abyaḍ wa aswad	أبيض وأسود
unicolore (adj)	waḥīd al lawn, sāda	وحيد اللون, سادة
multicolore (adj)	mutaʿaddid al alwān	متعدّد الألوان

15. Les questions

Qui?	man?	من؟
Quoi?	māða?	ماذا؟
Où? (~ es-tu?)	ayna?	أين؟
Où? (~ vas-tu?)	ila ayna?	إلى أين؟
D'où?	min ayna?	من أين؟
Quand?	mata?	متى؟
Pourquoi? (~ es-tu venu?)	li māða?	لماذا؟
Pourquoi? (~ t'es pâle?)	li māða?	لماذا؟
À quoi bon?	li māða?	لماذا؟
Comment?	kayfa?	كيف؟
Quel? (à ~ prix?)	ay?	أي؟
Lequel?	ay?	أي؟
À qui? (pour qui?)	li man?	لمن؟
De qui?	ʿamman?	عمّن؟
De quoi?	ʿamma?	عمّا؟
Avec qui?	maʿ man?	مع من؟

Combien?	kam?	كم؟
À qui? (~ est ce livre?)	li man?	لمن؟

16. Les prépositions

avec (~ toi)	maʿ	مع
sans (~ sucre)	bi dūn	بدون
à (aller ~ …)	ila	إلى
de (au sujet de)	ʿan	عن
avant (~ midi)	qabl	قبل
devant (~ la maison)	amām	أمام
sous (~ la commode)	taḥt	تحت
au-dessus de …	fawq	فوق
sur (dessus)	ʿala	على
de (venir ~ Paris)	min	من
en (en bois, etc.)	min	من
dans (~ deux heures)	baʿd	بعد
par dessus	ʿabr	عبر

17. Les mots-outils. Les adverbes. Partie 1

Où? (~ es-tu?)	ayna?	أين؟
ici (c'est ~)	huna	هنا
là-bas (c'est ~)	hunāk	هناك
quelque part (être)	fi makānin ma	في مكان ما
nulle part (adv)	la fi ay makān	لا في أي مكان
près de …	bi ʒānib	بجانب
près de la fenêtre	bi ʒānib aʃ ʃubbāk	بجانب الشبّاك
Où? (~ vas-tu?)	ila ayna?	إلى أين؟
ici (Venez ~)	huna	هنا
là-bas (j'irai ~)	hunāk	هناك
d'ici (adv)	min huna	من هنا
de là-bas (adv)	min hunāk	من هناك
près (pas loin)	qarīban	قريبًا
loin (adv)	baʿīdan	بعيدًا
près de (~ Paris)	ʿind	عند
tout près (adv)	qarīban	قريبًا
pas loin (adv)	ɣayr baʿīd	غير بعيد
gauche (adj)	al yasār	اليسار
à gauche (être ~)	ʿalaʃ ʃimāl	على الشمال
à gauche (tournez ~)	ilaʃ ʃimāl	إلى الشمال
droit (adj)	al yamīn	اليمين
à droite (être ~)	ʿalal yamīn	على اليمين

à droite (tournez ~)	Ilal yamīn	إلى اليمين
devant (adv)	min al amām	من الأمام
de devant (adj)	amāmiy	أماميّ
en avant (adv)	ilal amām	إلى الأمام
derrière (adv)	warā'	وراء
par derrière (adv)	min al warā'	من الوراء
en arrière (regarder ~)	ilal warā'	إلى الوراء
milieu (m)	wasaṭ (m)	وسط
au milieu (adv)	fil wasat	في الوسط
de côté (vue ~)	bi ʒānib	بجانب
partout (adv)	fi kull makān	في كل مكان
autour (adv)	ḥawl	حول
de l'intérieur	min ad dāχil	من الداخل
quelque part (aller)	ila ayy makān	إلى أيّ مكان
tout droit (adv)	bi aqṣar ṭarīq	بأقصر طريق
en arrière (revenir ~)	'īyāban	إيابًا
de quelque part (n'import d'où)	min ayy makān	من أي مكان
de quelque part (on ne sait pas d'où)	min makānin ma	من مكان ما
premièrement (adv)	awwalan	أوّلًا
deuxièmement (adv)	θāniyan	ثانيًا
troisièmement (adv)	θāliθan	ثالثًا
soudain (adv)	faʒ'a	فجأة
au début (adv)	fil bidāya	في البداية
pour la première fois	li 'awwal marra	لأوّل مرّة
bien avant ...	qabl ... bi mudda ṭawīla	قبل...بمدّة طويلة
de nouveau (adv)	min ʒadīd	من جديد
pour toujours (adv)	ilal abad	إلى الأبد
jamais (adv)	abadan	أبدًا
de nouveau, encore (adv)	min ʒadīd	من جديد
maintenant (adv)	al 'ān	الآن
souvent (adv)	kaθīran	كثيرًا
alors (adv)	fi ðalika al waqt	في ذلك الوقت
d'urgence (adv)	'āʒilan	عاجلًا
d'habitude (adv)	kal 'āda	كالعادة
à propos, ...	'ala fikra ...	على فكرة...
c'est possible	min al mumkin	من الممكن
probablement (adv)	la'alla	لعلّ
peut-être (adv)	min al mumkin	من الممكن
en plus, ...	bil iḍāfa ila ðalik ...	بالإضافة إلى...
c'est pourquoi ...	li ðalik	لذلك
malgré ...	bir raɣm min ...	بالرغم من...
grâce à ...	bi faḍl ...	بفضل...
quoi (pron)	allaði	الذي
que (conj)	anna	أنّ

quelque chose (Il m'est arrivé ~)	ʃay' (m)	شيء
quelque chose (peut-on faire ~)	ʃay' (m)	شيء
rien (m)	la ʃay'	لا شيء
qui (pron)	allaði	الذي
quelqu'un (on ne sait pas qui)	aḥad	أحد
quelqu'un (n'importe qui)	aḥad	أحد
personne (pron)	la aḥad	لا أحد
nulle part (aller ~)	la ila ay makān	لا إلى أي مكان
de personne	la yaχuṣṣ aḥad	لا يخص أحدًا
de n'importe qui	li aḥad	لأحد
comme ça (adv)	hakaða	هكذا
également (adv)	kaðalika	كذلك
aussi (adv)	ayḍan	أيضًا

18. Les mots-outils. Les adverbes. Partie 2

Pourquoi?	li māða?	لماذا؟
pour une certaine raison	li sababin ma	لسبب ما
parce que ...	li'anna ...	لأنّ...
pour une raison quelconque	li amr mā	لأمر ما
et (conj)	wa	و
ou (conj)	aw	أو
mais (conj)	lakin	لكن
pour ... (prep)	li	لـ
trop (adv)	kaθīran ʒiddan	كثير جدّاً
seulement (adv)	faqaṭ	فقط
précisément (adv)	biḍ ḍabṭ	بالضبط
près de ... (prep)	naḥw	نحو
approximativement	taqrīban	تقريبًا
approximatif (adj)	taqrībiy	تقريبيّ
presque (adv)	taqrīban	تقريبًا
reste (m)	al bāqi (m)	الباقي
chaque (adj)	kull	كلّ
n'importe quel (adj)	ayy	أيّ
beaucoup (adv)	kaθīr	كثير
plusieurs (pron)	kaθīr min an nās	كثير من الناس
tous	kull an nās	كل الناس
en échange de ...	muqābil ...	مقابل...
en échange (adv)	muqābil	مقابل
à la main (adv)	bil yad	باليد
peu probable (adj)	hayhāt	هيهات
probablement (adv)	la'alla	لعلّ
exprès (adv)	qaṣdan	قصداً

par accident (adv)	ṣudfa	صدفة
très (adv)	ʒiddan	جدًا
par exemple (adv)	maθalan	مثلًا
entre (prep)	bayn	بين
parmi (prep)	bayn	بين
autant (adv)	haðihi al kammiyya	هذه الكمية
surtout (adv)	χāṣṣa	خاصّة

Concepts de base. Partie 2

19. Les jours de la semaine

lundi (m)	yawm al iθnayn (m)	يوم الإثنين
mardi (m)	yawm aθ θulāθā' (m)	يوم الثلاثاء
mercredi (m)	yawm al arbi'ā' (m)	يوم الأربعاء
jeudi (m)	yawm al χamīs (m)	يوم الخميس
vendredi (m)	yawm al ʒum'a (m)	يوم الجمعة
samedi (m)	yawm as sabt (m)	يوم السبت
dimanche (m)	yawm al aḥad (m)	يوم الأحد
aujourd'hui (adv)	al yawm	اليوم
demain (adv)	ɣadan	غدًا
après-demain (adv)	ba'd ɣad	بعد غد
hier (adv)	ams	أمس
avant-hier (adv)	awwal ams	أوّل أمس
jour (m)	yawm (m)	يوم
jour (m) ouvrable	yawm 'amal (m)	يوم عمل
jour (m) férié	yawm al 'uṭla ar rasmiyya (m)	يوم العطلة الرسمية
jour (m) de repos	yawm 'uṭla (m)	يوم عطلة
week-end (m)	ayyām al 'uṭla (pl)	أيام العطلة
toute la journée	ṭūl al yawm	طول اليوم
le lendemain	fil yawm at tāli	في اليوم التالي
il y a 2 jours	min yawmayn	قبل يومين
la veille	fil yawm as sābiq	في اليوم السابق
quotidien (adj)	yawmiy	يومي
tous les jours	yawmiyyan	يوميًا
semaine (f)	usbū' (m)	أسبوع
la semaine dernière	fil isbū' al māḍi	في الأسبوع الماضي
la semaine prochaine	fil isbū' al qādim	في الأسبوع القادم
hebdomadaire (adj)	usbū'iy	أسبوعي
chaque semaine	usbū'iyyan	أسبوعيًا
2 fois par semaine	marratayn fil usbū'	مرّتين في الأسبوع
tous les mardis	kull yawm aθ θulaθā'	كل يوم الثلاثاء

20. Les heures. Le jour et la nuit

matin (m)	ṣabāḥ (m)	صباح
le matin	fiṣ ṣabāḥ	في الصباح
midi (m)	ẓuhr (m)	ظهر
dans l'après-midi	ba'd aẓ ẓuhr	بعد الظهر
soir (m)	masā' (m)	مساء
le soir	fil masā'	في المساء

nuit (f)	layl (m)	ليل
la nuit	bil layl	بالليل
minuit (f)	muntaṣif al layl (m)	منتصف الليل
seconde (f)	θāniya (f)	ثانية
minute (f)	daqīqa (f)	دقيقة
heure (f)	sā'a (f)	ساعة
demi-heure (f)	niṣf sā'a (m)	نصف ساعة
un quart d'heure	rub' sā'a (f)	ربع ساعة
quinze minutes	χamsat 'aʃar daqīqa	خمس عشرة دقيقة
vingt-quatre heures	yawm kāmil (m)	يوم كامل
lever (m) du soleil	ʃurūq aʃ ʃams (m)	شروق الشمس
aube (f)	faʒr (m)	فجر
point (m) du jour	ṣabāḥ bākir (m)	صباح باكر
coucher (m) du soleil	ɣurūb aʃ ʃams (m)	غروب الشمس
tôt le matin	fis ṣabāḥ al bākir	في الصباح الباكر
ce matin	al yawm fiṣ ṣabāḥ	اليوم في الصباح
demain matin	ɣadan fiṣ ṣabāḥ	غدًا في الصباح
cet après-midi	al yawm ba'd aẓ ẓuhr	اليوم بعد الظهر
dans l'après-midi	ba'd aẓ ẓuhr	بعد الظهر
demain après-midi	ɣadan ba'd aẓ ẓuhr	غدًا بعد الظهر
ce soir	al yawm fil masā'	اليوم في المساء
demain soir	ɣadan fil masā'	غدًا في المساء
à 3 heures précises	fis sā'a aθ θāliθa tamāman	في الساعة الثالثة تماما
autour de 4 heures	fis sā'a ar rābi'a taqrīban	في الساعة الرابعة تقريبا
vers midi	ḥattas sā'a aθ θāniya 'aʃara	حتى الساعة الثانية عشرة
dans 20 minutes	ba'd 'iʃrīn daqīqa	بعد عشرين دقيقة
dans une heure	ba'd sā'a	بعد ساعة
à temps	fi maw'idih	في موعده
... moins le quart	illa rub'	إلا ربع
en une heure	ṭiwāl sā'a	طوال الساعة
tous les quarts d'heure	kull rub' sā'a	كل ربع ساعة
24 heures sur 24	layl nahār	ليل نهار

21. Les mois. Les saisons

janvier (m)	yanāyir (m)	يناير
février (m)	fibrāyir (m)	فبراير
mars (m)	māris (m)	مارس
avril (m)	abrīl (m)	أبريل
mai (m)	māyu (m)	مايو
juin (m)	yūnyu (m)	يونيو
juillet (m)	yūlyu (m)	يوليو
août (m)	aɣusṭus (m)	أغسطس
septembre (m)	sibtambar (m)	سبتمبر
octobre (m)	uktūbir (m)	أكتوبر
novembre (m)	nuvimbar (m)	نوفمبر

décembre (m)	disimbar (m)	ديسمبر
printemps (m)	rabīʿ (m)	ربيع
au printemps	fir rabīʿ	في الربيع
de printemps (adj)	rabīʿiy	ربيعي
été (m)	ṣayf (m)	صيف
en été	fiṣ ṣayf	في الصيف
d'été (adj)	ṣayfiy	صيفي
automne (m)	χarīf (m)	خريف
en automne	fil χarīf	في الخريف
d'automne (adj)	χarīfiy	خريفيّ
hiver (m)	ʃitā' (m)	شتاء
en hiver	fiʃ ʃitā'	في الشتاء
d'hiver (adj)	ʃitawiy	شتويّ
mois (m)	ʃahr (m)	شهر
ce mois	fi haða aʃ ʃahr	في هذا الشهر
le mois prochain	fiʃ ʃahr al qādim	في الشهر القادم
le mois dernier	fiʃ ʃahr al māḍi	في الشهر الماضي
il y a un mois	qabl ʃahr	قبل شهر
dans un mois	baʿd ʃahr	بعد شهر
dans 2 mois	baʿd ʃahrayn	بعد شهرين
tout le mois	ṭūl aʃ ʃahr	طول الشهر
tout un mois	ʃahr kāmil	شهر كامل
mensuel (adj)	ʃahriy	شهريّ
mensuellement	kull ʃahr	كل شهر
chaque mois	kull ʃahr	كل شهر
2 fois par mois	marratayn fiʃ ʃahr	مرّتين في الشهر
année (f)	sana (f)	سنة
cette année	fi haðihi as sana	في هذه السنة
l'année prochaine	fis sana al qādima	في السنة القادمة
l'année dernière	fis sana al māḍiya	في السنة الماضية
il y a un an	qabla sana	قبل سنة
dans un an	baʿd sana	بعد سنة
dans 2 ans	baʿd sanatayn	بعد سنتين
toute l'année	ṭūl as sana	طول السنة
toute une année	sana kāmila	سنة كاملة
chaque année	kull sana	كل سنة
annuel (adj)	sanawiy	سنويّ
annuellement	kull sana	كل سنة
4 fois par an	arbaʿ marrāt fis sana	أربع مرّات في السنة
date (f) (jour du mois)	tarīχ (m)	تاريخ
date (f) (~ mémorable)	tarīχ (m)	تاريخ
calendrier (m)	taqwīm (m)	تقويم
six mois	niṣf sana (m)	نصف سنة
semestre (m)	niṣf sana (m)	نصف سنة
saison (f)	faṣl (m)	فصل
siècle (m)	qarn (m)	قرن

22. La notion de temps. Divers

temps (m)	waqt (m)	وقت
moment (m)	laḥẓa (f)	لحظة
instant (m)	laḥẓa (f)	لحظة
instantané (adj)	χāṭif	خاطف
laps (m) de temps	fatra (f)	فترة
vie (f)	ḥayāt (f)	حياة
éternité (f)	abadiyya (f)	أبديّة
époque (f)	ʿahd (m)	عهد
ère (f)	ʿaṣr (m)	عصر
cycle (m)	dawra (f)	دورة
période (f)	fatra (f)	فترة
délai (m)	fatra (f)	فترة
avenir (m)	al mustaqbal (m)	المستقبل
prochain (adj)	qādim	قادم
la fois prochaine	fil marra al qādima	في المرّة القادمة
passé (m)	al māḍi (m)	الماضي
passé (adj)	māḍi	ماض
la fois passée	fil marra al māḍiya	في المرّة الماضية
plus tard (adv)	fima baʿd	فيما بعد
après (prep)	baʿd	بعد
à présent (adv)	fi haðihi al ayyām	في هذه الأيام
maintenant (adv)	al ʾān	الآن
immédiatement	ḥālan	حالًا
bientôt (adv)	qarīban	قريبًا
d'avance (adv)	muqaddaman	مقدّمًا
il y a longtemps	min zamān	من زمان
récemment (adv)	min zaman qarīb	من زمان قريب
destin (m)	maṣīr (m)	مصير
souvenirs (m pl)	ðikra (f)	ذكرى
archives (f pl)	arʃīf (m)	أرشيف
pendant … (prep)	aθnāʾ...	أثناء...
longtemps (adv)	li mudda ṭawīla	لمدّة طويلة
pas longtemps (adv)	li mudda qaṣīra	لمدّة قصيرة
tôt (adv)	bākiran	باكرًا
tard (adv)	mutaʾaχχiran	متأخّرًا
pour toujours (adv)	lil abad	للأبد
commencer (vt)	badaʾ	بدأ
reporter (retarder)	aʒʒal	أجّل
en même temps (adv)	fi nafs al waqt	في نفس الوقت
en permanence (adv)	dāʾiman	دائمًا
constant (bruit, etc.)	mustamirr	مستمرّ
temporaire (adj)	muʾaqqat	مؤقّت
parfois (adv)	min ḥīn li ʾāχar	من حين لآخر
rarement (adv)	nādiran	نادرًا
souvent (adv)	kaθīran	كثيرًا

23. Les contraires

riche (adj)	ɣaniy	غنيّ
pauvre (adj)	faqīr	فقير
malade (adj)	marīḍ	مريض
en bonne santé	salīm	سليم
grand (adj)	kabīr	كبير
petit (adj)	ṣaɣīr	صغير
vite (adv)	bi surʿa	بسرعة
lentement (adv)	bi buṭʾ	ببطء
rapide (adj)	sarīʿ	سريع
lent (adj)	baṭīʾ	بطيء
joyeux (adj)	farḥān	فرحان
triste (adj)	ḥazīn	حزين
ensemble (adv)	maʿan	معًا
séparément (adv)	bi mufradih	بمفرده
à haute voix	bi ṣawt ʿāli	بصوت عال
en silence	sirran	سرًا
haut (adj)	ʿāli	عال
bas (adj)	munχafiḍ	منخفض
profond (adj)	ʿamīq	عميق
peu profond (adj)	ḍaḥl	ضحل
oui (adv)	naʿam	نعم
non (adv)	la	لا
lointain (adj)	baʿīd	بعيد
proche (adj)	qarīb	قريب
loin (adv)	baʿīdan	بعيدًا
près (adv)	qarīban	قريبًا
long (adj)	ṭawīl	طويل
court (adj)	qaṣīr	قصير
bon (au bon cœur)	ṭayyib	طيّب
méchant (adj)	ʃarīr	شرير
marié (adj)	mutazawwiʒ	متزوّج
célibataire (adj)	aʿzab	أعزب
interdire (vt)	manaʿ	منع
permettre (vt)	samaḥ	سمح
fin (f)	nihāya (f)	نهاية
début (m)	bidāya (f)	بداية

gauche (adj)	al yasār	اليسار
droit (adj)	al yamīn	اليمين
premier (adj)	awwal	أوّل
dernier (adj)	'āχir	آخر
crime (m)	ʒarīma (f)	جريمة
punition (f)	'uqūba (f),'iqāb (m)	عقوبة, عقاب
ordonner (vt)	amar	أمر
obéir (vt)	ṭā'	طاع
droit (adj)	mustaqīm	مستقيم
courbé (adj)	munḥani	منحن
paradis (m)	al ʒanna (f)	الجنّة
enfer (m)	al ʒaḥīm (f)	الجحيم
naître (vi)	wulid	وُلد
mourir (vi)	māt	مات
fort (adj)	qawiy	قويّ
faible (adj)	ḍa'īf	ضعيف
vieux (adj)	'aʒūz	عجوز
jeune (adj)	ʃābb	شابّ
vieux (adj)	qadīm	قديم
neuf (adj)	ʒadīd	جديد
dur (adj)	ṣalb	صلب
mou (adj)	ṭariy	طريّ
chaud (tiède)	dāfi'	دافئ
froid (adj)	bārid	بارد
gros (adj)	θaχīn	ثخين
maigre (adj)	naḥīf	نحيف
étroit (adj)	ḍayyiq	ضيّق
large (adj)	wāsi'	واسع
bon (adj)	ʒayyid	جيّد
mauvais (adj)	sayyi'	سيّئ
vaillant (adj)	ʃuʒā'	شجاع
peureux (adj)	ʒabān	جبان

24. Les lignes et les formes

carré (m)	murabba' (m)	مربّع
carré (adj)	murabba'	مربّع
cercle (m)	dā'ira (f)	دائرة
rond (adj)	mudawwar	مدوّر

triangle (m)	muθallaθ (m)	مثلّث
triangulaire (adj)	muθallaθ	مثلّث
ovale (m)	bayḍawiy (m)	بيضويّ
ovale (adj)	bayḍawiy	بيضوي
rectangle (m)	mustaṭīl (m)	مستطيل
rectangulaire (adj)	mustaṭīliy	مستطيليّ
pyramide (f)	haram (m)	هرم
losange (m)	mu'ayyan (m)	معيّن
trapèze (m)	murabba' munḥarif (m)	مربّع منحرف
cube (m)	muka''ab (m)	مكعّب
prisme (m)	manʃūr (m)	منشور
circonférence (f)	muḥīṭ munḥanan muɣlaq (m)	محيط منحنى مغلق
sphère (f)	kura (f)	كرة
globe (m)	kura (f)	كرة
diamètre (m)	quṭr (m)	قطر
rayon (m)	niṣf qaṭr (m)	نصف قطر
périmètre (m)	muḥīṭ (m)	محيط
centre (m)	wasaṭ (m)	وسط
horizontal (adj)	ufuqiy	أفقيّ
vertical (adj)	'amūdiy	عموديّ
parallèle (f)	χaṭṭ mutawāzi (m)	خطّ متواز
parallèle (adj)	mutawāzi	متواز
ligne (f)	χaṭṭ (m)	خطّ
trait (m)	ḥaraka (m)	حركة
ligne (f) droite	χaṭṭ mustaqīm (m)	خط مستقيم
courbe (f)	χaṭṭ munḥani (m)	خط منحن
fin (une ~ ligne)	rafī'	رقيع
contour (m)	kuntūr (m)	كنتور
intersection (f)	taqāṭu' (m)	تقاطع
angle (m) droit	zāwya mustaqīma (f)	زاوية مستقيمة
segment (m)	qiṭ'a (f)	قطعة
secteur (m)	qiṭā' (m)	قطاع
côté (m)	ḍil' (m)	ضلع
angle (m)	zāwiya (f)	زاوية

25. Les unités de mesure

poids (m)	wazn (m)	وزن
longueur (f)	ṭūl (m)	طول
largeur (f)	'arḍ (m)	عرض
hauteur (f)	irtifā' (m)	إرتفاع
profondeur (f)	'umq (m)	عمق
volume (m)	ḥaʒm (m)	حجم
aire (f)	misāḥa (f)	مساحة
gramme (m)	grām (m)	جرام
milligramme (m)	milliɣrām (m)	ملّيغرام
kilogramme (m)	kiluɣrām (m)	كيلوغرام

tonne (f)	ṭunn (m)	طنّ
livre (f)	raṭl (m)	رطل
once (f)	ūnṣa (f)	أونصة
mètre (m)	mitr (m)	متر
millimètre (m)	millimitr (m)	ملّيمتر
centimètre (m)	santimitr (m)	سنتيمتر
kilomètre (m)	kilumitr (m)	كيلومتر
mille (m)	mīl (m)	ميل
pouce (m)	būṣa (f)	بوصة
pied (m)	qadam (f)	قدم
yard (m)	yārda (f)	ياردة
mètre (m) carré	mitr murabba' (m)	متر مربّع
hectare (m)	hiktār (m)	هكتار
litre (m)	litr (m)	لتر
degré (m)	daraʒa (f)	درجة
volt (m)	vūlt (m)	فولت
ampère (m)	ambīr (m)	أمبير
cheval-vapeur (m)	ḥiṣān (m)	حصان
quantité (f)	kammiyya (f)	كمّيّة
un peu de ...	qalīl ...	قليل...
moitié (f)	niṣf (m)	نصف
douzaine (f)	iθnā 'aʃar (f)	إثنا عشر
pièce (f)	waḥda (f)	وحدة
dimension (f)	ḥaʒm (m)	حجم
échelle (f) (de la carte)	miqyās (m)	مقياس
minimal (adj)	al adna	الأدنى
le plus petit (adj)	al aṣɣar	الأصغر
moyen (adj)	mutawassiṭ	متوسّط
maximal (adj)	al aqṣa	الأقصى
le plus grand (adj)	al akbar	الأكبر

26. Les récipients

bocal (m) en verre	barṭamān (m)	برطمان
boîte, canette (f)	tanaka (f)	تنكة
seau (m)	ʒardal (m)	جردل
tonneau (m)	barmīl (m)	برميل
bassine, cuvette (f)	ḥawḍ lil ɣasīl (m)	حوض للغسيل
cuve (f)	χazzān (m)	خزّان
flasque (f)	zamzamiyya (f)	زمزميّة
jerrican (m)	ʒirikan (m)	جركن
citerne (f)	χazzān (m)	خزّان
tasse (f), mug (m)	māgg (m)	ماجّ
tasse (f)	finʒān (m)	فنجان
soucoupe (f)	ṭabaq finʒān (m)	طبق فنجان

verre (m) (~ d'eau)	kubbāya (f)	كبّاية
verre (m) à vin	ka's (f)	كأس
faitout (m)	kassirūlla (f)	كاسرولة
bouteille (f)	zuʒāʒa (f)	زجاجة
goulot (m)	ʿunq (m)	عنق
carafe (f)	dawraq zuʒāʒiy (m)	دورق زجاجيّ
pichet (m)	ibrīq (m)	إبريق
récipient (m)	inā' (m)	إناء
pot (m)	aṣīṣ (m)	أصيص
vase (m)	vāza (f)	فازة
flacon (m)	zuʒāʒa (f)	زجاجة
fiole (f)	zuʒāʒa (f)	زجاجة
tube (m)	umbūba (f)	أنبوبة
sac (m) (grand ~)	kīs (m)	كيس
sac (m) (~ en plastique)	kīs (m)	كيس
paquet (m) (~ de cigarettes)	ʿulba (f)	علبة
boîte (f)	ʿulba (f)	علبة
caisse (f)	ṣundū' (m)	صندوق
panier (m)	salla (f)	سلّة

27. Les matériaux

matériau (m)	mādda (f)	مادّة
bois (m)	χaʃab (m)	خشب
en bois (adj)	χaʃabiy	خشبيّ
verre (m)	zuʒāʒ (m)	زجاج
en verre (adj)	zuʒāʒiy	زجاجيّ
pierre (f)	ḥaʒar (m)	حجر
en pierre (adj)	ḥaʒariy	حجريّ
plastique (m)	blastīk (m)	بلاستيك
en plastique (adj)	min al blastīk	من البلاستيك
caoutchouc (m)	maṭṭāṭ (m)	مطّاط
en caoutchouc (adj)	maṭṭāṭiy	مطّاطيّ
tissu (m)	qumāʃ (m)	قماش
en tissu (adj)	min al qumāʃ	من القماش
papier (m)	waraq (m)	ورق
de papier (adj)	waraqiy	ورقيّ
carton (m)	kartūn (m)	كرتون
en carton (adj)	kartūniy	كرتونيّ
polyéthylène (m)	buli iθilīn (m)	بولي إثيلين
cellophane (f)	silufān (m)	سيلوفان

contreplaqué (m)	ablakāʃ (m)	أبلكاش
porcelaine (f)	bursilān (m)	بورسلان
de porcelaine (adj)	min il bursilān	من البورسلان
argile (f)	ṭīn (m)	طين
de terre cuite (adj)	faχχāry	فخّاري
céramique (f)	siramīk (m)	سيراميك
en céramique (adj)	siramīkiy	سيراميكيّ

28. Les métaux

métal (m)	maʿdan (m)	معدن
métallique (adj)	maʿdaniy	معدنيّ
alliage (m)	sabīka (f)	سبيكة
or (m)	ðahab (m)	ذهب
en or (adj)	ðahabiy	ذهبيّ
argent (m)	fiḍḍa (f)	فضّة
en argent (adj)	fiḍḍiy	فضّيّ
fer (m)	ḥadīd (m)	حديد
en fer (adj)	ḥadīdiy	حديديّ
acier (m)	fūlāð (m)	فولاذ
en acier (adj)	fulāðiy	فولاذيّ
cuivre (m)	nuḥās (m)	نحاس
en cuivre (adj)	nuḥāsiy	نحاسيّ
aluminium (m)	alumīniyum (m)	الومينيوم
en aluminium (adj)	alumīniyum	الومينيوم
bronze (m)	brūnz (m)	برونز
en bronze (adj)	brūnziy	برونزيّ
laiton (m)	nuḥās aṣfar (m)	نحاس أصفر
nickel (m)	nikil (m)	نيكل
platine (f)	blatīn (m)	بلاتين
mercure (m)	ziʾbaq (m)	زئبق
étain (m)	qaṣdīr (m)	قصدير
plomb (m)	ruṣāṣ (m)	رصاص
zinc (m)	zink (m)	زنك

L'HOMME

L'homme. Le corps humain

29. L'homme. Notions fondamentales

être (m) humain	insān (m)	إنسان
homme (m)	raʒul (m)	رجل
femme (f)	imraʾa (f)	إمرأة
enfant (m, f)	ṭifl (m)	طفل
fille (f)	bint (f)	بنت
garçon (m)	walad (m)	ولد
adolescent (m)	murāhiq (m)	مراهق
vieillard (m)	ʿaʒūz (m)	عجوز
vieille femme (f)	ʿaʒūza (f)	عجوزة

30. L'anatomie humaine

organisme (m)	ʒism (m)	جسم
cœur (m)	qalb (m)	قلب
sang (m)	dam (m)	دم
artère (f)	ʃaryān (m)	شريان
veine (f)	ʿirq (m)	عرق
cerveau (m)	muχχ (m)	مخّ
nerf (m)	ʿaṣab (m)	عصب
nerfs (m pl)	aʿṣāb (pl)	أعصاب
vertèbre (f)	faqra (f)	فقرة
colonne (f) vertébrale	ʿamūd faqriy (m)	عمود فقريّ
estomac (m)	maʿida (f)	معدة
intestins (m pl)	amʿāʾ (pl)	أمعاء
intestin (m)	miʿan (m)	معى
foie (m)	kibd (f)	كبد
rein (m)	kilya (f)	كلية
os (m)	ʿaẓm (m)	عظم
squelette (f)	haykal ʿaẓmiy (m)	هيكل عظميّ
côte (f)	ḍilʿ (m)	ضلع
crâne (m)	ʒumʒuma (f)	جمجمة
muscle (m)	ʿaḍala (f)	عضلة
biceps (m)	ʿaḍala ðāt raʾsayn (f)	عضلة ذات رأسين
triceps (m)	ʿaḍla θulāθiyyat ar ruʾūs (f)	عضلة ثلاثيّة الرءوس
tendon (m)	watar (m)	وتر
articulation (f)	mafṣil (m)	مفصل

poumons (m pl)	ri'atān (du)	رئتان
organes (m pl) génitaux	a'ḍā' ʒinsiyya (pl)	أعضاء جنسيّة
peau (f)	buʃra (m)	بشرة

31. La téte

tête (f)	ra's (m)	رأس
visage (m)	waʒh (m)	وجه
nez (m)	anf (m)	أنف
bouche (f)	fam (m)	فم
œil (m)	'ayn (f)	عين
les yeux	'uyūn (pl)	عيون
pupille (f)	ḥadaqa (f)	حدقة
sourcil (m)	ḥāʒib (m)	حاجب
cil (m)	rimʃ (m)	رمش
paupière (f)	ʒafn (m)	جفن
langue (f)	lisān (m)	لسان
dent (f)	sinn (f)	سنّ
lèvres (f pl)	ʃifāh (pl)	شفاه
pommettes (f pl)	'iẓām waʒhiyya (pl)	عظام وجهيّة
gencive (f)	liθθa (f)	لثّة
palais (m)	ḥanak (m)	حنك
narines (f pl)	minχarān (du)	منخران
menton (m)	ðaqan (m)	ذقن
mâchoire (f)	fakk (m)	فكّ
joue (f)	χadd (m)	خدّ
front (m)	ʒabha (f)	جبهة
tempe (f)	ṣudɣ (m)	صدغ
oreille (f)	uðun (f)	أذن
nuque (f)	qafa (m)	قفا
cou (m)	raqaba (f)	رقبة
gorge (f)	ḥalq (m)	حلق
cheveux (m pl)	ʃa'r (m)	شعر
coiffure (f)	tasrīḥa (f)	تسريحة
coupe (f)	tasrīḥa (f)	تسريحة
perruque (f)	barūka (f)	باروكة
moustache (f)	ʃawārib (pl)	شوارب
barbe (f)	liḥya (f)	لحية
porter (~ la barbe)	'indahu	عنده
tresse (f)	ḍifīra (f)	ضفيرة
favoris (m pl)	sawālif (pl)	سوالف
roux (adj)	aḥmar aʃ ʃa'r	أحمر الشعر
gris, grisonnant (adj)	abyaḍ	أبيض
chauve (adj)	aṣla'	أصلع
calvitie (f)	ṣala' (m)	صلع
queue (f) de cheval	ðayl ḥiṣān (m)	ذيل حصان
frange (f)	quṣṣa (f)	قصّة

32. Le corps humain

main (f)	yad (m)	يد
bras (m)	ðirāʿ (f)	ذراع
doigt (m)	iṣbaʿ (m)	إصبع
orteil (m)	iṣbaʿ al qadam (m)	إصبع القدم
pouce (m)	ibhām (m)	إبهام
petit doigt (m)	χunṣur (m)	خنصر
ongle (m)	ẓufr (m)	ظفر
poing (m)	qabḍa (f)	قبضة
paume (f)	kaff (f)	كفّ
poignet (m)	miʿṣam (m)	معصم
avant-bras (m)	sāʿid (m)	ساعد
coude (m)	mirfaq (m)	مرفق
épaule (f)	katf (f)	كتف
jambe (f)	riʒl (f)	رجل
pied (m)	qadam (f)	قدم
genou (m)	rukba (f)	ركبة
mollet (m)	sammāna (f)	سمّانة
hanche (f)	faχð (f)	فخذ
talon (m)	ʿaqb (m)	عقب
corps (m)	ʒism (m)	جسم
ventre (m)	baṭn (m)	بطن
poitrine (f)	ṣadr (m)	صدر
sein (m)	θady (m)	ثدي
côté (m)	ʒamb (m)	جنب
dos (m)	ẓahr (m)	ظهر
reins (région lombaire)	asfal aẓ ẓahr (m)	أسفل الظهر
taille (f) (~ de guêpe)	χaṣr (m)	خصر
nombril (m)	surra (f)	سرّة
fesses (f pl)	ardāf (pl)	أرداف
derrière (m)	dubr (m)	دبر
grain (m) de beauté	ʃāma (f)	شامة
tache (f) de vin	waḥma	وحمة
tatouage (m)	waʃm (m)	وشم
cicatrice (f)	nadba (f)	ندبة

Les vêtements & les accessoires

33. Les vêtements d'extérieur

vêtement (m)	malābis (pl)	ملابس
survêtement (m)	malābis fawqāniyya (pl)	ملابس فوقانيّة
vêtement (m) d'hiver	malābis ʃitawiyya (pl)	ملابس شتويّة
manteau (m)	miʿṭaf (m)	معطف
manteau (m) de fourrure	miʿtaf farw (m)	معطف فرو
veste (f) de fourrure	ʒakīt farw (m)	جاكيت فرو
manteau (m) de duvet	ḥaʃiyyat rīʃ (m)	حشية ريش
veste (f) (~ en cuir)	ʒākīt (m)	جاكيت
imperméable (m)	miʿṭaf lil maṭar (m)	معطف للمطر
imperméable (adj)	ṣāmid lil māʾ	صامد للماء

34. Les vêtements

chemise (f)	qamīṣ (m)	قميص
pantalon (m)	banṭalūn (m)	بنطلون
jean (m)	ʒīnz (m)	جينز
veston (m)	sutra (f)	سترة
complet (m)	badla (f)	بدلة
robe (f)	fustān (m)	فستان
jupe (f)	tannūra (f)	تنّورة
chemisette (f)	blūza (f)	بلوزة
veste (f) en laine	kardigān (m)	كارديجان
jaquette (f), blazer (m)	ʒākīt (m)	جاكيت
tee-shirt (m)	ti ʃirt (m)	تي شيرت
short (m)	ʃūrt (m)	شورت
costume (m) de sport	badlat at tadrīb (f)	بدلة التدريب
peignoir (m) de bain	θawb ḥammām (m)	ثوب حمّام
pyjama (m)	biʒāma (f)	بيجاما
chandail (m)	bulūvir (m)	بلوفر
pull-over (m)	bulūvir (m)	بلوفر
gilet (m)	ṣudayriy (m)	صديريّ
queue-de-pie (f)	badlat sahra (f)	بدلة سهرة
smoking (m)	smūkin (m)	سموكن
uniforme (m)	zayy muwaḥḥad (m)	زي موحّد
tenue (f) de travail	θiyāb al ʿamal (m)	ثياب العمل
salopette (f)	uvirūl (m)	اوفرول
blouse (f) (d'un médecin)	θawb (m)	ثوب

35. Les sous-vêtements

sous-vêtements (m pl)	malābis dāχiliyya (pl)	ملابس داخليّة
boxer (m)	sirwāl dāχiliy riʒāliy (m)	سروال داخلي رجاليّ
slip (m) de femme	sirwāl dāχiliy nisā'iy (m)	سروال داخلي نسائي
maillot (m) de corps	qamīṣ bila aqmām (m)	قميص بلا أكمام
chaussettes (f pl)	ʒawārib (pl)	جوارب
chemise (f) de nuit	qamīṣ nawm (m)	قميص نوم
soutien-gorge (m)	ḥammālat ṣadr (f)	حمّالة صدر
chaussettes (f pl) hautes	ʒawārib ṭawīla (pl)	جوارب طويلة
collants (m pl)	ʒawārib kulūn (pl)	جوارب كولون
bas (m pl)	ʒawārib nisā'iyya (pl)	جوارب نسائية
maillot (m) de bain	libās sibāḥa (m)	لباس سباحة

36. Les chapeaux

chapeau (m)	qubbaʿa (f)	قبّعة
chapeau (m) feutre	burnayṭa (f)	برنيطة
casquette (f) de base-ball	kāb baysbūl (m)	كاب بيسبول
casquette (f)	qubbaʿa musaṭṭaḥa (f)	قبّعة مسطحة
béret (m)	birīh (m)	بيريه
capuche (f)	χiṭā' (m)	غطاء
panama (m)	qubbaʿat banāma (f)	قبّعة بناما
bonnet (m) de laine	qubbāʿa maḥbūka (m)	قبّعة محبوكة
foulard (m)	'īʃārb (m)	إيشارب
chapeau (m) de femme	burnayṭa (f)	برنيطة
casque (m) (d'ouvriers)	χūða (f)	خوذة
calot (m)	kāb (m)	كاب
casque (m) (~ de moto)	χūða (f)	خوذة
melon (m)	qubbaʿat dirbi (f)	قبّعة ديربي
haut-de-forme (m)	qubbaʿa ʿāliya (f)	قبّعة عالية

37. Les chaussures

chaussures (f pl)	aḥðiya (pl)	أحذية
bottines (f pl)	ʒazma (f)	جزمة
souliers (m pl) (~ plats)	ʒazma (f)	جزمة
bottes (f pl)	būt (m)	بوت
chaussons (m pl)	ʃibʃib (m)	شبشب
tennis (m pl)	ḥiðā' riyāḍiy (m)	حذاء رياضيّ
baskets (f pl)	kutʃi (m)	كوتشي
sandales (f pl)	ṣandal (pl)	صندل
cordonnier (m)	iskāfiy (m)	إسكافيّ
talon (m)	kaʿb (m)	كعب

paire (f)	zawʒ (m)	زوج
lacet (m)	ʃarīṭ (m)	شريط
lacer (vt)	rabaṭ	ربط
chausse-pied (m)	labbāsat ḥiðā' (f)	لبّاسة حذاء
cirage (m)	warnīʃ al ḥiðā' (m)	ورنيش الحذاء

38. Le textile. Les tissus

coton (m)	quṭn (m)	قطن
de coton (adj)	min al quṭn	من القطن
lin (m)	kattān (m)	كتّان
de lin (adj)	min il kattān	من الكتّان
soie (f)	ḥarīr (m)	حرير
de soie (adj)	min al ḥarīr	من الحرير
laine (f)	ṣūf (m)	صوف
en laine (adj)	min aṣ ṣūf	من الصوف
velours (m)	muɣmal (m)	مخمل
chamois (m)	ʒild ʃāmwāh (m)	جلد شامواه
velours (m) côtelé	quṭn qaṭīfa (f)	قطن قطيفة
nylon (m)	naylūn (m)	نايلون
en nylon (adj)	min an naylūn	من النيلون
polyester (m)	bulyistir (m)	بوليستر
en polyester (adj)	min al bulyastar	من البوليستر
cuir (m)	ʒild (m)	جلد
en cuir (adj)	min al ʒild	من الجلد
fourrure (f)	farw (m)	فرو
en fourrure (adj)	min al farw	من الفرو

39. Les accessoires personnels

gants (m pl)	quffāz (m)	قفّاز
moufles (f pl)	quffāz muɣlaq (m)	قفّاز مغلق
écharpe (f)	'īʃārb (m)	إيشارب
lunettes (f pl)	naẓẓāra (f)	نظّارة
monture (f)	iṭār (m)	إطار
parapluie (m)	ʃamsiyya (f)	شمسيّة
canne (f)	'aṣa (f)	عصا
brosse (f) à cheveux	furʃat ʃa'r (f)	فرشة شعر
éventail (m)	mirwaḥa yadawiyya (f)	مروحة يدويّة
cravate (f)	karavatta (f)	كرافتة
nœud papillon (m)	babyūn (m)	ببيون
bretelles (f pl)	ḥammāla (f)	حمّالة
mouchoir (m)	mandīl (m)	منديل
peigne (m)	miʃṭ (m)	مشط
barrette (f)	dabbūs (m)	دبّوس

épingle (f) à cheveux	bansa (m)	بنسة
boucle (f)	bukla (f)	بكلة
ceinture (f)	ḥizām (m)	حزام
bandoulière (f)	ḥammalat al katf (f)	حمّالة الكتف
sac (m)	ʃanṭa (f)	شنطة
sac (m) â main	ʃanṭat yad (f)	شنطة يد
sac (m) â dos	ḥaqībat ẓahr (f)	حقيبة ظهر

40. Les vêtements. Divers

mode (f)	mūḍa (f)	موضة
â la mode (adj)	fil mūḍa	في الموضة
couturier, créateur de mode	muṣammim azyā' (m)	مصمّم أزياء
col (m)	yāqa (f)	ياقة
poche (f)	ʒayb (m)	جيب
de poche (adj)	ʒayb	جيب
manche (f)	kumm (m)	كمّ
bride (f)	ʿallāqa (f)	علّاقة
braguette (f)	lisān (m)	لسان
fermeture (f) â glissière	zimām munzaliq (m)	زمام منزلق
agrafe (f)	miʃbak (m)	مشبك
bouton (m)	zirr (m)	زرّ
boutonnière (f)	ʿurwa (f)	عروة
s'arracher (bouton)	waqaʿ	وقع
coudre (vi, vt)	χāṭ	خاط
broder (vt)	ṭarraz	طرّز
broderie (f)	taṭrīz (m)	تطريز
aiguille (f)	ibra (f)	إبرة
fil (m)	χayṭ (m)	خيط
couture (f)	darz (m)	درز
se salir (vp)	tawassaχ	توسّخ
tache (f)	buqʿa (f)	بقعة
se froisser (vp)	takarmaʃ	تكرمش
déchirer (vt)	qaṭṭaʿ	قطّع
mite (f)	ʿuθθa (f)	عثّة

41. L'hygiène corporelle. Les cosmétiques

dentifrice (m)	maʿʒūn asnān (m)	معجون أسنان
brosse (f) â dents	furʃat asnān (f)	فرشة أسنان
se brosser les dents	naẓẓaf al asnān	نظّف الأسنان
rasoir (m)	mūs ḥilāqa (m)	موس حلاقة
crème (f) â raser	krīm ḥilāqa (m)	كريم حلاقة
se raser (vp)	ḥalaq	حلق
savon (m)	ṣābūn (m)	صابون

shampooing (m)	ʃāmbū (m)	شامبو
ciseaux (m pl)	maqaṣṣ (m)	مقصّ
lime (f) à ongles	mibrad (m)	مبرد
pinces (f pl) à ongles	milqaṭ (m)	ملقط
pince (f) à épiler	milqaṭ (m)	ملقط
produits (m pl) de beauté	mawādd at taʒmīl (pl)	موادّ التجميل
masque (m) de beauté	mask (m)	ماسك
manucure (f)	manikūr (m)	مانيكور
se faire les ongles	ʿamal manikūr	عمل مانيكور
pédicurie (f)	badikīr (m)	باديكير
trousse (f) de toilette	ḥaqībat adawāt at taʒmīl (f)	حقيبة أدوات التجميل
poudre (f)	budrat waʒh (f)	بودرة وجه
poudrier (m)	ʿulbat būdra (f)	علبة بودرة
fard (m) à joues	aḥmar χudūd (m)	أحمر خدود
parfum (m)	ʿiṭr (m)	عطر
eau (f) de toilette	kulūnya (f)	كولونيا
lotion (f)	lusiyun (m)	لوسيون
eau de Cologne (f)	kulūniya (f)	كولونيا
fard (m) à paupières	ay ʃaduw (m)	اي شادو
crayon (m) à paupières	kuḥl al ʿuyūn (m)	كحل العيون
mascara (m)	maskara (f)	ماسكارا
rouge (m) à lèvres	aḥmar ʃifāh (m)	أحمر شفاه
vernis (m) à ongles	mulammiʿ al aẓāfir (m)	ملمّع الاظافر
laque (f) pour les cheveux	muθabbit aʃ ʃaʿr (m)	مثبّت الشعر
déodorant (m)	muzīl rawāʾiḥ (m)	مزيل روائح
crème (f)	krīm (m)	كريم
crème (f) pour le visage	krīm lil waʒh (m)	كريم للوجه
crème (f) pour les mains	krīm lil yadayn (m)	كريم لليدين
crème (f) anti-rides	krīm muḍādd lit taʒāʿīd (m)	كريم مضادّ للتجاعيد
crème (f) de jour	krīm an nahār (m)	كريم النهار
crème (f) de nuit	krīm al layl (m)	كريم الليل
de jour (adj)	nahāriy	نهاريّ
de nuit (adj)	layliy	ليلي
tampon (m)	tambūn (m)	تانبون
papier (m) de toilette	waraq ḥammām (m)	ورق حمّام
sèche-cheveux (m)	muʒaffif ʃaʿr (m)	مجفّف شعر

42. Les bijoux. La bijouterie

bijoux (m pl)	muʒawharāt (pl)	مجوهرات
précieux (adj)	karīm	كريم
poinçon (m)	damɣa (f)	دمغة
bague (f)	χātim (m)	خاتم
alliance (f)	diblat al χuṭūba (m)	دبلة الخطوبة
bracelet (m)	siwār (m)	سوار
boucles (f pl) d'oreille	ḥalaq (m)	حلق

collier (m) (de perles)	ʻaqd (m)	عقد
couronne (f)	tāʒ (m)	تاج
collier (m) (en verre, etc.)	ʻaqd χaraz (m)	عقد خرز
diamant (m)	almās (m)	الماس
émeraude (f)	zumurrud (m)	زمرّد
rubis (m)	yāqūt aḥmar (m)	ياقوت أحمر
saphir (m)	yāqūt azraq (m)	ياقوت أزرق
perle (f)	lu'lu' (m)	لؤلؤ
ambre (m)	kahramān (m)	كهرمان

43. Les montres. Les horloges

montre (f)	sāʻa (f)	ساعة
cadran (m)	waʒh as sāʻa (m)	وجه الساعة
aiguille (f)	ʻaqrab as sāʻa (m)	عقرب الساعة
bracelet (m)	siwār sāʻa maʻdaniyya (m)	سوار ساعة معدنية
bracelet (m) (en cuir)	siwār sāʻa (m)	سوار ساعة
pile (f)	baṭṭāriyya (f)	بطّاريّة
être déchargé	tafarraɣ	تفرّغ
changer de pile	ɣayyar al baṭṭāriyya	غيّر البطّاريّة
avancer (vi)	sabaq	سبق
retarder (vi)	ta'aχχar	تأخّر
pendule (f)	sāʻat ḥā'iṭ (f)	ساعة حائط
sablier (m)	sāʻa ramliyya (f)	ساعة رمليّة
cadran (m) solaire	sāʻa ʃamsiyya (f)	ساعة شمسيّة
réveil (m)	munabbih (m)	منبّه
horloger (m)	saʻātiy (m)	ساعاتيّ
réparer (vt)	aṣlaḥ	أصلح

Les aliments. L'alimentation

44. Les aliments

viande (f)	laḥm (m)	لحم
poulet (m)	daʒāʒ (m)	دجاج
poulet (m) (poussin)	farrūʒ (m)	فرّوج
canard (m)	baṭṭa (f)	بطّة
oie (f)	iwazza (f)	إوزّة
gibier (m)	ṣayd (m)	صيد
dinde (f)	daʒāʒ rūmiy (m)	دجاج رومي
du porc	laḥm al χinzīr (m)	لحم الخنزير
du veau	laḥm il ʿiʒl (m)	لحم العجل
du mouton	laḥm aḍ ḍa'n (m)	لحم الضأن
du bœuf	laḥm al baqar (m)	لحم البقر
lapin (m)	arnab (m)	أرنب
saucisson (m)	suʒuq (m)	سجق
saucisse (f)	suʒuq (m)	سجق
bacon (m)	bikūn (m)	بيكون
jambon (m)	hām (m)	هام
cuisse (f)	faχð χinzīr (m)	فخذ خنزير
pâté (m)	maʿʒūn laḥm (m)	معجون لحم
foie (m)	kibda (f)	كبدة
farce (f)	ḥaʃwa (f)	حشوة
langue (f)	lisān (m)	لسان
œuf (m)	bayḍa (f)	بيضة
les œufs	bayḍ (m)	بيض
blanc (m) d'œuf	bayāḍ al bayḍ (m)	بياض البيض
jaune (m) d'œuf	ṣafār al bayḍ (m)	صفار البيض
poisson (m)	samak (m)	سمك
fruits (m pl) de mer	fawākih al baḥr (pl)	فواكه البحر
caviar (m)	kaviyār (m)	كافيار
crabe (m)	salṭaʿūn (m)	سلطعون
crevette (f)	ʒambari (m)	جمبري
huître (f)	maḥār (m)	محار
langoustine (f)	karkand ʃaik (m)	كركند شائك
poulpe (m)	uχṭubūṭ (m)	أخطبوط
calamar (m)	kalmāri (m)	كالماري
esturgeon (m)	samak al ḥafʃ (m)	سمك الحفش
saumon (m)	salmūn (m)	سلمون
flétan (m)	samak al halbūt (m)	سمك الهلبوت
morue (f)	samak al qudd (m)	سمك القدّ
maquereau (m)	usqumriy (m)	أسقمريّ

thon (m)	tūna (f)	تونة
anguille (f)	ḥankalīs (m)	حنكليس
truite (f)	salmūn muraqqaṭ (m)	سلمون مرقّط
sardine (f)	sardīn (m)	سردين
brochet (m)	samak al karāki (m)	سمك الكراكي
hareng (m)	rinʒa (f)	رنجة
pain (m)	χubz (m)	خبز
fromage (m)	ʒubna (f)	جبنة
sucre (m)	sukkar (m)	سكّر
sel (m)	milḥ (m)	ملح
riz (m)	urz (m)	أرز
pâtes (m pl)	makarūna (f)	مكرونة
nouilles (f pl)	nūdlis (f)	نودلز
beurre (m)	zubda (f)	زبدة
huile (f) végétale	zayt (m)	زيت
huile (f) de tournesol	zayt ʻabīd aʃ ʃams (m)	زيت عبيد الشمس
margarine (f)	marɣarīn (m)	مرغرين
olives (f pl)	zaytūn (m)	زيتون
huile (f) d'olive	zayt az zaytūn (m)	زيت الزيتون
lait (m)	ḥalīb (m)	حليب
lait (m) condensé	ḥalīb mukaθθaf (m)	حليب مكثّف
yogourt (m)	yūɣurt (m)	يوغورت
crème (f) aigre	krīma ḥāmiḍa (f)	كريمة حامضة
crème (f) (de lait)	krīma (f)	كريمة
sauce (f) mayonnaise	mayunīz (m)	مايونيز
crème (f) au beurre	krīmat zubda (f)	كريمة زبدة
gruau (m)	ḥubūb (pl)	حبوب
farine (f)	daqīq (m)	دقيق
conserves (f pl)	muʻallabāt (pl)	معلّبات
pétales (m pl) de maïs	kurn fliks (m)	كورن فليكس
miel (m)	ʻasal (m)	عسل
confiture (f)	murabba (m)	مربّى
gomme (f) à mâcher	ʻilk (m)	علك

45. Les boissons

eau (f)	māʼ (m)	ماء
eau (f) potable	māʼ ʃurb (m)	ماء شرب
eau (f) minérale	māʼ maʻdaniy (m)	ماء معدنيّ
plate (adj)	bi dūn ɣāz	بدون غاز
gazeuse (l'eau ~)	mukarban	مكربن
pétillante (adj)	bil ɣāz	بالغاز
glace (f)	θalʒ (m)	ثلج
avec de la glace	biθ θalʒ	بالثلج

sans alcool	bi dūn kuḥūl	بدون كحول
boisson (f) non alcoolisée	maʃrūb ɣāziy (m)	مشروب غازي
rafraîchissement (m)	maʃrūb muθallaʒ (m)	مشروب مثلّج
limonade (f)	ʃarāb laymūn (m)	شراب ليمون
boissons (f pl) alcoolisées	maʃrūbāt kuḥūliyya (pl)	مشروبات كحوليّة
vin (m)	nabīð (f)	نبيذ
vin (m) blanc	nibīð abyaḍ (m)	نبيذ أبيض
vin (m) rouge	nabīð aḥmar (m)	نبيذ أحمر
liqueur (f)	liqiūr (m)	ليكيور
champagne (m)	ʃambāniya (f)	شمبانيا
vermouth (m)	virmut (m)	فيرموث
whisky (m)	wiski (m)	وسكي
vodka (f)	vudka (f)	فودكا
gin (m)	ʒīn (m)	جين
cognac (m)	kunyāk (m)	كونياك
rhum (m)	rum (m)	رم
café (m)	qahwa (f)	قهوة
café (m) noir	qahwa sāda (f)	قهوة سادة
café (m) au lait	qahwa bil ḥalīb (f)	قهوة بالحليب
cappuccino (m)	kaputʃīnu (m)	كابتشينو
café (m) soluble	niskafi (m)	نيسكافيه
lait (m)	ḥalīb (m)	حليب
cocktail (m)	kuktayl (m)	كوكتيل
cocktail (m) au lait	milk ʃiyk (m)	ميلك شيك
jus (m)	ʿaṣīr (m)	عصير
jus (m) de tomate	ʿaṣīr ṭamāṭim (m)	عصير طماطم
jus (m) d'orange	ʿaṣīr burtuqāl (m)	عصير برتقال
jus (m) pressé	ʿaṣīr ṭāziʒ (m)	عصير طازج
bière (f)	bīra (f)	بيرة
bière (f) blonde	bīra χafīfa (f)	بيرة خفيفة
bière (f) brune	bīra ɣāmiqa (f)	بيرة غامقة
thé (m)	ʃāy (m)	شاي
thé (m) noir	ʃāy aswad (m)	شاي أسود
thé (m) vert	ʃāy aχḍar (m)	شاي أخضر

46. Les légumes

légumes (m pl)	χuḍār (pl)	خضار
verdure (f)	χuḍrawāt waraqiyya (pl)	خضروات ورقيّة
tomate (f)	ṭamāṭim (f)	طماطم
concombre (m)	χiyār (m)	خيار
carotte (f)	ʒazar (m)	جزر
pomme (f) de terre	baṭāṭis (f)	بطاطس
oignon (m)	baṣal (m)	بصل
ail (m)	θūm (m)	ثوم

chou (m)	kurumb (m)	كرنب
chou-fleur (m)	qarnabīṭ (m)	قرنبيط
chou (m) de Bruxelles	kurumb brūksil (m)	كرنب بروكسل
brocoli (m)	brukuli (m)	بركولي
betterave (f)	banʒar (m)	بنجر
aubergine (f)	bātinʒān (m)	باذنجان
courgette (f)	kūsa (f)	كوسة
potiron (m)	qarʿ (m)	قرع
navet (m)	lift (m)	لفت
persil (m)	baqdūnis (m)	بقدونس
fenouil (m)	ʃabat (m)	شبت
laitue (f) (salade)	χass (m)	خسّ
céleri (m)	karafs (m)	كرفس
asperge (f)	halyūn (m)	هليون
épinard (m)	sabāniχ (m)	سبانخ
pois (m)	bisilla (f)	بسلّة
fèves (f pl)	fūl (m)	فول
maïs (m)	ðura (f)	ذرّة
haricot (m)	faṣūliya (f)	فاصوليا
poivron (m)	filfil (m)	فلفل
radis (m)	fiʒl (m)	فجل
artichaut (m)	χurʃūf (m)	خرشوف

47. Les fruits. Les noix

fruit (m)	fākiha (f)	فاكهة
pomme (f)	tuffāḥa (f)	تفّاحة
poire (f)	kummaθra (f)	كمّثرى
citron (m)	laymūn (m)	ليمون
orange (f)	burtuqāl (m)	برتقال
fraise (f)	farawla (f)	فراولة
mandarine (f)	yūsufiy (m)	يوسفي
prune (f)	barqūq (m)	برقوق
pêche (f)	durrāq (m)	دراق
abricot (m)	miʃmiʃ (f)	مشمش
framboise (f)	tūt al ʿullayq al aḥmar (m)	توت العلّيق الأحمر
ananas (m)	ananās (m)	أناناس
banane (f)	mawz (m)	موز
pastèque (f)	baṭṭīχ aḥmar (m)	بطّيخ أحمر
raisin (m)	ʿinab (m)	عنب
merise (f), cerise (f)	karaz (m)	كرز
melon (m)	baṭṭīχ aṣfar (f)	بطّيخ أصفر
pamplemousse (m)	zinbāʿ (m)	زنباع
avocat (m)	avukādu (f)	افوكاتو
papaye (f)	babāya (m)	ببايا
mangue (f)	mangu (m)	مانجو
grenade (f)	rummān (m)	رمان

groseille (f) rouge	kiʃmiʃ aḥmar (m)	كشمش أحمر
cassis (m)	ʻinab aθ θaʻlab al aswad (m)	عنب الثعلب الأسود
groseille (f) verte	ʻinab aθ θaʻlab (m)	عنب الثعلب
myrtille (f)	ʻinab al aḥrāʒ (m)	عنب الأحراج
mûre (f)	θamar al ʻullayk (m)	ثمر العليّق
raisin (m) sec	zabīb (m)	زبيب
figue (f)	tīn (m)	تين
datte (f)	tamr (m)	تمر
cacahuète (f)	fūl sudāniy (m)	فول سودانيّ
amande (f)	lawz (m)	لوز
noix (f)	ʻayn al ʒamal (f)	عين الجمل
noisette (f)	bunduq (m)	بندق
noix (f) de coco	ʒawz al hind (m)	جوز هند
pistaches (f pl)	fustuq (m)	فستق

48. Le pain. Les confiseries

confiserie (f)	ḥalawiyyāt (pl)	حلويّات
pain (m)	χubz (m)	خبز
biscuit (m)	baskawīt (m)	بسكويت
chocolat (m)	ʃukulāta (f)	شكولاتة
en chocolat (adj)	biʃ ʃukulāṭa	بالشكولاتة
bonbon (m)	bumbūn (m)	بونبون
gâteau (m), pâtisserie (f)	kaʻk (m)	كعك
tarte (f)	tūrta (f)	تورتة
gâteau (m)	faṭīra (f)	فطيرة
garniture (f)	ḥaʃwa (f)	حشوة
confiture (f)	murabba (m)	مربّى
marmelade (f)	marmalād (f)	مرملاد
gaufre (f)	wāfil (m)	وافل
glace (f)	muθallaʒāt (pl)	مثلّجات
pudding (m)	būding (m)	بودنج

49. Les plats cuisinés

plat (m)	waʒba (f)	وجبة
cuisine (f)	maṭbaχ (m)	مطبخ
recette (f)	waṣfa (f)	وصفة
portion (f)	waʒba (f)	وجبة
salade (f)	sulṭa (f)	سلطة
soupe (f)	ʃūrba (f)	شوربة
bouillon (m)	maraq (m)	مرق
sandwich (m)	sandawitʃ (m)	ساندويتش
les œufs brouillés	bayḍ maqliy (m)	بيض مقليّ
hamburger (m)	hamburger (m)	هامبورجر

steak (m)	biftīk (m)	بفتيك
garniture (f)	ṭabaq ʒānibiy (m)	طبق جانبيّ
spaghettis (m pl)	spaɣitti (m)	سباغيتي
purée (f)	harīs baṭāṭis (m)	هريس بطاطس
pizza (f)	bītza (f)	بيتزا
bouillie (f)	ʿaṣīda (f)	عصيدة
omelette (f)	bayḍ maχfūq (m)	بيض مخفوق
cuit à l'eau (adj)	maslūq	مسلوق
fumé (adj)	mudaχχin	مدخّن
frit (adj)	maqliy	مقليّ
sec (adj)	muʒaffaf	مجفّف
congelé (adj)	muʒammad	مجمّد
mariné (adj)	muχallil	مخلّل
sucré (adj)	musakkar	مسكّر
salé (adj)	māliḥ	مالح
froid (adj)	bārid	بارد
chaud (adj)	sāχin	ساخن
amer (adj)	murr	مرّ
bon (savoureux)	laðīð	لذيذ
cuire à l'eau	ṭabaχ	طبخ
préparer (le dîner)	ḥaḍḍar	حضّر
faire frire	qala	قلي
réchauffer (vt)	saχχan	سخّن
saler (vt)	mallaḥ	ملّح
poivrer (vt)	falfal	فلفل
râper (vt)	baʃar	بشر
peau (f)	qiʃra (f)	قشرة
éplucher (vt)	qaʃʃar	قشّر

50. Les épices

sel (m)	milḥ (m)	ملح
salé (adj)	māliḥ	مالح
saler (vt)	mallaḥ	ملّح
poivre (m) noir	filfil aswad (m)	فلفل أسود
poivre (m) rouge	filfil aḥmar (m)	فلفل أحمر
moutarde (f)	ṣalṣat al χardal (f)	صلصة الخردل
raifort (m)	fiʒl ḥārr (m)	فجل حارّ
condiment (m)	tābil (m)	تابل
épice (f)	bahār (m)	بهار
sauce (f)	ṣalṣa (f)	صلصة
vinaigre (m)	χall (m)	خلّ
anis (m)	yānsūn (m)	يانسون
basilic (m)	rīḥān (m)	ريحان
clou (m) de girofle	qurumful (m)	قرنفل
gingembre (m)	zanʒabīl (m)	زنجبيل
coriandre (m)	kuzbara (f)	كزبرة

cannelle (f)	qirfa (f)	قرفة
sésame (m)	simsim (m)	سمسم
feuille (f) de laurier	awrāq al ɣār (pl)	أوراق الغار
paprika (m)	babrika (f)	بابريكا
cumin (m)	karāwiya (f)	كراوية
safran (m)	zaʿfarān (m)	زعفران

51. Les repas

nourriture (f)	akl (m)	أكل
manger (vi, vt)	akal	أكل
petit déjeuner (m)	fuṭūr (m)	فطور
prendre le petit déjeuner	afṭar	أفطر
déjeuner (m)	ɣadā' (m)	غداء
déjeuner (vi)	taɣadda	تغدّى
dîner (m)	ʿaʃā' (m)	عشاء
dîner (vi)	taʿaʃʃa	تعشّى
appétit (m)	ʃahiyya (f)	شهيّة
Bon appétit!	hanī'an marī'an!	هنيئًا مريئًا!
ouvrir (vt)	fataḥ	فتح
renverser (liquide)	dalaq	دلق
se renverser (liquide)	indalaq	إندلق
bouillir (vi)	ɣala	غلى
faire bouillir	ɣala	غلى
bouilli (l'eau ~e)	maɣliy	مغليّ
refroidir (vt)	barrad	برّد
se refroidir (vp)	tabarrad	تبرّد
goût (m)	ṭaʿm (m)	طعم
arrière-goût (m)	al maðāq al ʿāliq fil fam (m)	المذاق العالق فى الفم
suivre un régime	faqad al wazn	فقد الوزن
régime (m)	ḥimya ɣaðā'iyya (f)	حمية غذائية
vitamine (f)	vitamīn (m)	فيتامين
calorie (f)	suʿra ḥarāriyya (f)	سعرة حراريّة
végétarien (m)	nabātiy (m)	نباتيّ
végétarien (adj)	nabātiy	نباتيّ
lipides (m pl)	duhūn (pl)	دهون
protéines (f pl)	brutināt (pl)	بروتينات
glucides (m pl)	naʃawiyyāt (pl)	نشويّات
tranche (f)	ʃarīḥa (f)	شريحة
morceau (m)	qiṭʿa (f)	قطعة
miette (f)	futāta (f)	فتاتة

52. Le dressage de la table

cuillère (f)	milʿaqa (f)	ملعقة
couteau (m)	sikkīn (m)	سكّين

fourchette (f)	ʃawka (f)	شوكة
tasse (f)	finʒān (m)	فنجان
assiette (f)	ṭabaq (m)	طبق
soucoupe (f)	ṭabaq finʒān (m)	طبق فنجان
serviette (f)	mandīl (m)	منديل
cure-dent (m)	χallat asnān (f)	خلّة أسنان

53. Le restaurant

restaurant (m)	maṭʿam (m)	مطعم
salon (m) de café	kafé (m), maqha (m)	كافيه, مقهى
bar (m)	bār (m)	بار
salon (m) de thé	ṣālun ʃāy (m)	صالون شاي
serveur (m)	nādil (m)	نادل
serveuse (f)	nādila (f)	نادلة
barman (m)	bārman (m)	بارمان
carte (f)	qā'imat aṭ ṭaʿām (f)	قائمة طعام
carte (f) des vins	qā'imat al χumūr (f)	قائمة خمور
réserver une table	ḥaʒaz mā'ida	حجز مائدة
plat (m)	waʒba (f)	وجبة
commander (vt)	ṭalab	طلب
faire la commande	ṭalab	طلب
apéritif (m)	ʃarāb (m)	شراب
hors-d'œuvre (m)	muqabbilāt (pl)	مقبّلات
dessert (m)	ḥalawiyyāt (pl)	حلويّات
addition (f)	ḥisāb (m)	حساب
régler l'addition	dafaʿ al ḥisāb	دفع الحساب
rendre la monnaie	aʿṭa al bāqi	أعطى الباقي
pourboire (m)	baqʃīʃ (m)	بقشيش

La famille. Les parents. Les amis

54. Les données personnelles. Les formulaires

prénom (m)	ism (m)	إسم
nom (m) de famille	ism al 'ā'ila (m)	إسم العائلة
date (f) de naissance	tarīχ al mīlād (m)	تاريخ الميلاد
lieu (m) de naissance	makān al mīlād (m)	مكان الميلاد
nationalité (f)	ʒinsiyya (f)	جنسية
domicile (m)	maqarr al iqāma (m)	مقر الإقامة
pays (m)	balad (m)	بلد
profession (f)	mihna (f)	مهنة
sexe (m)	ʒins (m)	جنس
taille (f)	ṭūl (m)	طول
poids (m)	wazn (m)	وزن

55. La famille. Les liens de parenté

mère (f)	umm (f)	أمّ
père (m)	ab (m)	أب
fils (m)	ibn (m)	إبن
fille (f)	ibna (f)	إبنة
fille (f) cadette	al ibna aṣ ṣaɣīra (f)	الإبنة الصغيرة
fils (m) cadet	al ibn aṣ ṣaɣīr (m)	الابن الصغير
fille (f) aînée	al ibna al kabīra (f)	الإبنة الكبيرة
fils (m) aîné	al ibn al kabīr (m)	الإبن الكبير
frère (m)	aχ (m)	أخ
frère (m) aîné	al aχ al kabīr (m)	الأخ الكبير
frère (m) cadet	al aχ aṣ ṣaɣīr (m)	الأخ الصغير
sœur (f)	uχt (f)	أخت
sœur (f) aînée	al uχt al kabīra (f)	الأخت الكبيرة
sœur (f) cadette	al uχt aṣ ṣaɣīra (f)	الأخت الصغيرة
cousin (m)	ibn 'amm (m), ibn χāl (m)	إبن عمّ, إبن خال
cousine (f)	ibnat 'amm (f), ibnat χāl (f)	إبنة عم, إبنة خال
maman (f)	mama (f)	ماما
papa (m)	baba (m)	بابا
parents (m pl)	wālidān (du)	والدان
enfant (m, f)	ṭifl (m)	طفل
enfants (pl)	aṭfāl (pl)	أطفال
grand-mère (f)	ʒidda (f)	جدّة
grand-père (m)	ʒadd (m)	جدّ
petit-fils (m)	ḥafīd (m)	حفيد

petite-fille (f)	ḥafīda (f)	حفيدة
petits-enfants (pl)	aḥfād (pl)	أحفاد
oncle (m)	ʿamm (m), χāl (m)	عمّ, خال
tante (f)	ʿamma (f), χāla (f)	عمة, خالة
neveu (m)	ibn al aχ (m), ibn al uχt (m)	إبن الأخ, إبن الأخت
nièce (f)	ibnat al aχ (f), ibnat al uχt (f)	إبنة الأخ, إبنة الأخت
belle-mère (f)	ḥamātt (f)	حماة
beau-père (m)	ḥamm (m)	حم
gendre (m)	zawʒ al ibna (m)	زوج الأبنة
belle-mère (f)	zawʒat al ab (f)	زوجة الأب
beau-père (m)	zawʒ al umm (m)	زوج الأمّ
nourrisson (m)	ṭifl raḍīʿ (m)	طفل رضيع
bébé (m)	mawlūd (m)	مولود
petit (m)	walad ṣaɣīr (m)	ولد صغير
femme (f)	zawʒa (f)	زوجة
mari (m)	zawʒ (m)	زوج
époux (m)	zawʒ (m)	زوج
épouse (f)	zawʒa (f)	زوجة
marié (adj)	mutazawwiʒ	متزوّج
mariée (adj)	mutazawwiʒa	متزوّجة
célibataire (adj)	aʿzab	أعزب
célibataire (m)	aʿzab (m)	أعزب
divorcé (adj)	muṭallaq (m)	مطلّق
veuve (f)	armala (f)	أرملة
veuf (m)	armal (m)	أرمل
parent (m)	qarīb (m)	قريب
parent (m) proche	nasīb qarīb (m)	نسيب قريب
parent (m) éloigné	nasīb baʿīd (m)	نسيب بعيد
parents (m pl)	aqārib (pl)	أقارب
orphelin (m), orpheline (f)	yatīm (m)	يتيم
tuteur (m)	waliyy amr (m)	وليّ أمر
adopter (un garçon)	tabanna	تبنّى
adopter (une fille)	tabanna	تبنّى

56. Les amis. Les collègues

ami (m)	ṣadīq (m)	صديق
amie (f)	ṣadīqa (f)	صديقة
amitié (f)	ṣadāqa (f)	صداقة
être ami	ṣādaq	صادق
copain (m)	ṣāḥib (m)	صاحب
copine (f)	ṣaḥiba (f)	صاحبة
partenaire (m)	rafīq (m)	رفيق
chef (m)	raʾīs (m)	رئيس
supérieur (m)	raʾīs (m)	رئيس
propriétaire (m)	ṣāḥib (m)	صاحب

subordonné (m)	tābi' (m)	تابع
collègue (m, f)	zamīl (m)	زميل
connaissance (f)	ma'ruf (m)	معروف
compagnon (m) de route	rafīq safar (m)	رفيق سفر
copain (m) de classe	zamīl fiṣ ṣaff (m)	زميل في الصفّ
voisin (m)	ʒār (m)	جار
voisine (f)	ʒāra (f)	جارة
voisins (m pl)	ʒirān (pl)	جيران

57. L'homme. La femme

femme (f)	imra'a (f)	إمرأة
jeune fille (f)	fatāt (f)	فتاة
fiancée (f)	'arūsa (f)	عروسة
belle (adj)	ʒamīla	جميلة
de grande taille	ṭawīla	طويلة
svelte (adj)	raʃīqa	رشيقة
de petite taille	qaṣīra	قصيرة
blonde (f)	ʃaqrā' (f)	شقراء
brune (f)	sawdā' aʃ ʃa'r (f)	سوداء الشعر
de femme (adj)	sayyidāt	سيّدات
vierge (f)	'aðrā' (f)	عذراء
enceinte (adj)	ḥāmil	حامل
homme (m)	raʒul (m)	رجل
blond (m)	aʃqar (m)	أشقر
brun (m)	aswad aʃ ʃa'r (m)	أسود الشعر
de grande taille	ṭawīl	طويل
de petite taille	qaṣīr	قصير
rude (adj)	waqiḥ	وقح
trapu (adj)	malyān	مليان
robuste (adj)	matīn	متين
fort (adj)	qawiy	قويّ
force (f)	quwwa (f)	قوّة
gros (adj)	θaχīn	ثخين
basané (adj)	asmar	أسمر
svelte (adj)	raʃīq	رشيق
élégant (adj)	anīq	أنيق

58. L'age

âge (m)	'umr (m)	عمر
jeunesse (f)	ʃabāb (m)	شباب
jeune (adj)	ʃābb	شابّ
plus jeune (adj)	aṣɣar	أصغر

plus âgé (adj)	akbar	أكبر
jeune homme (m)	ʃābb (m)	شابّ
adolescent (m)	murāhiq (m)	مراهق
gars (m)	ʃābb (m)	شابّ
vieillard (m)	ʻaʒūz (m)	عجوز
vieille femme (f)	ʻaʒūza (f)	عجوزة
adulte (m)	bāliɣ (m)	بالغ
d'âge moyen (adj)	fi muntaṣaf al ʻumr	في منتصف العمر
âgé (adj)	ʻaʒūz	عجوز
vieux (adj)	ʻaʒūz	عجوز
retraite (f)	maʻāʃ (m)	معاش
prendre sa retraite	uḥīl ʻalal maʻāʃ	أحيل على المعاش
retraité (m)	mutaqāʻid (m)	متقاعد

59. Les enfants. Les adolescents

enfant (m, f)	ṭifl (m)	طفل
enfants (pl)	aṭfāl (pl)	أطفال
jumeaux (m pl)	taw'amān (du)	توأمان
berceau (m)	mahd (m)	مهد
hochet (m)	χaʃχīʃa (f)	خشخيشة
couche (f)	ḥifāẓ aṭfāl (m)	حفاظ أطفال
tétine (f)	bazzāza (f)	بزّازة
poussette (m)	ʻarabat aṭfāl (f)	عربة أطفال
école (f) maternelle	rawḍat aṭfāl (f)	روضة أطفال
baby-sitter (m, f)	murabbiyat aṭfāl (f)	مربّية الأطفال
enfance (f)	ṭufūla (f)	طفولة
poupée (f)	dumya (f)	دمية
jouet (m)	luʻba (f)	لعبة
jeu (m) de construction	mukaʻʻabāt (pl)	مكعّبات
bien élevé (adj)	mu'addab	مؤدّب
mal élevé (adj)	qalīl al adab	قليل الأدب
gâté (adj)	mutdalliʻ	متدلّع
faire le vilain	laʻib	لعب
vilain (adj)	laʻūb	لعوب
espièglerie (f)	izʻāʒ (m)	إزعاج
vilain (m)	ṭifl laʻūb (m)	طفل لعوب
obéissant (adj)	muṭīʻ	مطيع
désobéissant (adj)	ʻāq	عاقّ
sage (adj)	ʻāqil	عاقل
intelligent (adj)	ðakiy	ذكيّ
l'enfant prodige	ṭifl muʻʒiza (m)	طفل معجزة

60. Les couples mariés. La vie de famille

embrasser (sur les lèvres)	bās	باس
s'embrasser (vp)	bās	باس
famille (f)	ʿā'ila (f)	عائلة
familial (adj)	ʿā'iliy	عائليّ
couple (m)	zawʒān (du)	زوجان
mariage (m) (~ civil)	zawāʒ (m)	زواج
foyer (m) familial	bayt (m)	بيت
dynastie (f)	sulāla (f)	سلالة
rendez-vous (m)	mawʿid (m)	موعد
baiser (m)	būsa (f)	بوسة
amour (m)	ḥubb (m)	حبّ
aimer (qn)	aḥabb	أحبّ
aimé (adj)	ḥabīb	حبيب
tendresse (f)	ḥanān (m)	حنان
tendre (affectueux)	ḥanūn	حنون
fidélité (f)	iχlāṣ (m)	إخلاص
fidèle (adj)	muχliṣ	مخلص
soin (m) (~ de qn)	ʿināya (f)	عناية
attentionné (adj)	muhtamm	مهتمّ
jeunes mariés (pl)	ʿarūsān (du)	عروسان
lune (f) de miel	ʃahr al ʿasal (m)	شهر العسل
se marier (prendre pour époux)	tazawwaʒ	تزوّج
se marier (prendre pour épouse)	tazawwaʒ	تزوّج
mariage (m)	zifāf (m)	زفاف
les noces d'or	al yubīl að ðahabiy liz zawāʒ (m)	اليوبيل الذهبي للزواج
anniversaire (m)	ðikra sanawiyya (f)	ذكرى سنويّة
amant (m)	ḥabīb (m)	حبيب
maîtresse (f)	ḥabība (f)	حبيبة
adultère (m)	χiyāna zawʒiyya (f)	خيانة زوجية
commettre l'adultère	χān	خان
jaloux (adj)	ɣayūr	غيور
être jaloux	ɣār	غار
divorce (m)	ṭalāq (m)	طلاق
divorcer (vi)	ṭallaq	طلّق
se disputer (vp)	taʃāʒar	تشاجر
se réconcilier (vp)	taṣālaḥ	تصالح
ensemble (adv)	maʿan	معًا
sexe (m)	ʒins (m)	جنس
bonheur (m)	saʿāda (f)	سعادة
heureux (adj)	saʿīd	سعيد
malheur (m)	muṣība (m)	مصيبة
malheureux (adj)	taʿis	تعس

Le caractère. Les émotions

61. Les sentiments. Les émotions

sentiment (m)	ʃuʿūr (m)	شعور
sentiments (m pl)	maʃāʿir (pl)	مشاعر
sentir (vt)	ʃaʿar	شعر
faim (f)	ʒawʿ (m)	جوع
avoir faim	arād an yaʾkul	أراد أن يأكل
soif (f)	ʿaṭaʃ (m)	عطش
avoir soif	arād an yaʃrab	أراد أن يشرب
somnolence (f)	nuʿās (m)	نعاس
avoir sommeil	arād an yanām	أراد أن ينام
fatigue (f)	taʿab (m)	تعب
fatigué (adj)	taʿbān	تعبان
être fatigué	taʿib	تعب
humeur (f) (de bonne ~)	ḥāla nafsiyya, mazāʒ (m)	حالة نفسيّة, مزاج
ennui (m)	malal (m)	ملل
s'ennuyer (vp)	ʃaʿar bil malal	شعر بالملل
solitude (f)	ʿuzla (f)	عزلة
s'isoler (vp)	inzawa	إنزوى
inquiéter (vt)	aqlaq	أقلق
s'inquiéter (vp)	qalaq	قلق
inquiétude (f)	qalaq (m)	قلق
préoccupation (f)	qalaq (m)	قلق
soucieux (adj)	maʃɣūl al bāl	مشغول البال
s'énerver (vp)	qalaq	قلق
paniquer (vi)	uṣīb bið ðaʿr	أصيب بالذعر
espoir (m)	amal (m)	أمل
espérer (vi)	tamanna	تمنّى
certitude (f)	yaqīn (m)	يقين
certain (adj)	mutaʾakkid	متأكّد
incertitude (f)	ʿadam at taʾakkud (m)	عدم التأكّد
incertain (adj)	ɣayr mutaʾakkid	غير متأكّد
ivre (adj)	sakrān	سكران
sobre (adj)	ṣāḥi	صاح
faible (adj)	ḍaʿīf	ضعيف
heureux (adj)	saʿīd	سعيد
faire peur	arhab	أرهب
fureur (f)	ɣaḍab ʃadīd (m)	غضب شديد
rage (f), colère (f)	ɣaḍab (m)	غضب
dépression (f)	iktiʾāb (m)	إكتئاب
inconfort (m)	ʿadam irtiyāḥ (m)	عدم إرتياح

confort (m)	rāḥa (f)	راحة
regretter (vt)	nadim	ندم
regret (m)	nadam (m)	ندم
malchance (f)	sū' al ḥaẓẓ (m)	سوء الحظّ
tristesse (f)	ḥuzn (f)	حزن
honte (f)	χaʒal (m)	خجل
joie, allégresse (f)	faraḥ (m)	فرح
enthousiasme (m)	ḥamās (m)	حماس
enthousiaste (m)	mutaḥammis (m)	متحمّس
avoir de l'enthousiasme	taḥammas	تحمّس

62. Le caractère. La personnalité

caractère (m)	ṭabʿ (m)	طبع
défaut (m)	ʿayb (m)	عيب
esprit (m), raison (f)	ʿaql (m)	عقل
conscience (f)	ḍamīr (m)	ضمير
habitude (f)	ʿāda (f)	عادة
capacité (f)	qudra (f)	قدرة
savoir (faire qch)	ʿaraf	عرف
patient (adj)	ṣābir	صابر
impatient (adj)	qalīl aṣ ṣabr	قليل الصبر
curieux (adj)	fuḍūliy	فضوليّ
curiosité (f)	fuḍūl (m)	فضول
modestie (f)	tawāḍuʿ (m)	تواضع
modeste (adj)	mutawāḍiʿ	متواضع
vaniteux (adj)	ɣayr mutawāḍiʿ	غير متواضع
paresse (f)	kasal (m)	كسل
paresseux (adj)	kaslān	كسلان
paresseux (m)	kaslān (m)	كسلان
astuce (f)	makr (m)	مكر
rusé (adj)	mākir	ماكر
méfiance (f)	ʿadam aθ θiqa (m)	عدم الثقة
méfiant (adj)	ʃakūk	شكوك
générosité (f)	karam (m)	كرم
généreux (adj)	karīm	كريم
doué (adj)	mawhūb	موهوب
talent (m)	mawhiba (f)	موهبة
courageux (adj)	ʃuʒāʿ	شجاع
courage (m)	ʃaʒāʿa (f)	شجاعة
honnête (adj)	amīn	أمين
honnêteté (f)	amāna (f)	أمانة
prudent (adj)	ḥāðir	حاذر
courageux (adj)	ʃuʒāʿ	شجاع
sérieux (adj)	ʒādd	جادّ

sévère (adj)	ṣārim	صارم
décidé (adj)	ḥazīm	حزيم
indécis (adj)	mutaraddid	متردّد
timide (adj)	χaʒūl	خجول
timidité (f)	χaʒal (m)	خجل
confiance (f)	θiqa (f)	ثقة
croire (qn)	waθiq	وثق
confiant (adj)	sarīʿ at taṣdīq	سريع التصديق
sincèrement (adv)	bi ṣarāḥa	بصراحة
sincère (adj)	muχliṣ	مخلص
sincérité (f)	iχlāṣ (m)	إخلاص
ouvert (adj)	ṣarīḥ	صريح
calme (adj)	hādiʾ	هادئ
franc (sincère)	ṣarīḥ	صريح
naïf (adj)	sāðiʒ	ساذج
distrait (adj)	ʃārid al fikr	شارد الفكر
drôle, amusant (adj)	muḍḥik	مضحك
avidité (f)	buχl (m)	بخل
avare (adj)	baχīl	بخيل
radin (adj)	baχīl	بخيل
méchant (adj)	ʃarīr	شرير
têtu (adj)	ʿanīd	عنيد
désagréable (adj)	karīh	كريه
égoïste (m)	anāniy (m)	أنانيّ
égoïste (adj)	anāniy	أناني
peureux (m)	ʒabān (m)	جبان
peureux (adj)	ʒabān	جبان

63. Le sommeil. Les rêves

dormir (vi)	nām	نام
sommeil (m)	nawm (m)	نوم
rêve (m)	ḥulm (m)	حلم
rêver (en dormant)	ḥalam	حلم
endormi (adj)	naʿsān	نعسان
lit (m)	sarīr (m)	سرير
matelas (m)	martaba (f)	مرتبة
couverture (f)	baṭṭāniyya (f)	بطّانيّة
oreiller (m)	wisāda (f)	وسادة
drap (m)	milāya (f)	ملاية
insomnie (f)	araq (m)	أرق
sans sommeil (adj)	ariq	أرق
somnifère (m)	munawwim (m)	منوّم
prendre un somnifère	tanāwal munawwim	تناول منوّمًا
avoir sommeil	arād an yanām	أراد أن ينام
bâiller (vi)	taθāʾab	تثاءب

aller se coucher	ðahab ila n nawm	ذهب إلى النوم
faire le lit	a'add as sarīr	أعدّ السرير
s'endormir (vp)	nām	نام
cauchemar (m)	kābūs (m)	كابوس
ronflement (m)	ʃaχīr (m)	شخير
ronfler (vi)	ʃaχχar	شخّر
réveil (m)	munabbih (m)	منبّه
réveiller (vt)	ayqaẓ	أيقظ
se réveiller (vp)	istayqaẓ	إستيقظ
se lever (tôt, tard)	qām	قام
se laver (le visage)	ɣasal waʒhah	غسل وجهه

64. L'humour. Le rire. La joie

humour (m)	fukāha (f)	فكاهة
sens (m) de l'humour	ḥiss (m)	حس
s'amuser (vp)	istamta'	إستمتع
joyeux (adj)	farḥān	فرحان
joie, allégresse (f)	faraḥ (m)	فرح
sourire (m)	ibtisāma (f)	إبتسامة
sourire (vi)	ibtasam	إبتسم
se mettre à rire	ḍaḥik	ضحك
rire (vi)	ḍaḥik	ضحك
rire (m)	ḍaḥka (f)	ضحكة
anecdote (f)	ḥikāya muḍḥika (f)	حكاية مضحكة
drôle, amusant (adj)	muḍḥik	مضحك
comique, ridicule (adj)	muḍḥik	مضحك
plaisanter (vi)	mazaḥ	مزح
plaisanterie (f)	nukta (f)	نكتة
joie (f) (émotion)	sa'āda (f)	سعادة
se réjouir (vp)	mariḥ	مرح
joyeux (adj)	sa'īd	سعيد

65. Dialoguer et communiquer. Partie 1

communication (f)	tawāṣul (m)	تواصل
communiquer (vi)	tawāṣal	تواصل
conversation (f)	muḥādaθa (f)	محادثة
dialogue (m)	ḥiwār (m)	حوار
discussion (f) (débat)	munāqaʃa (f)	مناقشة
débat (m)	munāẓara (f)	مناظرة
discuter (vi)	χālaf	خالف
interlocuteur (m)	muḥāwir (m)	محاور
sujet (m)	mawḍū' (m)	موضوع
point (m) de vue	wiʒhat naẓar (f)	وجهة نظر

opinion (f)	ra'y (m)	رأي
discours (m)	χiṭāb (m)	خطاب
discussion (f) (d'un rapport)	munāqaʃa (f)	مناقشة
discuter (vt)	nāqaʃ	ناقش
conversation (f)	ḥadīs (m)	حديث
converser (vi)	taḥādaθ	تحادث
rencontre (f)	liqā' (m)	لقاء
se rencontrer (vp)	qābal	قابل
proverbe (m)	maθal (m)	مثل
dicton (m)	qawl ma'θūr (m)	قول مأثور
devinette (f)	luɣz (m)	لغز
poser une devinette	alqa luɣz	ألقى لغزًا
mot (m) de passe	kalimat al murūr (f)	كلمة مرور
secret (m)	sirr (m)	سرّ
serment (m)	qasam (m)	قسم
jurer (de faire qch)	aqsam	أقسم
promesse (f)	wa'd (m)	وعد
promettre (vt)	wa'ad	وعد
conseil (m)	naṣīḥa (f)	نصيحة
conseiller (vt)	naṣaḥ	نصح
suivre le conseil (de qn)	intaṣaḥ	إنتصح
écouter (~ ses parents)	aṭā'	أطاع
nouvelle (f)	χabar (m)	خبر
sensation (f)	ḍaʒʒa (f)	ضجّة
renseignements (m pl)	ma'lūmāt (pl)	معلومات
conclusion (f)	istintāʒ (f)	إستنتاج
voix (f)	ṣawt (m)	صوت
compliment (m)	madḥ (m)	مدح
aimable (adj)	laṭīf	لطيف
mot (m)	kalima (f)	كلمة
phrase (f)	'ibāra (f)	عبارة
réponse (f)	ʒawāb (m)	جواب
vérité (f)	ḥaqīqa (f)	حقيقة
mensonge (m)	kiðb (m)	كذب
pensée (f)	fikra (f)	فكرة
idée (f)	fikra (f)	فكرة
fantaisie (f)	χayāl (m)	خيال

66. Dialoguer et communiquer. Partie 2

respecté (adj)	muḥtaram	محترم
respecter (vt)	iḥtaram	إحترم
respect (m)	iḥtirām (m)	إحترام
Cher ...	'azīzi ...	عزيزي...
présenter (faire connaître)	'arraf	عرّف
faire la connaissance	ta'arraf	تعرّف

intention (f)	niyya (f)	نيّة
avoir l'intention	nawa	نوى
souhait (m)	tamanni (m)	تمنّ
souhaiter (vt)	tamanna	تمنّى
étonnement (m)	ʿaʒab (m)	عجب
étonner (vt)	adhaʃ	أدهش
s'étonner (vp)	indahaʃ	إندهش
donner (vt)	aʿṭa	أعطى
prendre (vt)	aχað	أخذ
rendre (vt)	radd	ردّ
retourner (vt)	arʒaʿ	أرجع
s'excuser (vp)	iʿtaðar	إعتذر
excuse (f)	iʿtiðār (m)	إعتذار
pardonner (vt)	ʿafa	عفا
parler (~ avec qn)	taḥaddaθ	تحدّث
écouter (vt)	istamaʿ	إستمع
écouter jusqu'au bout	samiʿ	سمع
comprendre (vt)	fahim	فهم
montrer (vt)	ʿaraḍ	عرض
regarder (vt)	naẓar	نظر
appeler (vt)	nāda	نادى
distraire (déranger)	ʃaɣal	شغل
ennuyer (déranger)	azʿaʒ	أزعج
passer (~ le message)	sallam	سلّم
prière (f) (demande)	ṭalab (m)	طلب
demander (vt)	ṭalab	طلب
exigence (f)	maṭlab (m)	مطلب
exiger (vt)	ṭālib	طالب
taquiner (vt)	ɣāẓ	غاظ
se moquer (vp)	saχar	سخر
moquerie (f)	suχriyya (f)	سخريّة
surnom (m)	laqab (m)	لقب
allusion (f)	talmīḥ (m)	تلميح
faire allusion	lamaḥ	لمح
sous-entendre (vt)	qaṣad	قصد
description (f)	waṣf (m)	وصف
décrire (vt)	waṣaf	وصف
éloge (m)	madḥ (m)	مدح
louer (vt)	madaḥ	مدح
déception (f)	χaybat amal (f)	خيبة أمل
décevoir (vt)	χayyab	خيّب
être déçu	χābat ʾāmāluh	خابت آماله
supposition (f)	iftirāḍ (m)	إفتراض
supposer (vt)	iftaraḍ	إفترض
avertissement (m)	taḥðīr (m)	تحذير
prévenir (vt)	ḥaððar	حذّر

67. Dialoguer et communiquer. Partie 3

convaincre (vt)	aqnaʿ	أقنع
calmer (vt)	ṭamʾan	طمأن
silence (m) (~ est d'or)	sukūt (m)	سكوت
rester silencieux	sakat	سكت
chuchoter (vi, vt)	hamas	همس
chuchotement (m)	hamsa (f)	همسة
sincèrement (adv)	bi ṣarāḥa	بصراحة
à mon avis …	fi raʾyi …	في رأيي...
détail (m) (d'une histoire)	tafṣīl (m)	تفصيل
détaillé (adj)	mufaṣṣal	مفصّل
en détail (adv)	bit tafāṣīl	بالتفاصيل
indice (m)	iʃāra (f), talmīḥ (m)	إشارة, تلميح
donner un indice	aʿṭa talmīḥ	أعطى تلميحًا
regard (m)	naẓra (f)	نظرة
jeter un coup d'oeil	alqa naẓra	ألقى نظرة
fixe (un regard ~)	θābit	ثابت
clignoter (vi)	ramaʃ	رمش
cligner de l'oeil	ɣamaz	غمز
hocher la tête	hazz raʾsah	هزّ رأسه
soupir (m)	tanahhuda (f)	تنهّدة
soupirer (vi)	tanahhad	تنهّد
tressaillir (vi)	irtaʿaʃ	إرتعش
geste (m)	iʃārat yad (f)	إشارة يد
toucher (de la main)	lamas	لمس
saisir (par le bras)	amsak	أمسك
taper (sur l'épaule)	ṣafaq	صفق
Attention!	χuð bālak!	خذ بالك!
Vraiment?	wallahi?	والله؟
Tu es sûr?	hal anta mutaʾakkid?	هل أنت متأكّد؟
Bonne chance!	bit tawfīq!	بالتوفيق!
Compris!	wāḍiḥ!	واضح!
Dommage!	ya lil asaf!	يا للأسف!

68. L'accord. Le refus

accord (m)	muwāfaqa (f)	موافقة
être d'accord	wāfaʾ	وافق
approbation (f)	istiḥsān (m)	إستحسان
approuver (vt)	istiḥsan	إستحسن
refus (m)	rafḍ (m)	رفض
se refuser (vp)	rafaḍ	رفض
Super!	ʿaẓīm!	عظيم!
Bon!	ittafaqna!	إتّفقنا!

D'accord!	ittafaqna!	إتّفقنا!
interdit (adj)	mamnūʿ	ممنوع
c'est interdit	mamnūʿ	ممنوع
c'est impossible	mustaḥīl	مستحيل
incorrect (adj)	ɣalaṭ	غلط
décliner (vt)	rafaḍ	رفض
soutenir (vt)	ayyad	أيّد
accepter (condition, etc.)	qabil	قبل
confirmer (vt)	aθbat	أثبت
confirmation (f)	iθbāt (m)	إثبات
permission (f)	samāḥ (m)	سماح
permettre (vt)	samaḥ	سمح
décision (f)	qarār (m)	قرار
ne pas dire un mot	ṣamat	صمت
condition (f)	ʃarṭ (m)	شرط
excuse (f) (prétexte)	ʿuðr (m)	عذر
éloge (m)	madḥ (m)	مدح
louer (vt)	madaḥ	مدح

69. La réussite. La chance. L'échec

succès (m)	naʒāḥ (m)	نجاح
avec succès (adv)	bi naʒāḥ	بنجاح
réussi (adj)	nāʒiḥ	ناجح
chance (f)	ḥaẓẓ (m)	حظّ
Bonne chance!	bit tawfīq!	بالتوفيق!
de chance (jour ~)	murawaffiq	متوفّق
chanceux (adj)	maḥẓūẓ	محظوظ
échec (m)	faʃl (m)	فشل
infortune (f)	sūʾ al ḥaẓẓ (m)	سوء الحظّ
malchance (f)	sūʾ al ḥaẓẓ (m)	سوء الحظّ
raté (adj)	fāʃil	فاشل
catastrophe (f)	kāriθa (f)	كارثة
fierté (f)	faχr (m)	فخر
fier (adj)	faχūr	فخور
être fier	iftaχar	إفتخر
gagnant (m)	fāʾiz (m)	فائز
gagner (vi)	fāz	فاز
perdre (vi)	χasir	خسر
tentative (f)	muḥāwala (f)	محاولة
essayer (vt)	ḥāwal	حاول
chance (f)	furṣa (f)	فرصة

70. Les disputes. Les émotions négatives

cri (m)	ṣarχa (f)	صرخة
crier (vi)	ṣaraχ	صرخ

se mettre à crier	ṣaraχ	صرخ
dispute (f)	muʃāʒara (f)	مشاجرة
se disputer (vp)	taʃāʒar	تشاجر
scandale (m) (dispute)	muʃāʒara (f)	مشاجرة
faire un scandale	taʃāʒar	تشاجر
conflit (m)	χilāf (m)	خلاف
malentendu (m)	sū'at tafāhum (m)	سوء التفاهم
insulte (f)	ihāna (f)	إهانة
insulter (vt)	ahān	أهان
insulté (adj)	muhān	مهان
offense (f)	ḍaym (m)	ضيم
offenser (vt)	asā'	أساء
s'offenser (vp)	istā'	إستاء
indignation (f)	istiyā' (m)	إستياء
s'indigner (vp)	istā'	إستاء
plainte (f)	ʃakwa (f)	شكوى
se plaindre (vp)	ʃaka	شكا
excuse (f)	i'tiðār (m)	إعتذار
s'excuser (vp)	i'taðar	إعتذر
demander pardon	i'taðar	إعتذر
critique (f)	naqd (m)	نقد
critiquer (vt)	naqad	نقد
accusation (f)	ittihām (m)	إتّهام
accuser (vt)	ittaham	إتّهم
vengeance (f)	intiqām (m)	إنتقام
se venger (vp)	intaqam	إنتقم
faire payer (qn)	radd	ردّ
mépris (m)	iḥtiqār (m)	إحتقار
mépriser (vt)	iḥtaqar	إحتقر
haine (f)	karāha (f)	كراهة
haïr (vt)	karah	كره
nerveux (adj)	'aṣabiy	عصبيّ
s'énerver (vp)	qalaq	قلق
fâché (adj)	za'lān	زعلان
fâcher (vt)	az'al	أزعل
humiliation (f)	iðlāl (m)	إذلال
humilier (vt)	ðallal	ذلّل
s'humilier (vp)	taðallal	تذلّل
choc (m)	ṣadma (f)	صدمة
choquer (vt)	ṣadam	صدم
ennui (m) (problème)	muʃkila (f)	مشكلة
désagréable (adj)	karīh	كريه
peur (f)	χawf (m)	خوف
terrible (tempête, etc.)	ʃadīd	شديد
effrayant (histoire ~e)	muχīf	مخيف

horreur (f)	ru'b (m)	رعب
horrible (adj)	mur'ib	مرعب
commencer à trembler	irta'aʃ	إرتعش
pleurer (vi)	baka	بكى
se mettre à pleurer	baka	بكى
larme (f)	dama'a (f)	دمعة
faute (f)	ɣalṭa (f)	غلطة
culpabilité (f)	ðamb (m)	ذنب
déshonneur (m)	'ār (m)	عار
protestation (f)	iḥtiʒāʒ (m)	إحتجاج
stress (m)	tawattur (m)	توتّر
déranger (vt)	az'aʒ	أزعج
être furieux	ɣaḍib	غضب
en colère, fâché (adj)	ɣaḍbān	غضبان
rompre (relations)	anha	أنهى
réprimander (vt)	ʃātam	شاتم
prendre peur	χāf	خاف
frapper (vt)	ḍarab	ضرب
se battre (vp)	ta'ārak	تعارك
régler (~ un conflit)	sawwa	سوّى
mécontent (adj)	ɣayr rāḍi	غير راض
enragé (adj)	'anīf	عنيف
Ce n'est pas bien!	laysa haða amr ʒayyid!	ليس هذا أمرًا جيّدًا!
C'est mal!	haða amr sayyi'!	هذا أمر سيّء!

La médecine

71. Les maladies

maladie (f)	maraḍ (m)	مرض
être malade	maraḍ	مرض
santé (f)	ṣiḥḥa (f)	صحّة
rhume (m) (coryza)	zukām (m)	زكام
angine (f)	iltihāb al lawzatayn (m)	التهاب اللوزتين
refroidissement (m)	bard (m)	برد
prendre froid	aṣābahu al bard	أصابه البرد
bronchite (f)	iltihāb al qaṣabāt (m)	إلتهاب القصبات
pneumonie (f)	iltihāb ar ri'atayn (m)	إلتهاب الرئتين
grippe (f)	inflūnza (f)	إنفلونزا
myope (adj)	qaṣīr an naẓar	قصير النظر
presbyte (adj)	ba'īd an naẓar	بعيد النظر
strabisme (m)	ḥawal (m)	حول
strabique (adj)	aḥwal	أحول
cataracte (f)	katarakt (f)	كاتاراكت
glaucome (m)	glawkūma (f)	جلوكوما
insulte (f)	sakta (f)	سكتة
crise (f) cardiaque	iḥtiʃā' (m)	إحتشاء
infarctus (m) de myocarde	nawba qalbiya (f)	نوبة قلبية
paralysie (f)	ʃalal (m)	شلل
paralyser (vt)	ʃall	شلّ
allergie (f)	ḥassāsiyya (f)	حسّاسيّة
asthme (m)	rabw (m)	ربو
diabète (m)	ad dā' as sukkariy (m)	الداء السكّريّ
mal (m) de dents	alam al asnān (m)	ألم الأسنان
carie (f)	naχar al asnān (m)	نخر الأسنان
diarrhée (f)	ishāl (m)	إسهال
constipation (f)	imsāk (m)	إمساك
estomac (m) barbouillé	'usr al haḍm (m)	عسر الهضم
intoxication (f) alimentaire	tasammum (m)	تسمّم
être intoxiqué	tasammam	تسمّم
arthrite (f)	iltihāb al mafāṣil (m)	إلتهاب المفاصل
rachitisme (m)	kusāḥ al aṭfāl (m)	كساح الأطفال
rhumatisme (m)	riumatizm (m)	روماتزم
athérosclérose (f)	taṣṣallub aʃ ʃarayīn (m)	تصلّب الشرايين
gastrite (f)	iltihāb al ma'ida (m)	إلتهاب المعدة
appendicite (f)	iltihāb az zā'ida ad dūdiyya (m)	إلتهاب الزائدة الدوديّة

cholécystite (f)	iltihāb al marāra (m)	إلتهاب المرارة
ulcère (m)	qurḥa (f)	قرحة
rougeole (f)	maraḍ al ḥaṣba (m)	مرض الحصبة
rubéole (f)	ḥaṣba almāniyya (f)	حصبة ألمانية
jaunisse (f)	yaraqān (m)	يرقان
hépatite (f)	iltihāb al kabd al vayrūsiy (m)	إلتهاب الكبد الفيروسيّ
schizophrénie (f)	ʃizufrīniya (f)	شيزوفرينيا
rage (f) (hydrophobie)	dā' al kalb (m)	داء الكلب
névrose (f)	ʿiṣāb (m)	عصاب
commotion (f) cérébrale	irtiʒāʒ al muxx (m)	إرتجاج المخ
cancer (m)	saraṭān (m)	سرطان
sclérose (f)	taṣṣallub (m)	تصلّب
sclérose (f) en plaques	taṣṣallub mutaʿaddid (m)	تصلّب متعدد
alcoolisme (m)	idmān al χamr (m)	إدمان الخمر
alcoolique (m)	mudmin al χamr (m)	مدمن الخمر
syphilis (f)	sifilis az zuhariy (m)	سفلس الزهري
SIDA (m)	al aydz (m)	الايدز
tumeur (f)	waram (m)	ورم
maligne (adj)	χabīθ	خبيث
bénigne (adj)	ḥamīd (m)	حميد
fièvre (f)	ḥumma (f)	حمّى
malaria (f)	malāriya (f)	ملاريا
gangrène (f)	ɣanɣrīna (f)	غنغرينا
mal (m) de mer	duwār al baḥr (m)	دوار البحر
épilepsie (f)	maraḍ aṣ ṣarʿ (m)	مرض الصرع
épidémie (f)	wabā' (m)	وباء
typhus (m)	tīfus (m)	تيفوس
tuberculose (f)	maraḍ as sull (m)	مرض السلّ
choléra (m)	kulīra (f)	كوليرا
peste (f)	ṭāʿūn (m)	طاعون

72. Les symptômes. Le traitement. Partie 1

symptôme (m)	ʿaraḍ (m)	عرض
température (f)	ḥarāra (f)	حرارة
fièvre (f)	ḥumma (f)	حمّى
pouls (m)	nabḍ (m)	نبض
vertige (m)	dawχa (f)	دوخة
chaud (adj)	ḥārr	حارّ
frisson (m)	nafaḍān (m)	نفضان
pâle (adj)	aṣfar	أصفر
toux (f)	suʿāl (m)	سعال
tousser (vi)	saʿal	سعل
éternuer (vi)	ʿaṭas	عطس
évanouissement (m)	iɣmā' (m)	إغماء

s'évanouir (vp)	ɣumiya 'alayh	غمي عليه
bleu (m)	kadma (f)	كدمة
bosse (f)	tawarrum (m)	تورّم
se heurter (vp)	iṣṭadam	إصطدم
meurtrissure (f)	raḍḍ (m)	رضّ
se faire mal	taraḍḍaḍ	ترضّض
boiter (vi)	'araʒ	عرج
foulure (f)	χal' (m)	خلع
se démettre (l'épaule, etc.)	χala'	خلع
fracture (f)	kasr (m)	كسر
avoir une fracture	inkasar	إنكسر
coupure (f)	ʒurḥ (m)	جرح
se couper (~ le doigt)	ʒaraḥ nafsah	جرح نفسه
hémorragie (f)	nazf (m)	نزف
brûlure (f)	ḥarq (m)	حرق
se brûler (vp)	taʃayyat	تشيّط
se piquer (le doigt)	waχaz	وخز
se piquer (vp)	waχaz nafsah	وخز نفسه
blesser (vt)	aṣāb	أصاب
blessure (f)	iṣāba (f)	إصابة
plaie (f) (blessure)	ʒurḥ (m)	جرح
trauma (m)	ṣadma (f)	صدمة
délirer (vi)	haða	هذى
bégayer (vi)	tala'sam	تلعثم
insolation (f)	ḍarbat ʃams (f)	ضربة شمس

73. Les symptômes. Le traitement. Partie 2

douleur (f)	alam (m)	ألم
écharde (f)	ʃaẓiyya (f)	شظيّة
sueur (f)	'irq (m)	عرق
suer (vi)	'ariq	عرق
vomissement (m)	taqayyu' (m)	تقيؤ
spasmes (m pl)	taʃannuʒāt (pl)	تشنّجات
enceinte (adj)	ḥāmil	حامل
naître (vi)	wulid	وُلد
accouchement (m)	wilāda (f)	ولادة
accoucher (vi)	walad	ولد
avortement (m)	iʒhāḍ (m)	إجهاض
respiration (f)	tanaffus (m)	تنفّس
inhalation (f)	istinʃāq (m)	إستنشاق
expiration (f)	zafīr (m)	زفير
expirer (vi)	zafar	زفر
inspirer (vi)	istanʃaq	إستنشق
invalide (m)	mu'āq (m)	معاق
handicapé (m)	muq'ad (m)	مقعد

drogué (m)	mudmin muχaddirāt (m)	مدمن مخدّرات
sourd (adj)	aṭraʃ	أطرش
muet (adj)	aχras	أخرس
sourd-muet (adj)	aṭraʃ aχras	أطرش أخرس
fou (adj)	maʒnūn (m)	مجنون
fou (m)	maʒnūn (m)	مجنون
folle (f)	maʒnūna (f)	مجنونة
devenir fou	ʒunn	جنّ
gène (m)	ʒīn (m)	جين
immunité (f)	manāʿa (f)	مناعة
héréditaire (adj)	wirāθiy	وراثيّ
congénital (adj)	χilqiy munð al wilāda	خلقيّ منذ الولادة
virus (m)	virūs (m)	فيروس
microbe (m)	mikrūb (m)	ميكروب
bactérie (f)	ʒurθūma (f)	جرثومة
infection (f)	ʿadwa (f)	عدوى

74. Les symptômes. Le traitement. Partie 3

hôpital (m)	mustaʃfa (m)	مستشفى
patient (m)	marīḍ (m)	مريض
diagnostic (m)	taʃχīṣ (m)	تشخيص
cure (f) (faire une ~)	ʿilāʒ (m)	علاج
traitement (m)	ʿilāʒ (m)	علاج
se faire soigner	taʿālaʒ	تعالج
traiter (un patient)	ʿālaʒ	عالج
soigner (un malade)	marraḍ	مرّض
soins (m pl)	ʿināya (f)	عناية
opération (f)	ʿamaliyya ʒaraḥiyya (f)	عمليّة جرحيّة
panser (vt)	ḍammad	ضمّد
pansement (m)	taḍmīd (m)	تضميد
vaccination (f)	talqīḥ (m)	تلقيح
vacciner (vt)	laqqaḥ	لقّح
piqûre (f)	ḥuqna (f)	حقنة
faire une piqûre	ḥaqan ibra	حقن إبرة
crise, attaque (f)	nawba (f)	نوبة
amputation (f)	batr (m)	بتر
amputer (vt)	batar	بتر
coma (m)	ɣaybūba (f)	غيبوبة
être dans le coma	kān fi ḥālat ɣaybūba	كان في حالة غيبوبة
réanimation (f)	al ʿināya al murakkaza (f)	العناية المركّزة
se rétablir (vp)	ʃufiy	شفي
état (m) (de santé)	ḥāla (f)	حالة
conscience (f)	waʿy (m)	وعي
mémoire (f)	ðākira (f)	ذاكرة
arracher (une dent)	χalaʿ	خلع

plombage (m)	ḥaʃw (m)	حشو
plomber (vt)	ḥaʃa	حشا
hypnose (f)	at tanwīm al maɣnaṭīsiy (m)	التنويم المغناطيسيّ
hypnotiser (vt)	nawwam	نوّم

75. Les médecins

médecin (m)	ṭabīb (m)	طبيب
infirmière (f)	mumarriḍa (f)	ممرّضة
médecin (m) personnel	duktūr ʃaxṣiy (m)	دكتور شخصيّ
dentiste (m)	ṭabīb al asnān (m)	طبيب الأسنان
ophtalmologiste (m)	ṭabīb al ʿuyūn (m)	طبيب العيون
généraliste (m)	ṭabīb bāṭiniy (m)	طبيب باطنيّ
chirurgien (m)	ʒarrāḥ (m)	جرّاح
psychiatre (m)	ṭabīb nafsiy (m)	طبيب نفسيّ
pédiatre (m)	ṭabīb al aṭfāl (m)	طبيب الأطفال
psychologue (m)	sikulūʒiy (m)	سيكولوجيّ
gynécologue (m)	ṭabīb an nisāʾ (m)	طبيب النساء
cardiologue (m)	ṭabīb al qalb (m)	طبيب القلب

76. Les médicaments. Les accessoires

médicament (m)	dawāʾ (m)	دواء
remède (m)	ʿilāʒ (m)	علاج
prescrire (vt)	waṣaf	وصف
ordonnance (f)	waṣfa (f)	وصفة
comprimé (m)	qurṣ (m)	قرص
onguent (m)	marham (m)	مرهم
ampoule (f)	ambūla (f)	أمبولة
mixture (f)	dawāʾ ʃarāb (m)	دواء شراب
sirop (m)	ʃarāb (m)	شراب
pilule (f)	ḥabba (f)	حبّة
poudre (f)	ðarūr (m)	ذرور
bande (f)	ḍammāda (f)	ضمادة
coton (m) (ouate)	quṭn (m)	قطن
iode (m)	yūd (m)	يود
sparadrap (m)	blāstir (m)	بلاستر
compte-gouttes (m)	māṣṣat al bastara (f)	ماصّة البسترة
thermomètre (m)	tirmūmitr (m)	ترمومتر
seringue (f)	miḥqana (f)	محقنة
fauteuil (m) roulant	kursiy mutaḥarrik (m)	كرسي متحرّك
béquilles (f pl)	ʿukkāzān (du)	عكّازان
anesthésique (m)	musakkin (m)	مسكّن
purgatif (m)	mulayyin (m)	مليّن

alcool (m)	iθanūl (m)	إيثانول
herbe (f) médicinale	a'ʃāb ṭibbiyya (pl)	أعشاب طبية
d'herbes (adj)	'uʃbiy	عشبي

77. Le tabac et ses produits dérivés

tabac (m)	tabɣ (m)	تبغ
cigarette (f)	sīʒāra (f)	سيجارة
cigare (f)	sīʒār (m)	سيجار
pipe (f)	ɣalyūn (m)	غليون
paquet (m)	'ulba (f)	علبة
allumettes (f pl)	kibrīt (m)	كبريت
boîte (f) d'allumettes	'ulbat kibrīt (f)	علبة كبريت
briquet (m)	wallā'a (f)	ولّاعة
cendrier (m)	ṭaqṭūqa (f)	طقطوقة
étui (m) à cigarettes	'ulbat saʒā'ir (f)	علبة سجائر
fume-cigarette (m)	ḥamilat siʒāra (f)	حاملة سيجارة
filtre (m)	filtir (m)	فلتر
fumer (vi, vt)	daχχan	دخّن
allumer une cigarette	aʃ'al siʒāra	أشعل سيجارة
tabagisme (m)	tadχīn (m)	تدخين
fumeur (m)	mudaχχin (m)	مدخّن
mégot (m)	'uqb siʒāra (m)	عقب سيجارة
fumée (f)	duχān (m)	دخان
cendre (f)	ramād (m)	رماد

L'HABITAT HUMAIN

La ville

78. La ville. La vie urbaine

ville (f)	madīna (f)	مدينة
capitale (f)	‘āṣima (f)	عاصمة
village (m)	qarya (f)	قرية
plan (m) de la ville	χarīṭat al madīna (f)	خريطة المدينة
centre-ville (m)	markaz al madīna (m)	مركز المدينة
banlieue (f)	ḍāḥiya (f)	ضاحية
de banlieue (adj)	aḍ ḍawāḥi	الضواحي
périphérie (f)	aṭrāf al madīna (pl)	أطراف المدينة
alentours (m pl)	ḍawāḥi al madīna (pl)	ضواحي المدينة
quartier (m)	ḥayy (m)	حي
quartier (m) résidentiel	ḥayy sakaniy (m)	حي سكني
trafic (m)	ḥarakat al murūr (f)	حركة المرور
feux (m pl) de circulation	iʃārāt al murūr (pl)	إشارات المرور
transport (m) urbain	wasā’il an naql (pl)	وسائل النقل
carrefour (m)	taqāṭu‘ (m)	تقاطع
passage (m) piéton	ma‘bar al muʃāt (m)	معبر المشاة
passage (m) souterrain	nafaq muʃāt (m)	نفق مشاة
traverser (vt)	‘abar	عبر
piéton (m)	māʃi (m)	ماش
trottoir (m)	raṣīf (m)	رصيف
pont (m)	ʒisr (m)	جسر
quai (m)	kurnīʃ (m)	كورنيش
fontaine (f)	nāfūra (f)	نافورة
allée (f)	mamʃa (m)	ممشى
parc (m)	ḥadīqa (f)	حديقة
boulevard (m)	bulvār (m)	بولفار
place (f)	maydān (m)	ميدان
avenue (f)	ʃāri‘ (m)	شارع
rue (f)	ʃāri‘ (m)	شارع
ruelle (f)	zuqāq (m)	زقاق
impasse (f)	ṭarīq masdūd (m)	طريق مسدود
maison (f)	bayt (m)	بيت
édifice (m)	mabna (m)	مبنى
gratte-ciel (m)	nāṭiḥat sahāb (f)	ناطحة سحاب
façade (f)	wāʒiha (f)	واجهة
toit (m)	saqf (m)	سقف

fenêtre (f)	ʃubbāk (m)	شبّاك
arc (m)	qaws (m)	قوس
colonne (f)	ʿamūd (m)	عمود
coin (m)	zāwiya (f)	زاوية
vitrine (f)	vatrīna (f)	فترينة
enseigne (f)	lāfita (f)	لافتة
affiche (f)	mulṣaq (m)	ملصق
affiche (f) publicitaire	mulṣaq iʿlāniy (m)	ملصق إعلاني
panneau-réclame (m)	lawḥat iʿlānāt (f)	لوحة إعلانات
ordures (f pl)	zubāla (f)	زبالة
poubelle (f)	ṣundūq zubāla (m)	صندوق زبالة
jeter à terre	rama zubāla	رمى زبالة
décharge (f)	mazbala (f)	مزبلة
cabine (f) téléphonique	kuʃk tilifūn (m)	كشك تليفون
réverbère (m)	ʿamūd al miṣbāḥ (m)	عمود المصباح
banc (m)	dikka (f), kursiy (m)	دكّة, كرسيّ
policier (m)	ʃurṭiy (m)	شرطيّ
police (f)	ʃurṭa (f)	شرطة
clochard (m)	ʃaḥḥāð (m)	شحّاذ
sans-abri (m)	mutaʃarrid (m)	متشرّد

79. Les institutions urbaines

magasin (m)	maḥall (m)	محلّ
pharmacie (f)	ṣaydaliyya (f)	صيدليّة
opticien (m)	al adawāt al baṣariyya (pl)	الأدوات البصريّة
centre (m) commercial	markaz tiʒāriy (m)	مركز تجاريّ
supermarché (m)	subirmarkit (m)	سوبرماركت
boulangerie (f)	maχbaz (m)	مخبز
boulanger (m)	χabbāz (m)	خبّاز
pâtisserie (f)	dukkān ḥalawāniy (m)	دكّان حلوانيّ
épicerie (f)	baqqāla (f)	بقّالة
boucherie (f)	malḥama (f)	ملحمة
magasin (m) de légumes	dukkān χuḍār (m)	دكّان خضار
marché (m)	sūq (f)	سوق
salon (m) de café	kafé (m), maqha (m)	كافيه, مقهى
restaurant (m)	maṭʿam (m)	مطعم
brasserie (f)	ḥāna (f)	حانة
pizzeria (f)	maṭʿam pizza (m)	مطعم بيتزا
salon (m) de coiffure	ṣālūn ḥilāqa (m)	صالون حلاقة
poste (f)	maktab al barīd (m)	مكتب البريد
pressing (m)	tanẓīf ʒāff (m)	تنظيف جافّ
atelier (m) de photo	istūdiyu taṣwīr (m)	إستوديو تصوير
magasin (m) de chaussures	maḥall aḥðiya (m)	محلّ أحذية
librairie (f)	maḥall kutub (m)	محلّ كتب

magasin (m) d'articles de sport	maḥall riyāḍiy (m)	محلّ رياضيّ
atelier (m) de retouche	maḥall χiyāṭat malābis (m)	محلّ خياطة ملابس
location (f) de vêtements	maḥall ta'ʒīr malābis rasmiyya (m)	محلّ تأجير ملابس رسمية
location (f) de films	maḥal ta'ʒīr vidiyu (m)	محلّ تأجير فيديو
cirque (m)	sirk (m)	سيرك
zoo (m)	ḥadīqat al ḥayawān (f)	حديقة حيوان
cinéma (m)	sinima (f)	سينما
musée (m)	mathaf (m)	متحف
bibliothèque (f)	maktaba (f)	مكتبة
théâtre (m)	masraḥ (m)	مسرح
opéra (m)	ubra (f)	أوبرا
boîte (f) de nuit	malha layliy (m)	ملهى ليليّ
casino (m)	kazinu (m)	كازينو
mosquée (f)	masʒid (m)	مسجد
synagogue (f)	kanīs ma'bad yahūdiy (m)	كنيس معبد يهوديّ
cathédrale (f)	katidrā'iyya (f)	كاتدرائيّة
temple (m)	ma'bad (m)	معبد
église (f)	kanīsa (f)	كنيسة
institut (m)	kulliyya (m)	كلّيّة
université (f)	ʒāmi'a (f)	جامعة
école (f)	madrasa (f)	مدرسة
préfecture (f)	muqāṭa'a (f)	مقاطعة
mairie (f)	baladiyya (f)	بلديّة
hôtel (m)	funduq (m)	فندق
banque (f)	bank (m)	بنك
ambassade (f)	safāra (f)	سفارة
agence (f) de voyages	ʃarikat siyāḥa (f)	شركة سياحة
bureau (m) d'information	maktab al isti'lāmāt (m)	مكتب الإستعلامات
bureau (m) de change	ṣarrāfa (f)	صرّافة
métro (m)	mitru (m)	مترو
hôpital (m)	mustaʃfa (m)	مستشفى
station-service (f)	maḥaṭṭat banzīn (f)	محطّة بنزين
parking (m)	mawqif as sayyārāt (m)	موقف السيّارات

80. Les enseignes. Les panneaux

enseigne (f)	lāfita (f)	لافتة
pancarte (f)	bayān (m)	بيان
poster (m)	mulṣaq i'lāniy (m)	ملصق إعلانيّ
indicateur (m) de direction	'alāmat ittiʒāh (f)	علامة إتّجاه
flèche (f)	'alāmat iʃāra (f)	علامة إشارة
avertissement (m)	taḥðīr (m)	تحذير
panneau d'avertissement	lāfitat taḥðīr (f)	لافتة تحذير
avertir (vt)	ḥaððar	حذّر

jour (m) de repos	yawm ʿuṭla (m)	يوم عطلة
horaire (m)	ʒadwal (m)	جدول
heures (f pl) d'ouverture	awqāt al ʿamal (pl)	أوقات العمل
BIENVENUE!	ahlan wa sahlan!	أهلًا وسهلًا
ENTRÉE	duχūl	دخول
SORTIE	χurūʒ	خروج
POUSSER	idfaʿ	إدفع
TIRER	isḥab	إسحب
OUVERT	maftūḥ	مفتوح
FERMÉ	muɣlaq	مغلق
FEMMES	lis sayyidāt	للسيدات
HOMMES	lir riʒāl	للرجال
RABAIS	χaṣm	خصم
SOLDES	taχfīḍāt	تخفيضات
NOUVEAU!	ʒadīd!	جديد!
GRATUIT	maʒʒānan	مجّانًا
ATTENTION!	intibāh!	إنتباه!
COMPLET	kull al amākin maḥʒūza	كل الأماكن محجوزة
RÉSERVÉ	maḥʒūz	محجوز
ADMINISTRATION	idāra	إدارة
RÉSERVÉ AU PERSONNEL	lil ʿāmilīn faqaṭ	للعاملين فقط
ATTENTION CHIEN MÉCHANT	iḥðar wuʒūd al kalb	إحذر وجود الكلب
DÉFENSE DE FUMER	mamnūʿ at tadχīn	ممنوع التدخين
PRIÈRE DE NE PAS TOUCHER	ʿadam al lams	عدم اللمس
DANGEREUX	χaṭīr	خطير
DANGER	χaṭar	خطر
HAUTE TENSION	tayyār ʿāli	تيّار عالي
BAIGNADE INTERDITE	as sibāḥa mamnūʿa	السباحة ممنوعة
HORS SERVICE	muʿaṭṭal	معطّل
INFLAMMABLE	sarīʿ al iʃtiʿāl	سريع الإشتعال
INTERDIT	mamnūʿ	ممنوع
PASSAGE INTERDIT	mamnūʿ al murūr	ممنوع المرور
PEINTURE FRAÎCHE	iḥðar ṭilāʾ ɣayr ʒāff	إحذر طلاء غير جاف

81. Les transports en commun

autobus (m)	bāṣ (m)	باص
tramway (m)	trām (m)	ترام
trolleybus (m)	truli bāṣ (m)	ترولي باص
itinéraire (m)	χaṭṭ (m)	خطّ
numéro (m)	raqm (m)	رقم
prendre ...	rakib ...	ركب...
monter (dans l'autobus)	rakib	ركب

descendre de ...	nazil min	نزل من
arrêt (m)	mawqif (m)	موقف
arrêt (m) prochain	al maḥaṭṭa al qādima (f)	المحطّة القادمة
terminus (m)	āχir maḥaṭṭa (f)	آخر محطّة
horaire (m)	ʒadwal (m)	جدول
attendre (vt)	inṭazar	إنتظر
ticket (m)	taðkira (f)	تذكرة
prix (m) du ticket	uʒra (f)	أجرة
caissier (m)	ṣarrāf (m)	صرّاف
contrôle (m) des tickets	taftīʃ taðkira (m)	تفتيش تذكرة
contrôleur (m)	mufattiʃ taðākir (m)	مفتّش تذاكر
être en retard	ta'aχχar	تأخّر
rater (~ le train)	ta'aχχar	تأخّر
se dépêcher	istaʿʒal	إستعجل
taxi (m)	taksi (m)	تاكسي
chauffeur (m) de taxi	sā'iq taksi (m)	سائق تاكسي
en taxi	bit taksi	بالتاكسي
arrêt (m) de taxi	mawqif taksi (m)	موقف تاكسي
appeler un taxi	kallam tāksi	كلّم تاكسي
prendre un taxi	aχað taksi	أخذ تاكسي
trafic (m)	ḥarakat al murūr (f)	حركة المرور
embouteillage (m)	zaḥmat al murūr (f)	زحمة المرور
heures (f pl) de pointe	sāʿat að ðurwa (f)	ساعة الذروة
se garer (vp)	awqaf	أوقف
garer (vt)	awqaf	أوقف
parking (m)	mawqif as sayyārāt (m)	موقف السيارات
métro (m)	mitru (m)	مترو
station (f)	maḥaṭṭa (f)	محطّة
prendre le métro	rakib al mitru	ركب المترو
train (m)	qiṭār (m)	قطار
gare (f)	maḥaṭṭat qiṭār (f)	محطّة قطار

82. Le tourisme

monument (m)	timθāl (m)	تمثال
forteresse (f)	qalʿa (f), ḥiṣn (m)	قلعة, حصن
palais (m)	qaṣr (m)	قصر
château (m)	qalʿa (f)	قلعة
tour (f)	burʒ (m)	برج
mausolée (m)	ḍarīḥ (m)	ضريح
architecture (f)	handasa miʿmāriyya (f)	هندسة معماريّة
médiéval (adj)	min al qurūn al wusṭa	من القرون الوسطى
ancien (adj)	qadīm	قديم
national (adj)	waṭaniy	وطنيّ
connu (adj)	maʃhūr	مشهور
touriste (m)	sā'iḥ (m)	سائح
guide (m) (personne)	murʃid (m)	مرشد

excursion (f)	ʒawla (f)	جولة
montrer (vt)	ʻaraḍ	عرض
raconter (une histoire)	ḥaddaθ	حدّث
trouver (vt)	waʒad	وجد
se perdre (vp)	ḍāʻ	ضاع
plan (m) (du metro, etc.)	χarīṭa (f)	خريطة
carte (f) (de la ville, etc.)	χarīṭa (f)	خريطة
souvenir (m)	tiðkār (m)	تذكار
boutique (f) de souvenirs	maḥall hadāya (m)	محلّ هدايا
prendre en photo	ṣawwar	صوّر
se faire prendre en photo	taṣawwar	تصوّر

83. Le shopping

acheter (vt)	iʃtara	إشترى
achat (m)	ʃay' (m)	شيء
faire des achats	iʃtara	إشترى
shopping (m)	ʃubinɣ (m)	شوبينغ
être ouvert	maftūḥ	مفتوح
être fermé	muɣlaq	مغلق
chaussures (f pl)	aḥðiya (pl)	أحذية
vêtement (m)	malābis (pl)	ملابس
produits (m pl) de beauté	mawādd at taʒmīl (pl)	موادّ التجميل
produits (m pl) alimentaires	ma'kūlāt (pl)	مأكولات
cadeau (m)	hadiyya (f)	هديّة
vendeur (m)	bā'iʻ (m)	بائع
vendeuse (f)	bā'iʻa (f)	بائعة
caisse (f)	ṣundū' ad dafʻ (m)	صندوق الدفع
miroir (m)	mir'āt (f)	مرآة
comptoir (m)	minḍada (f)	منضدة
cabine (f) d'essayage	ɣurfat al qiyās (f)	غرفة القياس
essayer (robe, etc.)	ʒarrab	جرّب
aller bien (robe, etc.)	nāsab	ناسب
plaire (être apprécié)	aʻʒab	أعجب
prix (m)	siʻr (m)	سعر
étiquette (f) de prix	tikit as siʻr (m)	تيكت السعر
coûter (vt)	kallaf	كلّف
Combien?	bikam?	بكم؟
rabais (m)	χaṣm (m)	خصم
pas cher (adj)	ɣayr ɣāli	غير غال
bon marché (adj)	raχīṣ	رخيص
cher (adj)	ɣāli	غال
C'est cher	haða ɣāli	هذا غال
location (f)	isti'ʒār (m)	إستئجار
louer (une voiture, etc.)	ista'ʒar	إستأجر

crédit (m)	i'timān (m)	إئتمان
à crédit (adv)	bid dayn	بالدين

84. L'argent

argent (m)	nuqūd (pl)	نقود
échange (m)	taḥwīl 'umla (m)	تحويل عملة
cours (m) de change	si'r aṣ ṣarf (m)	سعر الصرف
distributeur (m)	ṣarrāf 'āliy (m)	صرّاف آليّ
monnaie (f)	qiṭ'a naqdiyya (f)	قطعة نقديّة
dollar (m)	dulār (m)	دولار
euro (m)	yuru (m)	يورو
lire (f)	lira iṭāliyya (f)	ليرة إيطالية
mark (m) allemand	mark almāniy (m)	مارك ألماني
franc (m)	frank (m)	فرنك
livre sterling (f)	ʒunayh istirlīniy (m)	جنيه استرلينيّ
yen (m)	yīn (m)	ين
dette (f)	dayn (m)	دين
débiteur (m)	mudīn (m)	مدين
prêter (vt)	sallaf	سلّف
emprunter (vt)	istalaf	إستلف
banque (f)	bank (m)	بنك
compte (m)	ḥisāb (m)	حساب
verser (dans le compte)	awda'	أودع
verser dans le compte	awda' fil ḥisāb	أودع في الحساب
retirer du compte	saḥab min al ḥisāb	سحب من الحساب
carte (f) de crédit	biṭāqat i'timān (f)	بطاقة إئتمان
espèces (f pl)	nuqūd (pl)	نقود
chèque (m)	ʃīk (m)	شيك
faire un chèque	katab ʃīk	كتب شيكًا
chéquier (m)	daftar ʃīkāt (m)	دفتر شيكات
portefeuille (m)	maḥfaẓat ʒīb (f)	محفظة جيب
bourse (f)	maḥfaẓat fakka (f)	محفظة فكّة
coffre fort (m)	χizāna (f)	خزانة
héritier (m)	wāris (m)	وارث
héritage (m)	wirāθa (f)	وراثة
fortune (f)	θarwa (f)	ثروة
location (f)	'īʒār (m)	إيجار
loyer (m) (argent)	uʒrat as sakan (f)	أجرة السكن
louer (prendre en location)	ista'ʒar	إستأجر
prix (m)	si'r (m)	سعر
coût (m)	θaman (m)	ثمن
somme (f)	mablaɣ (m)	مبلغ
dépenser (vt)	ṣaraf	صرف
dépenses (f pl)	maṣārīf (pl)	مصاريف

économiser (vt)	waffar	وفّر
économe (adj)	muwaffir	موفّر
payer (régler)	dafa'	دفع
paiement (m)	daf' (m)	دفع
monnaie (f) (rendre la ~)	al bāqi (m)	الباقي
impôt (m)	ḍarība (f)	ضريبة
amende (f)	ɣarāma (f)	غرامة
mettre une amende	faraḍ ɣarāma	فرض غرامة

85. La poste. Les services postaux

poste (f)	maktab al barīd (m)	مكتب البريد
courrier (m) (lettres, etc.)	al barīd (m)	البريد
facteur (m)	sā'i al barīd (m)	ساعي البريد
heures (f pl) d'ouverture	awqāt al 'amal (pl)	أوقات العمل
lettre (f)	risāla (f)	رسالة
recommandé (m)	risāla musaʒʒala (f)	رسالة مسجّلة
carte (f) postale	biṭāqa barīdiyya (f)	بطاقة بريديّة
télégramme (m)	barqiyya (f)	برقيّة
colis (m)	ṭard (m)	طرد
mandat (m) postal	ḥawāla māliyya (f)	حوالة ماليّة
recevoir (vt)	istalam	إستلم
envoyer (vt)	arsal	أرسل
envoi (m)	irsāl (m)	إرسال
adresse (f)	'unwān (m)	عنوان
code (m) postal	raqm al barīd (m)	رقم البريد
expéditeur (m)	mursil (m)	مرسل
destinataire (m)	mursal ilayh (m)	مرسل إليه
prénom (m)	ism (m)	إسم
nom (m) de famille	ism al 'ā'ila (m)	إسم العائلة
tarif (m)	ta'rīfa (f)	تعريفة
normal (adj)	'ādiy	عاديّ
économique (adj)	muwaffir	موفّر
poids (m)	wazn (m)	وزن
peser (~ les lettres)	wazan	وزن
enveloppe (f)	ẓarf (m)	ظرف
timbre (m)	ṭābi' (m)	طابع
timbrer (vt)	alṣaq ṭābi'	ألصق طابعا

Le logement. La maison. Le foyer

86. La maison. Le logis

maison (f)	bayt (m)	بيت
chez soi	fil bayt	في البيت
cour (f)	finā' (m)	فناء
clôture (f)	sūr (m)	سور
brique (f)	ṭūb (m)	طوب
en brique (adj)	min aṭ ṭūb	من الطوب
pierre (f)	ḥaʒar (m)	حجر
en pierre (adj)	ḥaʒariy	حجريّ
béton (m)	χarasāna (f)	خرسانة
en béton (adj)	χarasāniy	خرسانيّ
neuf (adj)	ʒadīd	جديد
vieux (adj)	qadīm	قديم
délabré (adj)	'āyil lis suqūṭ	آيل للسقوط
moderne (adj)	mu'āṣir	معاصر
à plusieurs étages	muta'addid aṭ ṭawābiq	متعدّد الطوابق
haut (adj)	'āli	عال
étage (m)	ṭābiq (m)	طابق
sans étage (adj)	ðu ṭābiq wāḥid	ذو طابق واحد
rez-de-chaussée (m)	ṭābiq sufliy (m)	طابق سفليّ
dernier étage (m)	ṭābiq 'ulwiy (m)	طابق علويّ
toit (m)	saqf (m)	سقف
cheminée (f)	madχana (f)	مدخنة
tuile (f)	qirmīd (m)	قرميد
en tuiles (adj)	min al qirmīd	من القرميد
grenier (m)	'ullayya (f)	علّيّة
fenêtre (f)	ʃubbāk (m)	شبّاك
vitre (f)	zuʒāʒ (m)	زجاج
rebord (m)	raff ʃubbāk (f)	رف شبّاك
volets (m pl)	darf ʃubbāk (m)	درف شبّاك
mur (m)	ḥā'iṭ (m)	حائط
balcon (m)	ʃurfa (f)	شرفة
gouttière (f)	masūrat at taṣrīf (f)	ماسورة التصريف
en haut (à l'étage)	fawq	فوق
monter (vi)	ṣa'ad	صعد
descendre (vi)	nazil	نزل
déménager (vi)	intaqal	إنتقل

87. La maison. L'entrée. L'ascenseur

entrée (f)	madχal (m)	مدخل
escalier (m)	sullam (m)	سلّم
marches (f pl)	daraʒāt (pl)	درجات
rampe (f)	drabizīn (m)	درابزين
hall (m)	ṣāla (f)	صالة
boîte (f) à lettres	ṣundūq al barīd (m)	صندوق البريد
poubelle (f) d'extérieur	ṣundūq az zubāla (m)	صندوق الزبالة
vide-ordures (m)	manfað að ðubāla (m)	منفذ الزبالة
ascenseur (m)	miṣʿad (m)	مصعد
monte-charge (m)	miṣʿad aʃ ʃaḥn (m)	مصعد الشحن
cabine (f)	kabīna (f)	كابينة
prendre l'ascenseur	rakib al miṣʿad	ركب المصعد
appartement (m)	ʃaqqa (f)	شقّة
locataires (m pl)	sukkān al ʿimāra (pl)	سكّان العمارة
voisin (m)	ʒār (m)	جار
voisine (f)	ʒāra (f)	جارة
voisins (m pl)	ʒirān (pl)	جيران

88. La maison. L'électricité

électricité (f)	kahrabā' (m)	كهرباء
ampoule (f)	lamba (f)	لمبة
interrupteur (m)	miftāḥ (m)	مفتاح
plomb, fusible (m)	fāṣima (f)	فاصمة
fil (m) (~ électrique)	silk (m)	سلك
installation (f) électrique	aslāk (pl)	أسلاك
compteur (m) électrique	ʿaddād (m)	عدّاد
relevé (m)	qirā'a (f)	قراءة

89. La maison. La porte. La serrure

porte (f)	bāb (m)	باب
portail (m)	bawwāba (f)	بوّابة
poignée (f)	qabḍat al bāb (f)	قبضة الباب
déverrouiller (vt)	fataḥ	فتح
ouvrir (vt)	fataḥ	فتح
fermer (vt)	aɣlaq	أغلق
clé (f)	miftāḥ (m)	مفتاح
trousseau (m), jeu (m)	rabṭa (f)	ربطة
grincer (la porte)	ṣarr	صرّ
grincement (m)	ṣarīr (m)	صرير
gond (m)	mufaṣṣala (f)	مفصّلة
paillasson (m)	siʒāda (f)	سجادة
serrure (f)	qifl al bāb (m)	قفل الباب

trou (m) de la serrure	θaqb al bāb (m)	ثقب الباب
verrou (m)	tirbās (m)	ترباس
loquet (m)	mizlāʒ (m)	مزلاج
cadenas (m)	qifl (m)	قفل
sonner (à la porte)	rann	رنّ
sonnerie (f)	ranīn (m)	رنين
sonnette (f)	ʒaras (m)	جرس
bouton (m)	zirr (m)	زرّ
coups (m pl) à la porte	ṭarq, daqq (m)	طرق, دقّ
frapper (~ à la porte)	daqq	دقّ
code (m)	kūd (m)	كود
serrure (f) à combinaison	kūd (m)	كود
interphone (m)	ʒaras al bāb (m)	جرس الباب
numéro (m)	raqm (m)	رقم
plaque (f) de porte	lawḥa (f)	لوحة
judas (m)	al ʿayn as siḥriyya (m)	العين السحريّة

90. La maison de campagne

village (m)	qarya (f)	قرية
potager (m)	bustān χuḍār (m)	بستان خضار
palissade (f)	sūr (m)	سور
clôture (f)	sūr (m)	سور
portillon (m)	bawwāba farʿiyya (f)	بوّابة فرعيّة
grange (f)	ʃawna (f)	شونة
cave (f)	sirdāb (m)	سرداب
abri (m) de jardin	saqīfa (f)	سقيفة
puits (m)	bi'r (m)	بئر
poêle (m) (~ à bois)	furn (m)	فرن
chauffer le poêle	awqad	أوقد
bois (m) de chauffage	ḥaṭab (m)	حطب
bûche (f)	qiṭʿat ḥaṭab (f)	قطعة حطب
véranda (f)	virānda (f)	فيراندة
terrasse (f)	ʃurfa (f)	شرفة
perron (m) d'entrée	sullam (m)	سلّم
balançoire (f)	urʒūḥa (f)	أرجوحة

91. La villa et le manoir

maison (f) de campagne	bayt rīfiy (m)	بيت ريفيّ
villa (f)	villa (f)	فيلا
aile (f) (~ ouest)	ʒanāḥ (m)	جناح
jardin (m)	ḥadīqa (f)	حديقة
parc (m)	ḥadīqa (f)	حديقة
serre (f) tropicale	dafī'a (f)	دفيئة
s'occuper (~ du jardin)	ihtamm	إهتمّ

piscine (f)	masbaḥ (m)	مسبح
salle (f) de gym	qā'at at tamrīnāt (f)	قاعة التمرينات
court (m) de tennis	mal'ab tinis (m)	ملعب تنس
salle (f) de cinéma	sinima manziliyya (f)	سينما منزليّة
garage (m)	qarāʒ (m)	جراج
propriété (f) privée	milkiyya χāṣṣa (f)	ملكيّة خاصّة
terrain (m) privé	arḍ χāṣṣa (m)	أرض خاصّة
avertissement (m)	taḥðīr (m)	تحذير
panneau d'avertissement	lāfitat taḥðīr (f)	لافتة تحذير
sécurité (f)	ḥirāsa (f)	حراسة
agent (m) de sécurité	ḥāris amn (m)	حارس أمن
alarme (f) antivol	ʒihāð inðār (m)	جهاز انذار

92. Le château. Le palais

château (m)	qal'a (f)	قلعة
palais (m)	qaṣr (m)	قصر
forteresse (f)	qal'a (f), ḥiṣn (m)	قلعة, حصن
muraille (f)	sūr (m)	سور
tour (f)	burʒ (m)	برج
donjon (m)	burʒ ra'īsiy (m)	برج رئيسيّ
herse (f)	bāb mutaḥarrik (m)	باب متحرّك
souterrain (m)	sirdāb (m)	سرداب
douve (f)	χandaq mā'iy (m)	خندق مائيّ
chaîne (f)	silsila (f)	سلسلة
meurtrière (f)	mazɣal (m)	مزغل
magnifique (adj)	rā'i'	رائع
majestueux (adj)	muhīb	مهيب
inaccessible (adj)	manī'	منيع
médiéval (adj)	min al qurūn al wusṭa	من القرون الوسطى

93. L'appartement

appartement (m)	ʃaqqa (f)	شقّة
chambre (f)	ɣurfa (f)	غرفة
chambre (f) à coucher	ɣurfat an nawm (f)	غرفة النوم
salle (f) à manger	ɣurfat il akl (f)	غرفة الأكل
salon (m)	ṣālat al istiqbāl (f)	صالة الإستقبال
bureau (m)	maktab (m)	مكتب
antichambre (f)	madχal (m)	مدخل
salle (f) de bains	ḥammām (m)	حمّام
toilettes (f pl)	ḥammām (m)	حمّام
plafond (m)	saqf (m)	سقف
plancher (m)	arḍ (f)	أرض
coin (m)	zāwiya (f)	زاوية

94. L'appartement. Le ménage

faire le ménage	naẓẓaf	نظّف
ranger (jouets, etc.)	ʃāl	شال
poussière (f)	ɣubār (m)	غبار
poussiéreux (adj)	muɣabbar	مغبّر
essuyer la poussière	masaḥ al ɣubār	مسح الغبار
aspirateur (m)	miknasa kahrabā'iyya (f)	مكنسة كهربائيّة
passer l'aspirateur	naẓẓaf bi miknasa kahrabā'iyya	نظّف بمكنسة كهربائيّة
balayer (vt)	kanas	كنس
balayures (f pl)	qumāma (f)	قمامة
ordre (m)	niẓām (m)	نظام
désordre (m)	‘adam an niẓām (m)	عدم النظام
balai (m) à franges	mimsaḥa ṭawīla (f)	ممسحة طويلة
torchon (m)	mimsaḥa (f)	ممسحة
balayette (f) de sorgho	miqaʃʃa (f)	مقشّة
pelle (f) à ordures	ʒārūf (m)	جاروف

95. Les meubles. L'intérieur

meubles (m pl)	aθāθ (m)	أثاث
table (f)	maktab (m)	مكتب
chaise (f)	kursiy (m)	كرسيّ
lit (m)	sarīr (m)	سرير
canapé (m)	kanaba (f)	كنبة
fauteuil (m)	kursiy (m)	كرسيّ
bibliothèque (f) (meuble)	χizānat kutub (f)	خزانة كتب
rayon (m)	raff (m)	رفّ
armoire (f)	dūlāb (m)	دولاب
patère (f)	ʃammā‘a (f)	شمّاعة
portemanteau (m)	ʃammā‘a (f)	شمّاعة
commode (f)	dulāb adrāʒ (m)	دولاب أدراج
table (f) basse	ṭāwilat al qahwa (f)	طاولة القهوة
miroir (m)	mir'āt (f)	مرآة
tapis (m)	siʒāda (f)	سجادة
petit tapis (m)	siʒāda (f)	سجادة
cheminée (f)	midfa'a ḥā'iṭiyya (f)	مدفأة حائطيّة
bougie (f)	ʃam‘a (f)	شمعة
chandelier (m)	ʃam‘adān (m)	شمعدان
rideaux (m pl)	satā'ir (pl)	ستائر
papier (m) peint	waraq ḥīṭān (m)	ورق حيطان
jalousie (f)	ḥaṣīrat ʃubbāk (f)	حصيرة شبّاك
lampe (f) de table	miṣbāḥ aṭ ṭāwila (m)	مصباح الطاولة
applique (f)	miṣbāḥ al ḥā'iṭ (f)	مصباح الحائط

lampadaire (m)	miṣbāḥ arḍiy (m)	مصباح أرضيّ
lustre (m)	naʒafa (f)	نجفة
pied (m) (~ de la table)	riʒl (f)	رجل
accoudoir (m)	masnad (m)	مسند
dossier (m)	masnad (m)	مسند
tiroir (m)	durʒ (m)	درج

96. La literie

linge (m) de lit	bayāḍāt as sarīr (pl)	بياضات السرير
oreiller (m)	wisāda (f)	وسادة
taie (f) d'oreiller	kīs al wisāda (m)	كيس الوسادة
couverture (f)	baṭṭāniyya (f)	بطّانيّة
drap (m)	milāya (f)	ملاية
couvre-lit (m)	ɣiṭā' as sarīr (m)	غطاء السرير

97. La cuisine

cuisine (f)	maṭbaχ (m)	مطبخ
gaz (m)	ɣāz (m)	غاز
cuisinière (f) à gaz	butuɣāz (m)	بوتوغاز
cuisinière (f) électrique	furn kaharabā'iy (m)	فرن كهربائيّ
four (m)	furn (m)	فرن
four (m) micro-ondes	furn al mikruwayv (m)	فرن الميكروويف
réfrigérateur (m)	θallāʒa (f)	ثلاجة
congélateur (m)	frīzir (m)	فريزير
lave-vaisselle (m)	ɣassāla (f)	غسّالة
hachoir (m) à viande	farrāmat laḥm (f)	فرّامة لحم
centrifugeuse (f)	'aṣṣāra (f)	عصّارة
grille-pain (m)	maḥmaṣat χubz (f)	محمصة خبز
batteur (m)	χallāṭ (m)	خلّاط
machine (f) à café	mākinat ṣan' al qahwa (f)	ماكينة صنع القهوة
cafetière (f)	kanaka (f)	كنكة
moulin (m) à café	maṭḥanat qahwa (f)	مطحنة قهوة
bouilloire (f)	barrād (m)	برّاد
théière (f)	barrād aʃ ʃāy (m)	برّاد الشاي
couvercle (m)	ɣiṭā' (m)	غطاء
passoire (f) à thé	miṣfāt (f)	مصفاة
cuillère (f)	mil'aqa (f)	ملعقة
petite cuillère (f)	mil'aqat ʃāy (f)	ملعقة شاي
cuillère (f) à soupe	mil'aqa kabīra (f)	ملعقة كبيرة
fourchette (f)	ʃawka (f)	شوكة
couteau (m)	sikkīn (m)	سكّين
vaisselle (f)	ṣuḥūn (pl)	صحون
assiette (f)	ṭabaq (m)	طبق

soucoupe (f)	ṭabaq finʒān (m)	طبق فنجان
verre (m) à shot	ka's (f)	كأس
verre (m) (~ d'eau)	kubbāya (f)	كبّاية
tasse (f)	finʒān (m)	فنجان
sucrier (m)	sukkariyya (f)	سكّريّة
salière (f)	mamlaḥa (f)	مملحة
poivrière (f)	mabhara (f)	مبهرة
beurrier (m)	ṣuḥn zubda (m)	صحن زبدة
casserole (f)	kassirūlla (f)	كاسرولة
poêle (f)	ṭāsa (f)	طاسة
louche (f)	miɣrafa (f)	مغرفة
passoire (f)	miṣfāt (f)	مصفاة
plateau (m)	ṣīniyya (f)	صينيّة
bouteille (f)	zuʒāʒa (f)	زجاجة
bocal (m) (à conserves)	barṭamān (m)	برطمان
boîte (f) en fer-blanc	tanaka (f)	تنكة
ouvre-bouteille (m)	fattāḥa (f)	فتّاحة
ouvre-boîte (m)	fattāḥa (f)	فتّاحة
tire-bouchon (m)	barrīma (f)	برّيمة
filtre (m)	filtir (m)	فلتر
filtrer (vt)	ṣaffa	صفّى
ordures (f pl)	zubāla (f)	زبالة
poubelle (f)	ṣundūq az zubāla (m)	صندوق الزبالة

98. La salle de bains

salle (f) de bains	ḥammām (m)	حمّام
eau (f)	mā' (m)	ماء
robinet (m)	ḥanafiyya (f)	حنفيّة
eau (f) chaude	mā' sāχin (m)	ماء ساخن
eau (f) froide	mā' bārid (m)	ماء بارد
dentifrice (m)	ma'ʒūn asnān (m)	معجون أسنان
se brosser les dents	naẓẓaf al asnān	نظّف الأسنان
brosse (f) à dents	furʃat asnān (f)	فرشة أسنان
se raser (vp)	ḥalaq	حلق
mousse (f) à raser	raɣwa lil ḥilāqa (f)	رغوة للحلاقة
rasoir (m)	mūs ḥilāqa (m)	موس حلاقة
laver (vt)	ɣasal	غسل
se laver (vp)	istaḥamm	إستحمّ
douche (f)	dūʃ (m)	دوش
prendre une douche	aχað ad duʃ	أخذ الدش
baignoire (f)	ḥawḍ istiḥmām (m)	حوض استحمام
cuvette (f)	mirḥāḍ (m)	مرحاض
lavabo (m)	ḥawḍ (m)	حوض
savon (m)	ṣābūn (m)	صابون

porte-savon (m)	ṣabbāna (f)	صبّانة
éponge (f)	līfa (f)	ليفة
shampooing (m)	ʃāmbū (m)	شامبو
serviette (f)	fūṭa (f)	فوطة
peignoir (m) de bain	θawb ḥammām (m)	ثوب حمّام
lessive (f) (faire la ~)	ɣasīl (m)	غسيل
machine (f) à laver	ɣassāla (f)	غسّالة
faire la lessive	ɣasal al malābis	غسل الملابس
lessive (f) (poudre)	masḥūq ɣasīl (m)	مسحوق غسيل

99. Les appareils électroménagers

téléviseur (m)	tilivizyūn (m)	تليفزيون
magnétophone (m)	ʒihāz tasʒīl (m)	جهاز تسجيل
magnétoscope (m)	ʒihāz tasʒīl vidiyu (m)	جهاز تسجيل فيديو
radio (f)	ʒihāz radiyu (m)	جهاز راديو
lecteur (m)	blayir (m)	بلير
vidéoprojecteur (m)	ʻāriḍ vidiyu (m)	عارض فيديو
home cinéma (m)	sinima manziliyya (f)	سينما منزليّة
lecteur DVD (m)	di vi di (m)	دي في دي
amplificateur (m)	mukabbir aṣ ṣawt (m)	مكبّر الصوت
console (f) de jeux	ʼatāri (m)	أتاري
caméscope (m)	kamira vidiyu (f)	كاميرا فيديو
appareil (m) photo	kamira (f)	كاميرا
appareil (m) photo numérique	kamira diʒital (f)	كاميرا ديجيتال
aspirateur (m)	miknasa kahrabāʼiyya (f)	مكنسة كهربائيّة
fer (m) à repasser	makwāt (f)	مكواة
planche (f) à repasser	lawḥat kayy (f)	لوحة كيّ
téléphone (m)	hātif (m)	هاتف
portable (m)	hātif maḥmūl (m)	هاتف محمول
machine (f) à écrire	ʼāla katiba (f)	آلة كاتبة
machine (f) à coudre	ʼālat al χiyāṭa (f)	آلة الخياطة
micro (m)	mikrufūn (m)	ميكروفون
écouteurs (m pl)	sammāʻāt raʼsiya (pl)	سمّاعات رأسيّة
télécommande (f)	rimuwt kuntrūl (m)	ريموت كنترول
CD (m)	si di (m)	سي دي
cassette (f)	ʃarīṭ (m)	شريط
disque (m) (vinyle)	usṭuwāna (f)	أسطوانة

100. Les travaux de réparation et de rénovation

rénovation (f)	taʒdīdāt (m)	تجديدات
faire la rénovation	ʒaddad	جدّد
réparer (vt)	aṣlaḥ	أصلح
remettre en ordre	naẓẓam	نظّم

refaire (vt)	aʿād	أعاد
peinture (f)	dihān (m)	دهان
peindre (des murs)	dahan	دهن
peintre (m) en bâtiment	dahhān (m)	دهّان
pinceau (m)	furʃat lit talwīn (f)	فرشة للتلوين
chaux (f)	maḥlūl mubayyiḍ (m)	محلول مبيّض
blanchir à la chaux	bayyaḍ	بيّض
papier (m) peint	waraq ḥīṭān (m)	ورق حيطان
tapisser (vt)	laṣaq waraq al ḥīṭān	لصق ورق الحيطان
vernis (m)	warnīʃ (m)	ورنيش
vernir (vt)	ṭala bil warnīʃ	طلى بالورنيش

101. La plomberie

eau (f)	māʾ (m)	ماء
eau (f) chaude	māʾ sāχin (m)	ماء ساخن
eau (f) froide	māʾ bārid (m)	ماء بارد
robinet (m)	ḥanafiyya (f)	حنفيّة
goutte (f)	qaṭara (f)	قطرة
goutter (vi)	qaṭar	قطر
fuir (tuyau)	sarab	سرب
fuite (f)	tasarrub (m)	تسرّب
flaque (f)	birka (f)	بركة
tuyau (m)	māsūra (f)	ماسورة
valve (f)	ṣimām (m)	صمام
se boucher (vp)	kān masdūdan	كان مسدودًا
outils (m pl)	adawāt (pl)	أدوات
clé (f) réglable	miftāḥ inʒlīziy (m)	مفتاح إنجليزيّ
dévisser (vt)	fataḥ	فتح
visser (vt)	aḥkam aʃ ʃadd	أحكم الشدّ
déboucher (vt)	sallak	سلّك
plombier (m)	sabbāk (m)	سبّاك
sous-sol (m)	sirdāb (m)	سرداب
égouts (m pl)	ʃabakit il maʒāry (f)	شبكة مياه المجاري

102. L'incendie

feu (m)	ḥarīq (m)	حريق
flamme (f)	ʃuʿla (f)	شعلة
étincelle (f)	ʃarāra (f)	شرارة
fumée (f)	duχān (m)	دخان
flambeau (m)	ʃuʿla (f)	شعلة
feu (m) de bois	nār muχayyam (m)	نار مخيّم
essence (f)	banzīn (m)	بنزين
kérosène (m)	kirusīn (m)	كيروسين

inflammable (adj)	qābil lil iḥtirāq	قابل للإحتراق
explosif (adj)	mutafaʒʒir	متفجّر
DÉFENSE DE FUMER	mamnūʿ at tadχīn	ممنوع التدخين
sécurité (f)	amn (m)	أمن
danger (m)	χaṭar (m)	خطر
dangereux (adj)	χaṭīr	خطير
prendre feu	iʃtaʿal	إشتعل
explosion (f)	infiʒār (m)	إنفجار
mettre feu	aʃʿal an nār	أشعل النار
incendiaire (m)	muʃʿil ḥarīq (m)	مشعل حريق
incendie (m) prémédité	iḥrāq (m)	إحراق
flamboyer (vi)	talahhab	تلهّب
brûler (vi)	iḥtaraq	إحترق
brûler complètement	iḥtaraq	إحترق
appeler les pompiers	istadʿa qism al ḥarīq	إستدعى قسم الحريق
pompier (m)	raʒul iṭfāʾ (m)	رجل إطفاء
voiture (f) de pompiers	sayyārat iṭfāʾ (f)	سيّارة إطفاء
sapeurs-pompiers (pl)	qism iṭfāʾ (m)	قسم إطفاء
échelle (f) des pompiers	sullam iṭfāʾ (m)	سلّم إطفاء
tuyau (m) d'incendie	χarṭūm al māʾ (m)	خرطوم الماء
extincteur (m)	miṭfaʾat ḥarīq (f)	مطفأة حريق
casque (m)	χūða (f)	خوذة
sirène (f)	ṣaffārat inðār (f)	صفّارة إنذار
crier (vi)	ṣaraχ	صرخ
appeler au secours	istaɣāθ	إستغاث
secouriste (m)	munqið (m)	منقذ
sauver (vt)	anqað	أنقذ
venir (vi)	waṣal	وصل
éteindre (feu)	aṭfaʾ	أطفأ
eau (f)	māʾ (m)	ماء
sable (m)	raml (m)	رمل
ruines (f pl)	ḥiṭām (pl)	حطام
tomber en ruine	inhār	إنهار
s'écrouler (vp)	inhār	إنهار
s'effondrer (vp)	inhār	إنهار
morceau (m) (de mur, etc.)	ḥiṭma (f)	حطمة
cendre (f)	ramād (m)	رماد
mourir étouffé	iχtanaq	إختنق
périr (vi)	halak	هلك

LES ACTIVITÉS HUMAINS

Le travail. Les affaires. Partie 1

103. Le bureau. La vie de bureau

bureau (m) (établissement)	maktab (m)	مكتب
bureau (m) (au travail)	maktab (m)	مكتب
accueil (m)	istiqbāl (m)	إستقبال
secrétaire (m)	sikirtīr (m)	سكرتير
directeur (m)	mudīr (m)	مدير
manager (m)	mudīr (m)	مدير
comptable (m)	muḥāsib (m)	محاسب
collaborateur (m)	muwaẓẓaf (m)	موظّف
meubles (m pl)	aθāθ (m)	أثاث
bureau (m)	maktab (m)	مكتب
fauteuil (m)	kursiy (m)	كرسيّ
classeur (m) à tiroirs	waḥdat adrāʒ (f)	وحدة أدراج
portemanteau (m)	ʃammāʻa (f)	شمّاعة
ordinateur (m)	kumbyūtir (m)	كمبيوتر
imprimante (f)	ṭābiʻa (f)	طابعة
fax (m)	faks (m)	فاكس
copieuse (f)	'ālat nasχ (f)	آلة نسخ
papier (m)	waraq (m)	ورق
papeterie (f)	adawāt al kitāba (pl)	أدوات الكتابة
tapis (m) de souris	wisādat fa'ra (f)	وسادة فأرة
feuille (f)	waraqa (f)	ورقة
classeur (m)	malaff (m)	ملفّ
catalogue (m)	fihris (m)	فهرس
annuaire (m)	dalīl at tilifūn (m)	دليل التليفون
documents (m pl)	waθā'iq (pl)	وثائق
brochure (f)	naʃra (f)	نشرة
prospectus (m)	manʃūr (m)	منشور
échantillon (m)	namūðaʒ (m)	نموذج
formation (f)	iʒtimāʻ tadrīb (m)	إجتماع تدريب
réunion (f)	iʒtimāʻ (m)	إجتماع
pause (f) déjeuner	fatrat al ɣadā' (f)	فترة الغذاء
faire une copie	ṣawwar	صوّر
faire des copies	ṣawwar	صوّر
recevoir un fax	istalam faks	إستلم فاكس
envoyer un fax	arsal faks	أرسل فاكس
téléphoner, appeler	ittaṣal	إتّصل

répondre (vi, vt)	radd	ردّ
passer (au téléphone)	waṣṣal	وصّل
fixer (rendez-vous)	ḥaddad	حدّد
montrer (un échantillon)	ʿaraḍ	عرض
être absent	ɣāb	غاب
absence (f)	ɣiyāb (m)	غياب

104. Les processus d'affaires. Partie 1

métier (m)	ʃuɣl (m)	شغل
firme (f), société (f)	ʃarika (f)	شركة
compagnie (f)	ʃarika (f)	شركة
corporation (f)	muʾassasa tiʒāriyya (f)	مؤسسة تجارية
entreprise (f)	ʃarika (f)	شركة
agence (f)	wikāla (f)	وكالة
accord (m)	ittifāqiyya (f)	إتّفاقيّة
contrat (m)	ʿaqd (m)	عقد
marché (m) (accord)	ṣafqa (f)	صفقة
commande (f)	ṭalab (m)	طلب
terme (m) (~ du contrat)	ʃarṭ (m)	شرط
en gros (adv)	bil ʒumla	بالجملة
en gros (adj)	al ʒumla	الجملة
vente (f) en gros	bayʿ bil ʒumla (m)	بيع بالجملة
au détail (adj)	at taʒziʾa	التجزئة
vente (f) au détail	bayʿ bit taʒziʾa (m)	بيع بالتجزئة
concurrent (m)	munāfis (m)	منافس
concurrence (f)	munāfasa (f)	منافسة
concurrencer (vt)	nāfas	نافس
associé (m)	ʃarīk (m)	شريك
partenariat (m)	ʃirāka (f)	شراكة
crise (f)	azma (f)	أزمة
faillite (f)	iflās (m)	إفلاس
faire faillite	aflas	أفلس
difficulté (f)	ṣuʿūba (f)	صعوبة
problème (m)	muʃkila (f)	مشكلة
catastrophe (f)	kāriθa (f)	كارثة
économie (f)	iqtiṣād (m)	إقتصاد
économique (adj)	iqtiṣādiy	إقتصاديّ
baisse (f) économique	rukūd iqtiṣādiy (m)	ركود إقتصاديّ
but (m)	hadaf (m)	هدف
objectif (m)	muhimma (f)	مهمّة
faire du commerce	tāʒir	تاجر
réseau (m) (de distribution)	ʃabaka (f)	شبكة
inventaire (m) (stocks)	al maχzūn (m)	المخزون
assortiment (m)	taʃkīla (f)	تشكيلة

leader (m)	qā'id (m)	قائد
grande (~ entreprise)	kabīr	كبير
monopole (m)	iḥtikār (m)	إحتكار
théorie (f)	naẓariyya (f)	نظريّة
pratique (f)	mumārasa (f)	ممارسة
expérience (f)	χibra (f)	خبرة
tendance (f)	ittiʒāh (m)	إتّجاه
développement (m)	tanmiya (f)	تنمية

105. Les processus d'affaires. Partie 2

rentabilité (m)	ribḥ (m)	ربح
rentable (adj)	murbiḥ	مربح
délégation (f)	wafd (m)	وفد
salaire (m)	murattab (m)	مرتّب
corriger (une erreur)	ṣaḥḥaḥ	صحّح
voyage (m) d'affaires	riḥlat 'amal (f)	رحلة عمل
commission (f)	laʒna (f)	لجنة
contrôler (vt)	taḥakkam	تحكّم
conférence (f)	mu'tamar (m)	مؤتمر
licence (f)	ruχṣa (f)	رخصة
fiable (partenaire ~)	mawθūq	موثوق
initiative (f)	mubādara (f)	مبادرة
norme (f)	mi'yār (m)	معيار
circonstance (f)	ẓarf (m)	ظرف
fonction (f)	wāʒib (m)	واجب
entreprise (f)	munaẓẓama (f)	منظّمة
organisation (f)	tanẓīm (m)	تنظيم
organisé (adj)	munaẓẓam	منظّم
annulation (f)	ilɣā' (m)	إلغاء
annuler (vt)	alɣa	ألغى
rapport (m)	taqrīr (m)	تقرير
brevet (m)	bara'at al iχtirā' (f)	براءة الإختراع
breveter (vt)	saʒʒal barā'at al iχtirā'	سجّل براءة الإختراع
planifier (vt)	χaṭṭaṭ	خطّط
prime (f)	'ilāwa (f)	علاوة
professionnel (adj)	mihaniy	مهنيّ
procédure (f)	iʒrā' (m)	إجراء
examiner (vt)	baḥaθ	بحث
calcul (m)	ḥisāb (m)	حساب
réputation (f)	sum'a (f)	سمعة
risque (m)	muχāṭara (f)	مخاطرة
diriger (~ une usine)	adār	أدار
renseignements (m pl)	ma'lūmāt (pl)	معلومات
propriété (f)	milkiyya (f)	ملكيّة

union (f)	ittiḥād (m)	إتّحاد
assurance vie (f)	ta'mīn 'alal ḥayāt (m)	تأمين على الحياة
assurer (vt)	amman	أمّن
assurance (f)	ta'mīn (m)	تأمين
enchères (f pl)	mazād (m)	مزاد
notifier (informer)	ablaɣ	أبلغ
gestion (f)	idāra (f)	إدارة
service (m)	χidma (f)	خدمة
forum (m)	nadwa (f)	ندوة
fonctionner (vi)	adda waẓīfa	أدّى وظيفته
étape (f)	marḥala (f)	مرحلة
juridique (services ~s)	qānūniy	قانوني
juriste (m)	muḥāmi (m)	محام

106. L'usine. La production

usine (f)	maṣna' (m)	مصنع
fabrique (f)	maṣna' (m)	مصنع
atelier (m)	warʃa (f)	ورشة
site (m) de production	maṣna' (m)	مصنع
industrie (f)	ṣinā'a (f)	صناعة
industriel (adj)	ṣinā'iy	صناعيّ
industrie (f) lourde	ṣinā'a θaqīla (f)	صناعة ثقيلة
industrie (f) légère	ṣinā'a χafīfa (f)	صناعة خفيفة
produit (m)	muntaʒāt (pl)	منتجات
produire (vt)	antaʒ	أنتج
matières (f pl) premières	mawādd χām (pl)	موادّ خام
chef (m) d'équipe	ra'īs al 'ummāl (m)	رئيس العمّال
équipe (f) d'ouvriers	farīq al 'ummāl (m)	فريق العمّال
ouvrier (m)	'āmil (m)	عامل
jour (m) ouvrable	yawm 'amal (m)	يوم عمل
pause (f) (repos)	rāḥa (f)	راحة
réunion (f)	iʒtimā' (m)	إجتماع
discuter (vt)	nāqaʃ	ناقش
plan (m)	χiṭṭa (f)	خطّة
accomplir le plan	naffað al χuṭṭa	نفّذ الخطّة
norme (f) de production	mu'addal al intāʒ (m)	معدّل الإنتاج
qualité (f)	ʒawda (f)	جودة
contrôle (m)	taftīʃ (m)	تفتيش
contrôle (m) qualité	ḍabṭ al ʒawda (m)	ضبط الجودة
sécurité (f) de travail	salāmat makān al 'amal (f)	سلامة مكان العمل
discipline (f)	inḍibāṭ (m)	إنضباط
infraction (f)	muχālafa (f)	مخالفة
violer (les règles)	χālaf	خالف
grève (f)	iḍrāb (m)	إضراب
gréviste (m)	muḍrib (m)	مضرب

faire grève	aḍrab	أضرب
syndicat (m)	ittiḥād al ʿummāl (m)	إتّحاد العمّال
inventer (machine, etc.)	iχtaraʿ	إخترع
invention (f)	iχtirāʿ (m)	إختراع
recherche (f)	baḥθ (m)	بحث
améliorer (vt)	ḥassan	حسّن
technologie (f)	tiknulūʒiya (f)	تكنولوجيا
dessin (m) technique	rasm taqniy (m)	رسم تقنيّ
charge (f) (~ de 3 tonnes)	ʃaḥn (m)	شحن
chargeur (m)	ḥammāl (m)	حمّال
charger (véhicule, etc.)	ʃaḥan	شحن
chargement (m)	taḥmīl (m)	تحميل
décharger (vt)	afraɣ	أفرغ
déchargement (m)	ifrāɣ (m)	إفراغ
transport (m)	wasāʾil an naql (pl)	وسائل النقل
compagnie (f) de transport	ʃarikat naql (f)	شركة نقل
transporter (vt)	naqal	نقل
wagon (m) de marchandise	ʿarabat ʃaḥn (f)	عربة شحن
citerne (f)	χazzān (m)	خزّان
camion (m)	ʃāḥina (f)	شاحنة
machine-outil (f)	mākina (f)	ماكنة
mécanisme (m)	ʾāliyya (f)	آليّة
déchets (m pl)	muχallafāt ṣināʿiyya (pl)	مخلّفات صناعية
emballage (m)	taʿbiʾa (f)	تعبئة
emballer (vt)	ʿabbaʾ	عبّأ

107. Le contrat. L'accord

contrat (m)	ʿaqd (m)	عقد
accord (m)	ittifāq (m)	إتّفاق
annexe (f)	mulḥaq (m)	ملحق
signer un contrat	waqqaʿ ʿala ʿaqd	وقّع على عقد
signature (f)	tawqīʿ (m)	توقيع
signer (vt)	waqqaʿ	وقّع
cachet (m)	χatm (m)	ختم
objet (m) du contrat	mawḍūʿ al ʿaqd (m)	موضوع العقد
clause (f)	band (m)	بند
côtés (m pl)	aṭrāf (pl)	أطراف
adresse (f) légale	ʿunwān qānūniy (m)	عنوان قانوني
violer l'accord	χālaf al ʿaqd	خالف العقد
obligation (f)	iltizām (m)	إلتزام
responsabilité (f)	masʾūliyya (f)	مسؤوليّة
force (f) majeure	quwwa qāhira (m)	قوّة قاهرة
litige (m)	χilāf (m)	خلاف
pénalités (f pl)	ʿuqūbāt (pl)	عقوبات

108. L'importation. L'exportation

importation (f)	istīrād (m)	إستيراد
importateur (m)	mustawrid (m)	مستورد
importer (vt)	istawrad	إستورد
d'importation	wārid	وارد
exportation (f)	taṣdīr (m)	تصدير
exportateur (m)	muṣaddir (m)	مصدّر
exporter (vt)	ṣaddar	صدّر
d'exportation (adj)	sādir	صادر
marchandise (f)	baḍā'i' (pl)	بضائع
lot (m) de marchandises	ʃaḥna (f)	شحنة
poids (m)	wazn (m)	وزن
volume (m)	ḥaʒm (m)	حجم
mètre (m) cube	mitr muka''ab (m)	متر مكعّب
producteur (m)	aʃ ʃarika al muṣni'a (f)	الشركة المصنعة
compagnie (f) de transport	ʃarikat naql (f)	شركة نقل
container (m)	ḥāwiya (f)	حاوية
frontière (f)	ḥadd (m)	حدّ
douane (f)	ʒamārik (pl)	جمارك
droit (m) de douane	rasm ʒumrukiy (m)	رسم جمركيّ
douanier (m)	muwaẓẓaf al ʒamārik (m)	موظّف الجمارك
contrebande (f) (trafic)	tahrīb (m)	تهريب
contrebande (f)	biḍā'a muharraba (pl)	بضاعة مهرّبة

109. La finance

action (f)	sahm (m)	سهم
obligation (f)	sanad (m)	سند
lettre (f) de change	kimbyāla (f)	كمبيالة
bourse (f)	būrṣa (f)	بورصة
cours (m) d'actions	si'r as sahm (m)	سعر السهم
baisser (vi)	raχuṣ	رخص
augmenter (vi) (prix)	ɣala	غلى
part (f)	naṣīb (m)	نصيب
participation (f) de contrôle	al maʒmū'a al musayṭara (f)	المجموعة المسيطرة
investissements (m pl)	istiθmār (pl)	إستثمار
investir (vt)	istaθmar	إستثمر
pour-cent (m)	bil mi'a (m)	بالمئة
intérêts (m pl)	fa'ida (f)	فائدة
profit (m)	ribḥ (m)	ربح
profitable (adj)	murbiḥ	مربح
impôt (m)	ḍarība (f)	ضريبة
devise (f)	'umla (f)	عملة

national (adj)	waṭaniy	وطنيّ
échange (m)	taḥwīl (m)	تحويل
comptable (m)	muḥāsib (m)	محاسب
comptabilité (f)	maḥasaba (f)	محاسبة
faillite (f)	iflās (m)	إفلاس
krach (m)	inhiyār (m)	إنهيار
ruine (f)	iflās (m)	إفلاس
se ruiner (vp)	aflas	أفلس
inflation (f)	taḍaχχum māliy (m)	تضخّم ماليّ
dévaluation (f)	taχfīḍ qīmat ʿumla (m)	تخفيض قيمة عملة
capital (m)	ra's māl (m)	رأس مال
revenu (m)	daχl (m)	دخل
chiffre (m) d'affaires	dawrat ra's al māl (f)	دورة رأس المال
ressources (f pl)	mawārid (pl)	موارد
moyens (m pl) financiers	al mawārid an naqdiyya (pl)	الموارد النقديّة
frais (m pl) généraux	nafaqāt ʿāmma (pl)	نفقات عامّة
réduire (vt)	χaffaḍ	خفّض

110. La commercialisation. Le marketing

marketing (m)	taswīq (m)	تسويق
marché (m)	sūq (f)	سوق
segment (m) du marché	qaṭāʿ as sūq (m)	قطاع السوق
produit (m)	muntaʒ (m)	منتج
marchandise (f)	baḍāʾiʿ (pl)	بضائع
marque (f) de fabrique	mārka (f)	ماركة
marque (f) déposée	mārka tiʒāriyya (f)	ماركة تجاريّة
logotype (m)	ʃiʿār (m)	شعار
logo (m)	ʃiʿār (m)	شعار
demande (f)	ṭalab (m)	طلب
offre (f)	maχzūn (m)	مخزون
besoin (m)	ḥāʒa (f)	حاجة
consommateur (m)	mustahlik (m)	مستهلك
analyse (f)	taḥlīl (m)	تحليل
analyser (vt)	ḥallal	حلّل
positionnement (m)	waḍʿ (m)	وضع
positionner (vt)	waḍaʿ	وضع
prix (m)	siʿr (m)	سعر
politique (f) des prix	siyāsat al asʿār (f)	سياسة الأسعار
formation (f) des prix	taʃkīl al asʿār (m)	تشكيل الأسعار

111. La publicité

publicité (f), pub (f)	iʿlān (m)	إعلان
faire de la publicité	aʿlan	أعلن

budget (m)	mīzāniyya (f)	ميزانيّة
annonce (f), pub (f)	i'lān (m)	إعلان
publicité (f) à la télévision	i'lān fit tiliviziyūn (m)	إعلان في التليفزيون
publicité (f) à la radio	i'lān fir rādiyu (m)	إعلان في الراديو
publicité (f) extérieure	i'lān ẓāhiriy (m)	إعلان ظاهريّ
mass média (m pl)	wasā'il al i'lām (pl)	وسائل الإعلام
périodique (m)	ṣaḥifa dawriyya (f)	صحيفة دوريّة
image (f)	imiʒ (m)	إيميج
slogan (m)	ʃi'ār (m)	شعار
devise (f)	ʃi'ār (m)	شعار
campagne (f)	ḥamla (f)	حملة
campagne (f) publicitaire	ḥamla i'lāniyya (f)	حملة إعلانيّة
public (m) cible	maʒmū'a mustahdafa (f)	مجموعة مستهدفة
carte (f) de visite	biṭāqat al 'amal (f)	بطاقة العمل
prospectus (m)	manʃūr (m)	منشور
brochure (f)	naʃra (f)	نشرة
dépliant (m)	kutayyib (m)	كتيّب
bulletin (m)	naʃra iχbāriyya (f)	نشرة إخبارية
enseigne (f)	lāfita (f)	لافتة
poster (m)	mulṣaq i'lāniy (m)	ملصق إعلانيّ
panneau-réclame (m)	lawḥat i'lānāt (f)	لوحة إعلانات

112. Les opérations bancaires

banque (f)	bank (m)	بنك
agence (f) bancaire	far' (m)	فرع
conseiller (m)	muwaẓẓaf bank (m)	موظّف بنك
gérant (m)	mudīr (m)	مدير
compte (m)	ḥisāb (m)	حساب
numéro (m) du compte	raqm al ḥisāb (m)	رقم الحساب
compte (m) courant	ḥisāb ʒāri (m)	حساب جار
compte (m) sur livret	ḥisāb tawfīr (m)	حساب توفير
ouvrir un compte	fataḥ ḥisāb	فتح حسابا
clôturer le compte	aɣlaq ḥisāb	أغلق حسابا
verser dans le compte	awda' fil ḥisāb	أودع في الحساب
retirer du compte	saḥab min al ḥisāb	سحب من الحساب
dépôt (m)	wadī'a (f)	وديعة
faire un dépôt	awda'	أودع
virement (m) bancaire	ḥawāla (f)	حوالة
faire un transfert	ḥawwal	حوّل
somme (f)	mablaɣ (m)	مبلغ
Combien?	kam?	كم؟
signature (f)	tawqī' (m)	توقيع
signer (vt)	waqqa'	وقّع

carte (f) de crédit	biṭāqat i'timān (f)	بطاقة ائتمان
code (m)	kūd (m)	كود
numéro (m) de carte de crédit	raqm biṭāqat i'timān (m)	رقم بطاقة إئتمان
distributeur (m)	ṣarrāf 'āliy (m)	صرّاف آليّ
chèque (m)	ʃīk (m)	شيك
faire un chèque	katab ʃīk	كتب شيكًا
chéquier (m)	daftar ʃīkāt (m)	دفتر شيكات
crédit (m)	qarḍ (m)	قرض
demander un crédit	qaddam ṭalab lil ḥuṣūl ʻala qarḍ	قدّم طلبا للحصول على قرض
prendre un crédit	ḥaṣal ʻala qarḍ	حصل على قرض
accorder un crédit	qaddam qarḍ	قدمّ قرضا
gage (m)	ḍamān (m)	ضمان

113. Le téléphone. La conversation téléphonique

téléphone (m)	hātif (m)	هاتف
portable (m)	hātif maḥmūl (m)	هاتف محمول
répondeur (m)	muʒīb al hātif (m)	مجيب الهاتف
téléphoner, appeler	ittaṣal	إتّصل
appel (m)	mukālama tilifuniyya (f)	مكالمة تليفونية
composer le numéro	ittaṣal bi raqm	إتّصل برقم
Allô!	alu!	ألو!
demander (~ l'heure)	sa'al	سأل
répondre (vi, vt)	radd	ردّ
entendre (bruit, etc.)	samiʻ	سمع
bien (adv)	ʒayyidan	جيّدًا
mal (adv)	sayyi'an	سيّئًا
bruits (m pl)	taʃwīʃ (m)	تشويش
récepteur (m)	sammāʻa (f)	سمّاعة
décrocher (vt)	rafaʻ as sammāʻa	رفع السمّاعة
raccrocher (vi)	qafal as sammāʻa	قفل السمّاعة
occupé (adj)	maʃɣūl	مشغول
sonner (vi)	rann	رنّ
carnet (m) de téléphone	dalīl at tilifūn (m)	دليل التليفون
local (adj)	maḥalliyya	ة محليّة
appel (m) local	mukālama hātifiyya maḥalliyya (f)	مكالمة هاتفيّة محليّة
interurbain (adj)	baʻīd al mada	بعيد المدى
appel (m) interurbain	mukālama baʻīdat al mada (f)	مكالمة بعيدة المدى
international (adj)	duwaliy	دوليّ
appel (m) international	mukālama duwaliyya (f)	مكالمة دوليّة

114. Le téléphone portable

portable (m)	hātif maḥmūl (m)	هاتف محمول
écran (m)	ʒihāz ʿarḍ (m)	جهاز عرض
bouton (m)	zirr (m)	زرّ
carte SIM (f)	sim kart (m)	سيم كارت
pile (f)	baṭṭāriyya (f)	بطّاريّة
être déchargé	χalaṣat	خلصت
chargeur (m)	ʃāḥin (m)	شاحن
menu (m)	qā'ima (f)	قائمة
réglages (m pl)	awḍāʿ (pl)	أوضاع
mélodie (f)	naɣma (f)	نغمة
sélectionner (vt)	iχtār	إختار
calculatrice (f)	'āla ḥāsiba (f)	آلة حاسبة
répondeur (m)	barīd ṣawtiy (m)	بريد صوتيّ
réveil (m)	munabbih (m)	منبّه
contacts (m pl)	ʒihāt al ittiṣāl (pl)	جهات الإتّصال
SMS (m)	risāla qaṣīra ɛsɛmɛs (f)	رسالة قصيرة sms
abonné (m)	muʃtarik (m)	مشترك

115. La papeterie

stylo (m) à bille	qalam ʒāf (m)	قلم جاف
stylo (m) à plume	qalam rīʃa (m)	قلم ريشة
crayon (m)	qalam ruṣāṣ (m)	قلم رصاص
marqueur (m)	markir (m)	ماركر
feutre (m)	qalam χaṭṭāṭ (m)	قلم خطاط
bloc-notes (m)	muðakkira (f)	مذكّرة
agenda (m)	ʒadwal al aʿmāl (m)	جدول الأعمال
règle (f)	masṭara (f)	مسطرة
calculatrice (f)	'āla ḥāsiba (f)	آلة حاسبة
gomme (f)	astīka (f)	استيكة
punaise (f)	dabbūs (m)	دبّوس
trombone (m)	dabbūs waraq (m)	دبّوس ورق
colle (f)	ṣamɣ (m)	صمغ
agrafeuse (f)	dabbāsa (f)	دبّاسة
perforateur (m)	χarrāma (m)	خرّامة
taille-crayon (m)	mibrāt (f)	مبراة

116. Les différents types de documents

rapport (m)	taqrīr (m)	تقرير
accord (m)	ittifāq (m)	إتّفاق

formulaire (m) d'inscription	istimārat ṭalab (m)	إستمارة طلب
authentique (adj)	aṣliy	أصلي
badge (m)	ʃāra (f)	شارة
carte (f) de visite	biṭāqat al ʿamal (f)	بطاقة العمل
certificat (m)	ʃahāda (f)	شهادة
chèque (m) de banque	ʃīk (m)	شيك
addition (f) (restaurant)	ḥisāb (m)	حساب
constitution (f)	dustūr (m)	دستور
contrat (m)	ʿaqd (m)	عقد
copie (f)	ṣūra (f)	صورة
exemplaire (m)	nusχa (f)	نسخة
déclaration (f) de douane	taṣrīḥ ʒumrukiy (m)	تصريح جمركيّ
document (m)	waθīqa (f)	وثيقة
permis (m) de conduire	ruχṣat al qiyāda (f)	رخصة قيادة
annexe (f)	mulḥaq (m)	ملحق
questionnaire (m)	istimāra (f)	إستمارة
carte (f) d'identité	biṭāqat al huwiyya (f)	بطاقة الهويّة
demande (f) de renseignements	istifsār (m)	إستفسار
lettre (f) d'invitation	biṭāqat daʿwa (f)	بطاقة دعوة
facture (f)	fātūra (f)	فاتورة
loi (f)	qānūn (m)	قانون
lettre (f)	risāla (f)	رسالة
papier (m) à en-tête	tarwīsa (f)	ترويسة
liste (f) (~ des noms)	qāʾima (f)	قائمة
manuscrit (m)	maχṭūṭa (f)	مخطوطة
bulletin (m)	naʃra iχbāriyya (f)	نشرة إخبارية
mot (m) (message)	nūta (f)	نوتة
laissez-passer (m)	biṭāqat murūr (f)	بطاقة مرور
passeport (m)	ʒawāz as safar (m)	جواز السفر
permis (m)	ruχṣa (f)	رخصة
C.V. (m)	sīra ðātiyya (f)	سيرة ذاتيّة
reconnaissance (f) de dette	muðakkirat dayn (f)	مذكّرة دين
reçu (m)	ʾīṣāl (m)	إيصال
ticket (m) de caisse	ʾīṣāl (m)	إيصال
rapport (m)	taqrīr (m)	تقرير
présenter (pièce d'identité)	qaddam	قدّم
signer (vt)	waqqaʿ	وقّع
signature (f)	tawqīʿ (m)	توقيع
cachet (m)	χatm (m)	ختم
texte (m)	naṣṣ (m)	نصّ
ticket (m)	taðkira (f)	تذكرة
rayer (vt)	ʃaṭab	شطب
remplir (vt)	malaʾ	ملأ
bordereau (m) de transport	bulīṣat ʃaḥn (f)	بوليصة شحن
testament (m)	waṣiyya (f)	وصيّة

117. Les types d'activités économiques

agence (f) de recrutement	wikālat tawẓīf (f)	وكالة توظيف
agence (f) de sécurité	ʃarikat amn (f)	شركة أمن
agence (f) d'information	wikālat anbā' (f)	وكالة أنباء
agence (f) publicitaire	wikālat i'lān (f)	وكالة إعلان
antiquités (f pl)	tuḥaf (pl)	تحف
assurance (f)	ta'mīn (m)	تأمين
atelier (m) de couture	ṣālūn (m)	صالون
banques (f pl)	al qiṭā' al maṣrafiy (m)	القطاع المصرفي
bar (m)	bār (m)	بار
bâtiment (m)	binā' (m)	بناء
bijouterie (f)	muʒawharāt (pl)	مجوهرات
bijoutier (m)	ṣā'iɣ (m)	صائغ
blanchisserie (f)	maɣsala (f)	مغسلة
boissons (f pl) alcoolisées	maʃrūbāt kuḥūliyya (pl)	مشروبات كحوليّة
boîte (f) de nuit	malha layliy (m)	ملهى ليليّ
bourse (f)	būrṣa (f)	بورصة
brasserie (f) (fabrique)	maṣna' bīra (m)	مصنع بيرة
maison (f) funéraire	bayt al ʒanāzāt (m)	بيت الجنازات
casino (m)	kazinu (m)	كازينو
centre (m) d'affaires	markaz tiʒāriy (m)	مركز تجاريّ
cinéma (m)	sinima (f)	سينما
climatisation (m)	takyīf (m)	تكييف
commerce (m)	tiʒāra (f)	تجارة
compagnie (f) aérienne	ʃarikat ṭayarān (f)	شركة طيران
conseil (m)	istiʃāra (f)	إستشارة
coursiers (m pl)	χidamāt aʃ ʃaḥn (pl)	خدمات الشحن
dentistes (pl)	'iyādat asnān (f)	عيادة أسنان
design (m)	taṣmīm (m)	تصميم
école (f) de commerce	kulliyyat idārat al a'māl (f)	كلّيّة إدارة الأعمال
entrepôt (m)	mustawda' (m)	مستودع
galerie (f) d'art	ma'raḍ fanniy (m)	معرض فنّيّ
glace (f)	muθallaʒāt (pl)	مثلّجات
hôtel (m)	funduq (m)	فندق
immobilier (m)	'iqārāt (pl)	عقارات
imprimerie (f)	ṭibā'a (f)	طباعة
industrie (f)	ṣinā'a (f)	صناعة
Internet (m)	intirnit (m)	إنترنت
investissements (m pl)	istiθmārāt (pl)	إستثمارات
journal (m)	ʒarīda (f)	جريدة
librairie (f)	maḥall kutub (m)	محلّ كتب
industrie (f) légère	ṣinā'a χafīfa (f)	صناعة خفيفة
magasin (m)	maḥall (m)	محلّ
maison (f) d'édition	dār aṭ ṭibā'a wan naʃr (f)	دار الطباعة والنشر
médecine (f)	ṭibb (m)	طبّ

meubles (m pl)	aθāθ (m)	أثاث
musée (m)	matḥaf (m)	متحف
pétrole (m)	nafṭ (m)	نفط
pharmacie (f)	ṣaydaliyya (f)	صيدليّة
industrie (f) pharmaceutique	ṣaydala (f)	صيدلة
piscine (f)	masbaḥ (m)	مسبح
pressing (m)	tanẓīf ʒāff (m)	تنظيف جافّ
produits (m pl) alimentaires	mawādd ɣiðā'iyya (pl)	موادّ غذائيّة
publicité (f), pub (f)	i'lān (m)	إعلان
radio (f)	iðā'a (f)	إذاعة
récupération (f) des déchets	ʒam' an nufāyāt (m)	جمع النفايات
restaurant (m)	maṭ'am (m)	مطعم
revue (f)	maʒalla (f)	مجلّة
salon (m) de beauté	ṣālūn taʒmīl (m)	صالون تجميل
service (m) financier	χidamāt māliyya (pl)	خدمات ماليّة
service (m) juridique	χidamāt qānūniyya (pl)	خدمات قانونيّة
services (m pl) comptables	χidamāt muḥasaba (pl)	خدمات محاسبة
services (m pl) d'audition	tadqīq al ḥisābāt (pl)	تدقيق الحسابات
sport (m)	riyāḍa (f)	رياضة
supermarché (m)	subirmarkit (m)	سوبرماركت
télévision (f)	tilivizyūn (m)	تليفزيون
théâtre (m)	masraḥ (m)	مسرح
tourisme (m)	siyāḥa (f)	سياحة
sociétés de transport	wasā'il an naql (pl)	وسائل النقل
vente (f) par catalogue	bay' bil barīd (m)	بيع بالبريد
vêtement (m)	malābis (pl)	ملابس
vétérinaire (m)	ṭabīb bayṭariy (m)	طبيب بيطريّ

Le travail. Les affaires. Partie 2

118. Les foires et les salons

salon (m)	maʿraḍ (m)	معرض
salon (m) commercial	maʿraḍ tiʒāriy (m)	معرض تجاريّ
participation (f)	iʃtirāk (m)	إشتراك
participer à …	iʃtarak	إشترك
participant (m)	muʃtarik (m)	مشترك
directeur (m)	mudīr (m)	مدير
direction (f)	maktab al munaẓẓimīn (m)	مكتب المنظّمين
organisateur (m)	munaẓẓim (m)	منظّم
organiser (vt)	naẓẓam	نظّم
demande (f) de participation	istimārat al iʃtirāk (f)	إستمارة الإشتراك
remplir (vt)	malaʾ	ملأ
détails (m pl)	tafāṣīl (pl)	تفاصيل
information (f)	istiʿlāmāt (pl)	إستعلامات
prix (m)	siʿr (m)	سعر
y compris	bima fīh	بما فيه
inclure (~ les taxes)	taḍamman	تضمّن
payer (régler)	dafaʿ	دفع
droits (m pl) d'inscription	rusūm at tasʒīl (pl)	رسوم التسجيل
entrée (f)	madχal (m)	مدخل
pavillon (m)	ʒanāḥ (m)	جناح
enregistrer (vt)	saʒʒal	سجّل
badge (m)	ʃāra (f)	شارة
stand (m)	kuʃk (m)	كشك
réserver (vt)	ḥaʒaz	حجز
vitrine (f)	vatrīna (f)	فترينة
lampe (f)	miṣbāḥ (m)	مصباح
design (m)	taṣmīm (m)	تصميم
mettre (placer)	waḍaʿ	وضع
distributeur (m)	muwazziʿ (m)	موزّع
fournisseur (m)	muwarrid (m)	مورّد
pays (m)	balad (m)	بلد
étranger (adj)	aʒnabiy	أجنبيّ
produit (m)	muntaʒ (m)	منتج
association (f)	ʒamʿiyya (f)	جمعيّة
salle (f) de conférences	qāʿat al muʾtamarāt (f)	قاعة المؤتمرات
congrès (m)	muʾtamar (m)	مؤتمر

concours (m)	musābaqa (f)	مسابقة
visiteur (m)	zā'ir (m)	زائر
visiter (vt)	ḥaḍar	حضر
client (m)	zubūn (m)	زبون

119. Les médias de masse

journal (m)	ʒarīda (f)	جريدة
revue (f)	maʒalla (f)	مجلّة
presse (f)	ṣiḥāfa (f)	صحافة
radio (f)	iðā'a (f)	إذاعة
station (f) de radio	maḥaṭṭat iðā'a (f)	محطّة إذاعة
télévision (f)	tilivizyūn (m)	تليفزيون
animateur (m)	mu'addim (m)	مقدّم
présentateur (m) de journaux télévisés	muðī' (m)	مذيع
commentateur (m)	mu'alliq (m)	معلّق
journaliste (m)	ṣuḥufiy (m)	صحفيّ
correspondant (m)	murāsil (m)	مراسل
reporter photographe (m)	muṣawwir ṣuḥufiy (m)	مصوّر صحفيّ
reporter (m)	ṣuḥufiy (m)	صحفيّ
rédacteur (m)	muḥarrir (m)	محرّر
rédacteur (m) en chef	ra'īs taḥrīr (m)	رئيس تحرير
s'abonner (vp)	iʃtarak	إشترك
abonnement (m)	iʃtirāk (m)	إشتراك
abonné (m)	muʃtarik (m)	مشترك
lire (vi, vt)	qara'	قرأ
lecteur (m)	qāri' (m)	قارئ
tirage (m)	tadāwul (m)	تداول
mensuel (adj)	ʃahriy	شهريّ
hebdomadaire (adj)	usbū'iy	أسبوعيّ
numéro (m)	'adad (m)	عدد
nouveau (~ numéro)	ʒadīd	جديد
titre (m)	'unwān (m)	عنوان
entrefilet (m)	maqāla qaṣīra (f)	مقالة قصيرة
rubrique (f)	'amūd (m)	عمود
article (m)	maqāla (f)	مقالة
page (f)	ṣafḥa (f)	صفحة
reportage (m)	taqrīr (m)	تقرير
événement (m)	ḥadaθ (m)	حدث
sensation (f)	ḍaʒʒa (f)	ضجّة
scandale (m)	faḍīḥa (f)	فضيحة
scandaleux	fāḍiḥ	فاضح
grand (~ scandale)	ʃahīr	شهير
émission (f)	barnāmaʒ (m)	برنامج
interview (f)	muqābala (f)	مقابلة

émission (f) en direct	iðā'a mubāʃira (f)	إذاعة مباشرة
chaîne (f) (~ payante)	qanāt (f)	قناة

120. L'agriculture

agriculture (f)	zirā'a (f)	زراعة
paysan (m)	fallāḥ (m)	فلّاح
paysanne (f)	fallāḥa (f)	فلّاحة
fermier (m)	muzāri' (m)	مزارع
tracteur (m)	ʒarrār (m)	جرّار
moissonneuse-batteuse (f)	ḥaṣṣāda (f)	حصّادة
charrue (f)	miḥrāθ (m)	محراث
labourer (vt)	ḥaraθ	حرث
champ (m) labouré	ḥaql maḥrūθ (m)	حقل محروث
sillon (m)	talam (m)	تلم
semer (vt)	baðar	بذر
semeuse (f)	baððāra (f)	بذّارة
semailles (f pl)	zar' (m)	زرع
faux (f)	miḥaʃʃ (m)	محشّ
faucher (vt)	ḥaʃʃ	حشّ
pelle (f)	karīk (m)	مجرفة
bêcher (vt)	ḥafar	حفر
couperet (m)	mi'zaqa (f)	معزقة
sarcler (vt)	ista'ṣal nabātāt	إستأصل نباتات
mauvaise herbe (f)	ḥaʃīʃa (m)	حشيشة
arrosoir (m)	miraʃʃa al miyāh (f)	مرشّة المياه
arroser (plantes)	saqa	سقى
arrosage (m)	saqy (m)	سقي
fourche (f)	maðrāt (f)	مذراة
râteau (m)	midamma (f)	مدمّة
engrais (m)	samād (m)	سماد
engraisser (vt)	sammad	سمّد
fumier (m)	zibd (m)	زبل
champ (m)	ḥaql (m)	حقل
pré (m)	marʒ (m)	مرج
potager (m)	bustān χuḍār (m)	بستان خضار
jardin (m)	bustān (m)	بستان
faire paître	ra'a	رعى
berger (m)	rā'i (m)	راع
pâturage (m)	mar'a (m)	مرعى
élevage (m)	tarbiyat al mawāʃi (f)	تربية المواشي
élevage (m) de moutons	tarbiyat aɣnām (f)	تربية أغنام

plantation (f)	mazraʻa (f)	مزرعة
plate-bande (f)	ḥawḍ (m)	حوض
serre (f)	dafī'a (f)	دفيئة
sécheresse (f)	ʒafāf (m)	جفاف
sec (l'été ~)	ʒāff	جافّ
grains (m pl)	ḥubūb (pl)	حبوب
céréales (f pl)	maḥāṣīl al ḥubūb (pl)	محاصيل الحبوب
récolter (vt)	ḥaṣad	حصد
meunier (m)	ṭaḥḥān (m)	طحّان
moulin (m)	ṭāḥūna (f)	طاحونة
moudre (vt)	ṭaḥan al ḥubūb	طحن الحبوب
farine (f)	daqīq (m)	دقيق
paille (f)	qaʃʃ (m)	قشّ

121. Le BTP et la construction

chantier (m)	arḍ binā' (f)	أرض بناء
construire (vt)	bana	بنى
ouvrier (m) du bâtiment	ʻāmil binā' (m)	عامل بناء
projet (m)	maʃrūʻ (m)	مشروع
architecte (m)	muhandis miʻmāriy (m)	مهندس معماريّ
ouvrier (m)	ʻāmil (m)	عامل
fondations (f pl)	asās (m)	أساس
toit (m)	saqf (m)	سقف
pieu (m) de fondation	watad al asās (f)	وتد الأساس
mur (m)	ḥā'iṭ (m)	حائط
ferraillage (m)	ḥadīd taslīḥ (m)	حديد تسليح
échafaudage (m)	saqāla (f)	سقالة
béton (m)	χarasāna (f)	خرسانة
granit (m)	granīt (m)	جرانيت
pierre (f)	ḥaʒar (m)	حجر
brique (f)	ṭūb (m)	طوب
sable (m)	raml (m)	رمل
ciment (m)	ismant (m)	إسمنت
plâtre (m)	qiṣāra (m)	قصارة
plâtrer (vt)	ṭala bil ʒiṣṣ	طلى بالجصّ
peinture (f)	dihān (m)	دهان
peindre (des murs)	dahhan	دهّن
tonneau (m)	barmīl (m)	برميل
grue (f)	rāfiʻa (f)	رافعة
monter (vt)	rafaʻ	رفع
abaisser (vt)	anzal	أنزل
bulldozer (m)	ʒarrāfa (f)	جرّافة
excavateur (m)	ḥaffāra (f)	حفّارة

godet (m)	dalw (m)	دلو
creuser (vt)	ḥafar	حفر
casque (m)	χūða (f)	خوذة

122. La recherche scientifique et les chercheurs

science (f)	'ilm (m)	علم
scientifique (adj)	'ilmiy	علمي
savant (m)	'ālim (m)	عالم
théorie (f)	naẓariyya (f)	نظريّة
axiome (m)	badīhiyya (f)	بديهيّة
analyse (f)	taḥlīl (m)	تحليل
analyser (vt)	ḥallal	حلّل
argument (m)	burhān (m)	برهان
substance (f) (matière)	mādda (f)	مادّة
hypothèse (f)	farḍiyya (f)	فرضيّة
dilemme (m)	mu'ḍila (f)	معضلة
thèse (f)	risāla 'ilmiyya (f)	رسالة علميّة
dogme (m)	'aqīda (f)	عقيدة
doctrine (f)	maðhab (m)	مذهب
recherche (f)	baḥθ (m)	بحث
rechercher (vt)	baḥaθ	بحث
test (m)	iχtibārāt (pl)	إختبارات
laboratoire (m)	muχtabar (m)	مختبر
méthode (f)	manhaʒ (m)	منهج
molécule (f)	ʒuzayi' (m)	جزيء
monitoring (m)	riqāba (f)	رقابة
découverte (f)	iktiʃāf (m)	إكتشاف
postulat (m)	musallama (f)	مسلّمة
principe (m)	mabda' (m)	مبدأ
prévision (f)	tanabbu' (m)	تنبّؤ
prévoir (vt)	tanabba'	تنبأ
synthèse (f)	tarkīb (m)	تركيب
tendance (f)	ittiʒāh (m)	إتّجاه
théorème (m)	naẓariyya (f)	نظريّة
enseignements (m pl)	ta'ālīm (pl)	تعاليم
fait (m)	ḥaqīqa (f)	حقيقة
expédition (f)	ba'θa (f)	بعثة
expérience (f)	taʒriba (f)	تجربة
académicien (m)	akadīmiy (m)	أكاديميّ
bachelier (m)	bakalūriyūs (m)	بكالوريوس
docteur (m)	duktūr (m)	دكتور
chargé (m) de cours	ustāð muʃārik (m)	أستاذ مشارك
magistère (m)	maʒistīr (m)	ماجستير
professeur (m)	brufissūr (m)	بروفيسور

Les professions. Les mètiers

123. La recherche d'emploi. Le licenciement

travail (m)	ʻamal (m)	عمل
employés (pl)	kawādir (pl)	كوادر
personnel (m)	ṭāqim al ʻāmilīn (m)	طاقم العاملين
carrière (f)	masār mihniy (m)	مسار مهنيّ
perspective (f)	ʼāfāq (pl)	آفاق
maîtrise (f)	mahārāt (pl)	مهارات
sélection (f)	iχtiyār (m)	إختيار
agence (f) de recrutement	wikālat tawẓīf (f)	وكالة توظيف
C.V. (m)	sīra ðātiyya (f)	سيرة ذاتيّة
entretien (m)	muʼābalat ʻamal (f)	مقابلة عمل
emploi (m) vacant	waẓīfa χāliya (f)	وظيفة خالية
salaire (m)	murattab (m)	مرتّب
salaire (m) fixe	rātib θābit (m)	راتب ثابت
rémunération (f)	uʒra (f)	أجرة
poste (m) (~ évolutif)	manṣib (m)	منصب
fonction (f)	wāʒib (m)	واجب
liste (f) des fonctions	maʒmūʻa min al wāʒibāt (f)	مجموعة من الواجبات
occupé (adj)	maʃɣūl	مشغول
licencier (vt)	aqāl	أقال
licenciement (m)	iqāla (m)	إقالة
chômage (m)	biṭāla (f)	بطالة
chômeur (m)	ʻāṭil (m)	عاطل
retraite (f)	maʻāʃ (m)	معاش
prendre sa retraite	uḥīl ʻalal maʻāʃ	أحيل على المعاش

124. Les hommes d'affaires

directeur (m)	mudīr (m)	مدير
gérant (m)	mudīr (m)	مدير
patron (m)	mudīr (m), raʼīs (m)	مدير, رئيس
supérieur (m)	raʼīs (m)	رئيس
supérieurs (m pl)	ruʼasāʼ (pl)	رؤساء
président (m)	raʼīs (m)	رئيس
président (m) (d'entreprise)	raʼīs (m)	رئيس
adjoint (m)	nāʼib (m)	نائب
assistant (m)	musāʻid (m)	مساعد

secrétaire (m, f)	sikirtīr (m)	سكرتير
secrétaire (m, f) personnel	sikritīr χāṣṣ (m)	سكرتير خاصّ
homme (m) d'affaires	raʒul aʿmāl (m)	رجل أعمال
entrepreneur (m)	rāʾid aʿmāl (m)	رائد أعمال
fondateur (m)	muʾassis (m)	مؤسّس
fonder (vt)	assas	أسّس
fondateur (m)	muʾassis (m)	مؤسّس
partenaire (m)	ʃarīk (m)	شريك
actionnaire (m)	musāhim (m)	مساهم
millionnaire (m)	milyunīr (m)	مليونير
milliardaire (m)	milyardīr (m)	ملياردير
propriétaire (m)	ṣāḥib (m)	صاحب
propriétaire (m) foncier	ṣāḥib al arḍ (m)	صاحب الأرض
client (m)	ʿamīl (m)	عميل
client (m) régulier	ʿamīl dāʾim (m)	عميل دائم
acheteur (m)	muʃtari (m)	مشتر
visiteur (m)	zāʾir (m)	زائر
professionnel (m)	muḥtarif (m)	محترف
expert (m)	χabīr (m)	خبير
spécialiste (m)	mutaχaṣṣiṣ (m)	متخصّص
banquier (m)	ṣāḥib maṣraf (m)	صاحب مصرف
courtier (m)	simsār (m)	سمسار
caissier (m)	ṣarrāf (m)	صرّاف
comptable (m)	muḥāsib (m)	محاسب
agent (m) de sécurité	ḥāris amn (m)	حارس أمن
investisseur (m)	mustaθmir (m)	مستثمر
débiteur (m)	mudīn (m)	مدين
créancier (m)	dāʾin (m)	دائن
emprunteur (m)	muqtariḍ (m)	مقترض
importateur (m)	mustawrid (m)	مستورد
exportateur (m)	muṣaddir (m)	مصدّر
producteur (m)	aʃ ʃarika al muṣniʿa (f)	الشركة المصنعة
distributeur (m)	muwazziʿ (m)	موزّع
intermédiaire (m)	wasīṭ (m)	وسيط
conseiller (m)	mustaʃār (m)	مستشار
représentant (m)	mandūb mabiʿāt (m)	مندوب مبيعات
agent (m)	wakīl (m)	وكيل
agent (m) d'assurances	wakīl at taʾmīn (m)	وكيل التأمين

125. Les mètiers des services

cuisinier (m)	ṭabbāχ (m)	طبّاخ
cuisinier (m) en chef	ʃāf (m)	شاف

boulanger (m)	χabbāz (m)	خبّاز
barman (m)	bārman (m)	بارمان
serveur (m)	nādil (m)	نادل
serveuse (f)	nādila (f)	نادلة
avocat (m)	muḥāmi (m)	محام
juriste (m)	muḥāmi (m)	محام
notaire (m)	muwaθθaq (m)	موثّق
électricien (m)	kahrabā'iy (m)	كهربائيّ
plombier (m)	sabbāk (m)	سبّاك
charpentier (m)	naʒʒār (m)	نجّار
masseur (m)	mudallik (m)	مدلّك
masseuse (f)	mudallika (f)	مدلّكة
médecin (m)	ṭabīb (m)	طبيب
chauffeur (m) de taxi	sā'iq taksi (m)	سائق تاكسي
chauffeur (m)	sā'iq (m)	سائق
livreur (m)	sā'i (m)	ساع
femme (f) de chambre	'āmilat tanẓīf ɣuraf (f)	عاملة تنظيف غرف
agent (m) de sécurité	ḥāris amn (m)	حارس أمن
hôtesse (f) de l'air	muḍīfat ṭayarān (f)	مضيفة طيران
professeur (m)	mudarris madrasa (m)	مدرّس مدرسة
bibliothécaire (m)	amīn maktaba (m)	أمين مكتبة
traducteur (m)	mutarʒim (m)	مترجم
interprète (m)	mutarʒim fawriy (m)	مترجم فوريّ
guide (m)	murʃid (m)	مرشد
coiffeur (m)	ḥallāq (m)	حلّاق
facteur (m)	sā'i al barīd (m)	ساعي البريد
vendeur (m)	bā'i' (m)	بائع
jardinier (m)	bustāniy (m)	بستانيّ
serviteur (m)	χādim (m)	خادم
servante (f)	χādima (f)	خادمة
femme (f) de ménage	'āmilat tanẓīf (f)	عاملة تنظيف

126. Les professions militaires et leurs grades

soldat (m) (grade)	ʒundiy (m)	جنديّ
sergent (m)	raqīb (m)	رقيب
lieutenant (m)	mulāzim (m)	ملازم
capitaine (m)	naqīb (m)	نقيب
commandant (m)	rā'id (m)	رائد
colonel (m)	'aqīd (m)	عقيد
général (m)	ʒinirāl (m)	جنرال
maréchal (m)	mārʃāl (m)	مارشال
amiral (m)	amirāl (m)	أميرال
militaire (m)	'askariy (m)	عسكريّ
soldat (m)	ʒundiy (m)	جنديّ

officier (m)	ḍābiṭ (m)	ضابط
commandant (m)	qā'id (m)	قائد
garde-frontière (m)	ḥāris ḥudūd (m)	حارس حدود
opérateur (m) radio	'āmil lāsilkiy (m)	عامل لاسلكيّ
éclaireur (m)	mustakʃif (m)	مستكشف
démineur (m)	muhandis 'askariy (m)	مهندس عسكريّ
tireur (m)	rāmi (m)	رام
navigateur (m)	mallāḥ (m)	ملّاح

127. Les fonctionnaires. Les prétres

roi (m)	malik (m)	ملك
reine (f)	malika (f)	ملكة
prince (m)	amīr (m)	أمير
princesse (f)	amīra (f)	أميرة
tsar (m)	qayṣar (m)	قيصر
tsarine (f)	qayṣara (f)	قيصرة
président (m)	ra'īs (m)	رئيس
ministre (m)	wazīr (m)	وزير
premier ministre (m)	ra'īs wuzarā' (m)	رئيس وزراء
sénateur (m)	'uḍw maʒlis aʃ ʃuyūχ (m)	عضو مجلس الشيوخ
diplomate (m)	diblumāsiy (m)	دبلوماسيّ
consul (m)	qunṣul (m)	قنصل
ambassadeur (m)	safīr (m)	سفير
conseiller (m)	mustaʃār (m)	مستشار
fonctionnaire (m)	muwaẓẓaf (m)	موظّف
préfet (m)	ra'īs idārat al ḥayy (m)	رئيس إدارة الحيّ
maire (m)	ra'īs al baladiyya (m)	رئيس البلديّة
juge (m)	qāḍi (m)	قاض
procureur (m)	mudda'i (m)	مدّع
missionnaire (m)	mubaʃʃir (m)	مبشّر
moine (m)	rāhib (m)	راهب
abbé (m)	ra'īs ad dayr (m)	رئيس الدير
rabbin (m)	ḥāχām (m)	حاخام
vizir (m)	wazīr (m)	وزير
shah (m)	ʃāh (m)	شاه
cheik (m)	ʃɛyχ (m)	شيخ

128. Les professions agricoles

apiculteur (m)	naḥḥāl (m)	نحّال
berger (m)	rā'i (m)	راع
agronome (m)	muhandis zirā'iy (m)	مهندس زراعيّ

éleveur (m)	murabbi al mawāʃi (m)	مربّي المواشي
vétérinaire (m)	ṭabīb bayṭariy (m)	طبيب بيطريّ
fermier (m)	muzāriʿ (m)	مزارع
vinificateur (m)	ṣāniʿ an nabīð (m)	صانع النبيذ
zoologiste (m)	χabīr fi ʿilm al ḥayawān (m)	خبير في علم الحيوان
cow-boy (m)	rāʿi al baqar (m)	راعي البقر

129. Les professions artistiques

acteur (m)	mumaθθil (m)	ممثّل
actrice (f)	mumaθθila (f)	ممثّلة
chanteur (m)	muɣanni (m)	مغنّ
cantatrice (f)	muɣanniya (f)	مغنّية
danseur (m)	rāqiṣ (m)	راقص
danseuse (f)	rāqiṣa (f)	راقصة
artiste (m)	fannān (m)	فنّان
artiste (f)	fannāna (f)	فنّانة
musicien (m)	ʿāzif (m)	عازف
pianiste (m)	ʿāzif biyānu (m)	عازف بيانو
guitariste (m)	ʿāzif gitār (m)	عازف جيتار
chef (m) d'orchestre	qāʾid urkistra (m)	قائد أركسترا
compositeur (m)	mulaḥḥin (m)	ملحّن
imprésario (m)	mudīr firqa (m)	مدير فرقة
metteur (m) en scène	muχriʒ (m)	مخرج
producteur (m)	muntiʒ (m)	منتج
scénariste (m)	kātib sināriyu (m)	كاتب سيناريو
critique (m)	nāqid (m)	ناقد
écrivain (m)	kātib (m)	كاتب
poète (m)	ʃāʿir (m)	شاعر
sculpteur (m)	naḥḥāt (m)	نحّات
peintre (m)	rassām (m)	رسّام
jongleur (m)	bahlawān (m)	بهلوان
clown (m)	muharriʒ (m)	مهرّج
acrobate (m)	bahlawān (m)	بهلوان
magicien (m)	sāḥir (m)	ساحر

130. Les diffèrents mètiers

médecin (m)	ṭabīb (m)	طبيب
infirmière (f)	mumarriḍa (f)	ممرّضة
psychiatre (m)	ṭabīb nafsiy (m)	طبيب نفسيّ
stomatologue (m)	ṭabīb al asnān (m)	طبيب الأسنان
chirurgien (m)	ʒarrāḥ (m)	جرّاح

astronaute (m)	rā'id faḍā' (m)	رائد فضاء
astronome (m)	'ālim falak (m)	عالم فلك
pilote (m)	ṭayyār (m)	طيّار
chauffeur (m)	sā'iq (m)	سائق
conducteur (m) de train	sā'iq (m)	سائق
mécanicien (m)	mikanīkiy (m)	ميكانيكيّ
mineur (m)	'āmil manʒam (m)	عامل منجم
ouvrier (m)	'āmil (m)	عامل
serrurier (m)	qaffāl (m)	قفّال
menuisier (m)	naʒʒār (m)	نجّار
tourneur (m)	χarrāṭ (m)	خرّاط
ouvrier (m) du bâtiment	'āmil binā' (m)	عامل بناء
soudeur (m)	laḥḥām (m)	لحّام
professeur (m) (titre)	brufissūr (m)	بروفيسور
architecte (m)	muhandis mi'māriy (m)	مهندس معماريّ
historien (m)	mu'arriχ (m)	مؤرّخ
savant (m)	'ālim (m)	عالم
physicien (m)	fizyā'iy (m)	فيزيائيّ
chimiste (m)	kimyā'iy (m)	كيميائيّ
archéologue (m)	'ālim'āθār (m)	عالم آثار
géologue (m)	ʒiulūʒiy (m)	جيولوجيّ
chercheur (m)	bāḥiθ (m)	باحث
baby-sitter (m, f)	murabbiyat aṭfāl (f)	مربّية الأطفال
pédagogue (m, f)	mu'allim (m)	معلّم
rédacteur (m)	muḥarrir (m)	محرّر
rédacteur (m) en chef	ra'īs taḥrīr (m)	رئيس تحرير
correspondant (m)	murāsil (m)	مراسل
dactylographe (f)	kātiba 'alal 'āla al kātiba (f)	كاتبة على الآلة الكاتبة
designer (m)	muṣammim (m)	مصمّم
informaticien (m)	mutaχaṣṣiṣ bil kumbyūtir (m)	متخصص بالكمبيوتر
programmeur (m)	mubarmiʒ (m)	مبرمج
ingénieur (m)	muhandis (m)	مهندس
marin (m)	baḥḥār (m)	بحّار
matelot (m)	baḥḥār (m)	بحّار
secouriste (m)	munqið (m)	منقذ
pompier (m)	raʒul iṭfā' (m)	رجل إطفاء
policier (m)	ʃurṭiy (m)	شرطيّ
veilleur (m) de nuit	ḥāris (m)	حارس
détective (m)	muḥaqqiq (m)	محقّق
douanier (m)	muwaẓẓaf al ʒamārik (m)	موظّف الجمارك
garde (m) du corps	ḥāris ʃaχṣiy (m)	حارس شخصيّ
gardien (m) de prison	ḥāris siʒn (m)	حارس سجن
inspecteur (m)	mufattiʃ (m)	مفتّش
sportif (m)	riyāḍiy (m)	رياضيّ
entraîneur (m)	mudarrib (m)	مدرّب

boucher (m)	ʒazzār (m)	جزّار
cordonnier (m)	iskāfiy (m)	إسكافيّ
commerçant (m)	tāʒir (m)	تاجر
chargeur (m)	ḥammāl (m)	حمّال
couturier (m)	muṣammim azyā' (m)	مصمّم أزياء
modèle (f)	mudīl (f)	موديل

131. Les occupations. Le statut social

écolier (m)	tilmīð (m)	تلميذ
étudiant (m)	ṭālib (m)	طالب
philosophe (m)	faylasūf (m)	فيلسوف
économiste (m)	iqtiṣādiy (m)	إقتصاديّ
inventeur (m)	muχtari' (m)	مخترع
chômeur (m)	'āṭil (m)	عاطل
retraité (m)	mutaqā'id (m)	متقاعد
espion (m)	ʒāsūs (m)	جاسوس
prisonnier (m)	saʒīn (m)	سجين
gréviste (m)	muḍrib (m)	مضرب
bureaucrate (m)	buruqrāṭiy (m)	بيوروقراطيّ
voyageur (m)	raḥḥāla (m)	رحّالة
homosexuel (m)	miθliy ʒinsiyyan (m)	مثليّ جنسيًا
hacker (m)	hākir (m)	هاكر
hippie (m, f)	hippi (m)	هيبيّ
bandit (m)	qāṭi' ṭarīq (m)	قاطع طريق
tueur (m) à gages	qātil ma'ʒūr (m)	قاتل مأجور
drogué (m)	mudmin muχaddirāt (m)	مدمن مخدّرات
trafiquant (m) de drogue	tāʒir muχaddirāt (m)	تاجر مخدّرات
prostituée (f)	'āhira (f)	عاهرة
souteneur (m)	qawwād (m)	قوّاد
sorcier (m)	sāḥir (m)	ساحر
sorcière (f)	sāḥira (f)	ساحرة
pirate (m)	qurṣān (m)	قرصان
esclave (m)	'abd (m)	عبد
samouraï (m)	samurāy (m)	ساموراي
sauvage (m)	mutawaḥḥiʃ (m)	متوحّش

Le sport

132. Les types de sports. Les sportifs

sportif (m)	riyāḍiy (m)	رياضيّ
type (m) de sport	naw' min ar riyāḍa (m)	نوع من الرياضة
basket-ball (m)	kurat as salla (f)	كرة السلّة
basketteur (m)	lā'ib kūrat as salla (m)	لاعب كرة السلّة
base-ball (m)	kurat al qā'ida (f)	كرة القاعدة
joueur (m) de base-ball	lā'ib kurat al qā'ida (m)	لاعب كرة القاعدة
football (m)	kurat al qadam (f)	كرة القدم
joueur (m) de football	lā'ib kurat al qadam (m)	لاعب كرة القدم
gardien (m) de but	ḥāris al marma (m)	حارس المرمى
hockey (m)	huki (m)	هوكي
hockeyeur (m)	lā'ib huki (m)	لاعب هوكي
volley-ball (m)	al kura aṭ ṭā'ira (m)	الكرة الطائرة
joueur (m) de volley-ball	lā'ib al kura aṭ ṭā'ira (m)	لاعب الكرة الطائرة
boxe (f)	mulākama (f)	ملاكمة
boxeur (m)	mulākim (m)	ملاكم
lutte (f)	muṣāra'a (f)	مصارعة
lutteur (m)	muṣāri' (m)	مصارع
karaté (m)	karatī (m)	كاراتيه
karatéka (m)	lā'ib karatī (m)	لاعب كاراتيه
judo (m)	ʒudu (m)	جودو
judoka (m)	lā'ib ʒudu (m)	لاعب جودو
tennis (m)	tinis (m)	تنس
joueur (m) de tennis	lā'ib tinnis (m)	لاعب تنس
natation (f)	sibāḥa (f)	سباحة
nageur (m)	sabbāḥ (m)	سبّاح
escrime (f)	musāyafa (f)	مسايفة
escrimeur (m)	mubāriz (m)	مبارز
échecs (m pl)	ʃaṭranʒ (m)	شطرنج
joueur (m) d'échecs	lā'ib ʃaṭranʒ (m)	لاعب شطرنج
alpinisme (m)	tasalluq al ʒibāl (m)	تسلّق الجبال
alpiniste (m)	mutasalliq al ʒibāl (m)	متسلّق الجبال
course (f)	ʒary (m)	جري

coureur (m)	ʻaddā' (m)	عدّاء
athlétisme (m)	alʻāb al qiwa (pl)	ألعاب القوى
athlète (m)	lāʻib riyāḍiy (m)	لاعب رياضيّ
équitation (f)	riyāḍat al furūsiyya (f)	رياضة الفروسيّة
cavalier (m)	fāris (m)	فارس
patinage (m) artistique	tazalluʒ fanniy ʻalal ʒalīd (m)	تزلّج فنّيّ على الجليد
patineur (m)	mutazalliʒ fanniy (m)	متزلّج فنّيّ
patineuse (f)	mutazalliʒa fanniyya (f)	متزلّجة فنّيّة
haltérophilie (f)	rafʻ al aθqāl (m)	رفع الأثقال
haltérophile (m)	rāfiʻ al aθqāl (m)	رافع الأثقال
course (f) automobile	sibāq as sayyārāt (m)	سباق السيّارات
pilote (m)	sā'iq sibāq (m)	سائق سباق
cyclisme (m)	sibāq ad darrāʒāt (m)	سباق الدرّاجات
cycliste (m)	lāʻib ad darrāʒāt (m)	لاعب الدرّاجات
sauts (m pl) en longueur	al qafz aṭ ṭawīl (m)	القفز الطويل
sauts (m pl) à la perche	al qafz biz zāna (m)	القفز بالزانة
sauteur (m)	qāfiz (m)	قافز

133. Les types de sports. Divers

football (m) américain	kurat al qadam (f)	كرة القدم
badminton (m)	kurat ar rīʃa (f)	كرة الريشة
biathlon (m)	al biatlūn (m)	البياثلون
billard (m)	bilyārdu (m)	بلياردو
bobsleigh (m)	zallāʒa ʒamaʻiyya (f)	زلّاجة جماعيّة
bodybuilding (m)	kamāl aʒsām (m)	كمال أجسام
water-polo (m)	kurat al mā' (f)	كرة الماء
handball (m)	kurat al yad (f)	كرة اليد
golf (m)	gūlf (m)	جولف
aviron (m)	taʒðīf (m)	تجذيف
plongée (f)	al ɣawṣ taḥt al mā' (m)	الغوص تحت الماء
course (f) à skis	riyāḍat al iski (f)	رياضة الإسكي
tennis (m) de table	kurat aṭ ṭāwila (f)	كرة الطاولة
voile (f)	riyāḍa ibḥār al marākib (f)	رياضة إبحار المراكب
rallye (m)	sibāq as sayyārāt (m)	سباق السيّارات
rugby (m)	raɣbi (m)	رغبي
snowboard (m)	tazalluʒ ʻlaθ θulūʒ (m)	تزلّج على الثلوج
tir (m) à l'arc	rimāya (f)	رماية

134. La salle de sport

barre (f) à disques	ḥadīda (f)	حديدة
haltères (m pl)	dambilz (m)	دمبلز

appareil (m) d'entraînement	ʒihāz tadrīb (m)	جهاز تدريب
vélo (m) d'exercice	darrāʒat tadrīb (f)	درّاجة تدريب
tapis (m) roulant	ʒihāz al maʃy (m)	جهاز المشي
barre (f) fixe	ʿuqla (f)	عقلة
barres (pl) parallèles	al mutawāzi (m)	المتوازي
cheval (m) d'Arçons	hisān al maqābiḍ (m)	حصان المقابض
tapis (m) gymnastique	ḥaṣīra (f)	حصيرة
corde (f) à sauter	ḥabl an naṭṭ (m)	حبل النطّ
aérobic (m)	at tamrīnāt al hiwā'iyya (pl)	التمرينات الهوائية
yoga (m)	yūga (f)	يوجا

135. Le hockey sur glace

hockey (m)	huki (m)	هوكي
hockeyeur (m)	lāʿib huki (m)	لاعب هوكي
jouer au hockey	laʿib al hūki	لعب الهوكي
glace (f)	ʒalīd (m)	جليد
palet (m)	qurṣ al huky (m)	قرص الهوكي
crosse (f)	miḍrab al huki (m)	مضرب الهوكي
patins (m pl)	zallāʒāt (pl)	زلّاجات
rebord (m)	ʒānib (m)	جانب
tir (m)	ramya (f)	رمية
gardien (m) de but	ḥāris al marma (m)	حارس المرمى
but (m)	hadaf (m)	هدف
marquer un but	aṣāb al hadaf	أصاب الهدف
période (f)	ʃawṭ (m)	شوط
deuxième période (f)	aʃ ʃawṭ aθ θāni (m)	الشوط الثاني
banc (m) des remplaçants	dikkat al iḥṭiāṭy (f)	دكّة الإحتياطي

136. Le football

football (m)	kurat al qadam (f)	كرة القدم
joueur (m) de football	lāʿib kurat al qadam (m)	لاعب كرة القدم
jouer au football	laʿib kurat al qadam	لعب كرة القدم
ligue (f) supérieure	ad dawriy al kibīr (m)	الدوريّ الكبير
club (m) de football	nādy kurat al qadam (m)	نادي كرة القدم
entraîneur (m)	mudarrib (m)	مدرّب
propriétaire (m)	ṣāḥib (m)	صاحب
équipe (f)	farīq (m)	فريق
capitaine (m) de l'équipe	kabtan al farīq (m)	كابتن الفريق
joueur (m)	lāʿib (m)	لاعب
remplaçant (m)	lāʿib iḥtiyāṭiy (m)	لاعب إحتياطيّ
attaquant (m)	lāʿib huʒūm (m)	لاعب هجوم
avant-centre (m)	wasaṭ al huʒūm (m)	وسط الهجوم

butteur (m)	haddāf (m)	هدّاف
arrière (m)	mudāfiʿ (m)	مدافع
demi (m)	lāʿib wasaṭ (m)	لاعب وسط
match (m)	mubārāt (f)	مباراة
se rencontrer (vp)	qābal	قابل
finale (f)	mubarāt nihāʾiyya (f)	مباراة نهائيّة
demi-finale (f)	dawr an niṣf an nihāʾiy (m)	دور النصف النهائيّ
championnat (m)	buṭūla (f)	بطولة
mi-temps (f)	ʃawṭ (m)	شوط
première mi-temps (f)	aʃ ʃawṭ al awwal (m)	الشوط الأوّل
mi-temps (f) (pause)	istirāḥa ma bayn aʃ ʃawṭayn (f)	إستراحة ما بين الشوطين
but (m)	marma (m)	مرمى
gardien (m) de but	ḥāris al marma (m)	حارس المرمى
poteau (m)	ʿāriḍa (f)	عارضة
barre (f)	ʿāriḍa (f)	عارضة
filet (m)	ʃabaka (f)	شبكة
encaisser un but	samaḥ bi iṣābat al hadaf	سمح بإصابة الهدف
ballon (m)	kura (f)	كرة
passe (f)	tamrīra (f)	تمريرة
coup (m)	ḍarba (f)	ضربة
porter un coup	ḍarab	ضرب
coup (m) franc	ḍarba ḥurra (f)	ضربة حرّة
corner (m)	ḍarba zāwiya (f)	ضربة زاوية
attaque (f)	huʒūm (m)	هجوم
contre-attaque (f)	haʒma muḍādda (f)	هجمة مضادّة
combinaison (f)	tarkīb (m)	تركيب
arbitre (m)	ḥakam (m)	حكم
siffler (vi)	ṣaffar	صفّر
sifflet (m)	ṣaffāra (f)	صفّارة
faute (f)	muχālafa (f)	مخالفة
commettre un foul	χālaf	خالف
expulser du terrain	ṭarad min al malʿab	طرد من الملعب
carton (m) jaune	al kārt al aṣfar (m)	الكارت الأصفر
carton (m) rouge	al kart al aḥmar (m)	الكارت الأحمر
disqualification (f)	ḥirmān (m)	حرمان
disqualifier (vt)	ḥaram	حرم
penalty (m)	ḍarbat ʒazāʾ (f)	ضربة جزاء
mur (m)	ḥāʾiṭ (m)	حائط
marquer (vt)	aṣāb al hadaf	أصاب الهدف
but (m)	hadaf (m)	هدف
marquer un but	aṣāb al hadaf	أصاب الهدف
remplacement (m)	tabdīl (m)	تبديل
remplacer (vt)	baddal	بدّل
règles (f pl)	qawāʿid (pl)	قواعد
tactique (f)	taktīk (m)	تكتيك
stade (m)	malʿab (m)	ملعب
tribune (f)	mudarraʒ (m)	مدرّج

supporteur (m)	muʃaʒʒiʻ (m)	مشجّع
crier (vi)	ṣaraχ	صرخ
tableau (m)	lawḥat an natīʒa (f)	لوحة النتيجة
score (m)	natīʒa (f)	نتيجة
défaite (f)	hazīma (f)	هزيمة
perdre (vi)	χasir	خسر
match (m) nul	taʻādul (m)	تعادل
faire match nul	taʻādal	تعادل
victoire (f)	fawz (m)	فوز
gagner (vi, vt)	fāz	فاز
champion (m)	baṭal (m)	بطل
meilleur (adj)	aḥsan	أحسن
féliciter (vt)	hanna'	هنّأ
commentateur (m)	muʻalliq (m)	معلّق
commenter (vt)	ʻallaq	علّق
retransmission (f)	iðāʻa (f)	إذاعة

137. Le ski alpin

skis (m pl)	zallāʒāt (pl)	زلّاجات
faire du ski	tazallaʒ	تزلّج
station (f) de ski	muntaʒaʻ ʒabaliy lit tazalluʒ (m)	منتجع جبليّ للتزلّج
remontée (f) mécanique	miṣʻad (m)	مصعد
bâtons (m pl)	ʻaṣayān at tazalluʒ (pl)	عصيان التزلّج
pente (f)	munḥadar (m)	منحدر
slalom (m)	slālum (m)	سلالوم

138. Le tennis. Le golf

golf (m)	gūlf (m)	جولف
club (m) de golf	nādi gūlf (m)	نادي جولف
joueur (m) au golf	lāʻib gūlf (m)	لاعب جولف
trou (m)	taʒwīf (m)	تجويف
club (m)	miḍrab (m)	مضرب
chariot (m) de golf	ʻaraba lil gūlf (f)	عربة للجولف
tennis (m)	tinis (m)	تنس
court (m) de tennis	malʻab tinis (m)	ملعب تنس
service (m)	munāwala (f)	مناولة
servir (vi)	nāwil	ناول
raquette (f)	miḍrab (m)	مضرب
filet (m)	ʃabaka (f)	شبكة
balle (f)	kura (f)	كرة

139. Les échecs

échecs (m pl)	ʃaṭranʒ (m)	شطرنج
pièces (f pl)	qiṭaʿ aʃ ʃaṭranʒ (pl)	قطع الشطرنج
joueur (m) d'échecs	lāʿib ʃaṭranʒ (m)	لاعب شطرنج
échiquier (m)	lawḥat aʃ ʃaṭranʒ (f)	لوحة الشطرنج
pièce (f)	qiṭʿa (f)	قطعة
blancs (m pl)	qiṭaʿ bayḍāʾ (pl)	قطع بيضاء
noirs (m pl)	qiṭaʿ sawdāʾ (pl)	قطع سوداء
pion (m)	baydaq (m)	بيدق
fou (m)	fīl (m)	فيل
cavalier (m)	ḥiṣān (m)	حصان
tour (f)	qalʿa (f)	قلعة
reine (f)	malika (f)	ملكة
roi (m)	malik (m)	ملك
coup (m)	χaṭwa (f)	خطوة
jouer (déplacer une pièce)	ḥarrak	حرّك
sacrifier (vt)	ḍaḥḥa	ضحّى
roque (m)	at tabyīt (m)	التبييت
échec (m)	kaʃʃ (m)	كشّ
tapis (m)	kaʃʃ māt (m)	كشّ مات
tournoi (m) d'échecs	buṭūlat ʃaṭranʒ (f)	بطولة شطرنج
grand maître (m)	ustāð kabīr (m)	أستاذ كبير
combinaison (f)	tarkīb (m)	تركيب
partie (f)	dawr (m)	دور
dames (f pl)	dāma (f)	ضامة

140. La boxe

boxe (f)	mulākama (f)	ملاكمة
combat (m)	mulākama (f)	ملاكمة
match (m)	mubārāt mulākama (f)	مباراة ملاكمة
round (m)	ʒawla (f)	جولة
ring (m)	ḥalba (f)	حلبة
gong (m)	nāqūs (m)	ناقوس
coup (m)	ḍarba (f)	ضربة
knock-down (m)	ḍarba ḥāsima (f)	ضربة حاسمة
knock-out (m)	ḍarba qāḍiya (f)	ضربة قاضية
mettre KO	ḍarab ḍarba qāḍiya	ضرب ضربة قاضية
gant (m) de boxe	quffāz al mulākama (m)	قفّاز الملاكمة
arbitre (m)	ḥakam (m)	حكم
poids (m) léger	al wazn al χafīf (m)	الوزن الخفيف
poids (m) moyen	al wazn al mutawassiṭ (m)	الوزن المتوسّط
poids (m) lourd	al wazn aθ θaqīl (m)	الوزن الثقيل

141. Le sport. Divers

Jeux (m pl) olympiques	alʿāb ulumbiyya (pl)	ألعاب أولمبيّة
gagnant (m)	fā'iz (m)	فائز
remporter (vt)	fāz	فاز
gagner (vi)	fāz	فاز
leader (m)	zaʿīm (m)	زعيم
prendre la tête	taqaddam	تقدّم
première place (f)	al martaba al ūla (f)	المرتبة الأولى
deuxième place (f)	al martaba aθ θāniya (f)	المرتبة الثانية
troisième place (f)	al martaba aθ θāliθa (f)	المرتبة الثالثة
médaille (f)	midāliyya (f)	ميداليّة
trophée (m)	ʒā'iza (f)	جائزة
coupe (f) (trophée)	ka's (m)	كأس
prix (m)	ʒā'iza (f)	جائزة
prix (m) principal	akbar ʒā'iza (f)	أكبر جائزة
record (m)	raqm qiyāsiy (m)	رقم قياسيّ
établir un record	fāz bi raqm qiyāsiy	فاز برقم قياسيّ
finale (f)	mubarāt nihā'iyya (f)	مباراة نهائيّة
final (adj)	nihā'iy	نهائيّ
champion (m)	baṭal (m)	بطل
championnat (m)	buṭūla (f)	بطولة
stade (m)	malʿab (m)	ملعب
tribune (f)	mudarraʒ (m)	مدرّج
supporteur (m)	muʃaʒʒiʿ (m)	مشجّع
adversaire (m)	ʿaduww (m)	عدوّ
départ (m)	χaṭṭ al bidāya (m)	خطّ البداية
ligne (f) d'arrivée	χaṭṭ an nihāya (m)	خطّ النهاية
défaite (f)	hazīma (f)	هزيمة
perdre (vi)	χasir	خسر
arbitre (m)	ḥakam (m)	حكم
jury (m)	hay'at al ḥukm (f)	هيئة الحكم
score (m)	natīʒa (f)	نتيجة
match (m) nul	taʿādul (m)	تعادل
faire match nul	taʿādal	تعادل
point (m)	nuqṭa (f)	نقطة
résultat (m)	natīʒa nihā'iyya (f)	نتيجة نهائية
période (f)	ʃawṭ (m)	شوط
mi-temps (f) (pause)	istirāḥa ma bayn aʃ ʃawṭayn (f)	إستراحة ما بين الشوطين
dopage (m)	munaʃʃiṭāt (pl)	منشّطات
pénaliser (vt)	ʿāqab	عاقب
disqualifier (vt)	ḥaram	حرم
agrès (m)	maʿadd riyāḍiy (f)	معدّ رياضيّ
lance (f)	rumḥ (m)	رمح

poids (m) (boule de métal)	ʒulla (f)	جلّة
bille (f) (de billard, etc.)	kura (f)	كرة
but (cible)	hadaf (m)	هدف
cible (~ en papier)	hadaf (m)	هدف
tirer (vi)	aṭlaq an nār	أطلق النار
précis (un tir ~)	maḍbūṭ	مضبوط
entraîneur (m)	mudarrib (m)	مدرّب
entraîner (vt)	darrab	درّب
s'entraîner (vp)	tadarrab	تدرّب
entraînement (m)	tadrīb (m)	تدريب
salle (f) de gym	markaz li liyāqa badaniyya (m)	مركز للياقة بدنيّة
exercice (m)	tamrīn (m)	تمرين
échauffement (m)	tasχīn (m)	تسخين

L'éducation

142. L'éducation

école (f)	madrasa (f)	مدرسة
directeur (m) d'école	mudīr madrasa (m)	مدير مدرسة
élève (m)	tilmīð (m)	تلميذ
élève (f)	tilmīða (f)	تلميذة
écolier (m)	tilmīð (m)	تلميذ
écolière (f)	tilmīða (f)	تلميذة
enseigner (vt)	ʿallam	علّم
apprendre (~ l'arabe)	taʿallam	تعلّم
apprendre par cœur	ḥafaẓ	حفظ
apprendre (à faire qch)	taʿallam	تعلّم
être étudiant, -e	daras	درس
aller à l'école	ðahab ilal madrasa	ذهب إلى المدرسة
alphabet (m)	alifbāʾ (m)	ألفباء
matière (f)	mādda (f)	مادّة
salle (f) de classe	faṣl (m)	فصل
leçon (f)	dars (m)	درس
récréation (f)	istirāḥa (f)	إستراحة
sonnerie (f)	ʒaras al madrasa (m)	جرس المدرسة
pupitre (m)	taχta lil madrasa (m)	تختة للمدرسة
tableau (m) noir	sabbūra (f)	سبّورة
note (f)	daraʒa (f)	درجة
bonne note (f)	daraʒa ʒayyida (f)	درجة جيّدة
mauvaise note (f)	daraʒa ɣayr ʒayyida (f)	درجة غير جيّدة
donner une note	aʿṭa daraʒa	أعطى درجة
faute (f)	χaṭaʾ (m)	خطأ
faire des fautes	aχṭaʾ	أخطأ
corriger (une erreur)	ṣaḥḥaḥ	صحّح
antisèche (f)	waraqat ɣaʃʃ (f)	ورقة غشّ
devoir (m)	wāʒib manziliy (m)	واجب منزليّ
exercice (m)	tamrīn (m)	تمرين
être présent	ḥaḍar	حضر
être absent	ɣāb	غاب
manquer l'école	taɣayyab ʿan al madrasa	تغيّب عن المدرسة
punir (vt)	ʿāqab	عاقب
punition (f)	ʿuqūba (f), ʿiqāb (m)	عقوبة, عقاب
conduite (f)	sulūk (m)	سلوك

carnet (m) de notes	at taqrīr al madrasiy (m)	التقرير المدرسيّ
crayon (m)	qalam ruṣāṣ (m)	قلم رصاص
gomme (f)	astīka (f)	استيكة
craie (f)	ṭabāʃīr (m)	طباشير
plumier (m)	maqlama (f)	مقلمة
cartable (m)	ʃanṭat al madrasa (f)	شنطة المدرسة
stylo (m)	qalam (m)	قلم
cahier (m)	daftar (m)	دفتر
manuel (m)	kitāb taʿlīm (m)	كتاب تعليم
compas (m)	barʒal (m)	برجل
dessiner (~ un plan)	rasam rasm taqniy	رسم رسمًا تقنيًا
dessin (m) technique	rasm taqniy (m)	رسم تقنيّ
poésie (f)	qaṣīda (f)	قصيدة
par cœur (adv)	ʿan ẓahr qalb	عن ظهر قلب
apprendre par cœur	ḥafaẓ	حفظ
vacances (f pl)	ʿuṭla madrasiyya (f)	عطلة مدرسيّة
être en vacances	ʿindahu ʿuṭla	عنده عطلة
passer les vacances	qaḍa al ʿuṭla	قضى العطلة
interrogation (f) écrite	imtiḥān (m)	إمتحان
composition (f)	inʃāʾ (m)	إنشاء
dictée (f)	imlāʾ (m)	إملاء
examen (m)	imtiḥān (m)	إمتحان
passer les examens	marr al imtiḥān	مرّ الإمتحان
expérience (f) (~ de chimie)	taʒriba (f)	تجربة

143. L'enseignement supérieur

académie (f)	akadīmiyya (f)	أكاديميّة
université (f)	ʒāmiʿa (f)	جامعة
faculté (f)	kulliyya (f)	كلّيّة
étudiant (m)	ṭālib (m)	طالب
étudiante (f)	ṭāliba (f)	طالبة
enseignant (m)	muḥāḍir (m)	محاضر
salle (f)	mudarraʒ (m)	مدرّج
licencié (m)	mutaχarriʒ (m)	متخرّج
diplôme (m)	diblūma (f)	دبلومة
thèse (f)	risāla ʿilmiyya (f)	رسالة علميّة
étude (f)	dirāsa (f)	دراسة
laboratoire (m)	muχtabar (m)	مختبر
cours (m)	muḥāḍara (f)	محاضرة
camarade (m) de cours	zamīl fiṣ ṣaff (m)	زميل في الصفّ
bourse (f)	minḥa dirāsiyya (f)	منحة دراسيّة
grade (m) universitaire	daraʒa ʿilmiyya (f)	درجة علميّة

144. Les disciplines scientifiques

mathématiques (f pl)	riyāḍīyyāt (pl)	رياضيّات
algèbre (f)	al ʒabr (m)	الجبر
géométrie (f)	handasa (f)	هندسة
astronomie (f)	'ilm al falak (m)	علم الفلك
biologie (f)	'ilm al aḥyā' (m)	علم الأحياء
géographie (f)	ʒuɣrāfiya (f)	جغرافيا
géologie (f)	ʒiulūʒiya (f)	جيولوجيا
histoire (f)	tarīχ (m)	تاريخ
médecine (f)	ṭibb (m)	طبّ
pédagogie (f)	'ilm at tarbiya (f)	علم التربية
droit (m)	qānūn (m)	قانون
physique (f)	fizyā' (f)	فيزياء
chimie (f)	kimyā' (f)	كيمياء
philosophie (f)	falsafa (f)	فلسفة
psychologie (f)	'ilm an nafs (m)	علم النفس

145. Le système d'écriture et l'orthographe

grammaire (f)	an naḥw waṣ ṣarf (m)	النحو والصرف
vocabulaire (m)	mufradāt al luɣa (pl)	مفردات اللغة
phonétique (f)	ṣawtīyyāt (pl)	صوتيّات
nom (m)	ism (m)	إسم
adjectif (m)	ṣifa (f)	صفة
verbe (m)	fi'l (m)	فعل
adverbe (m)	ẓarf (m)	ظرف
pronom (m)	ḍamīr (m)	ضمير
interjection (f)	ḥarf nidā' (m)	حرف نداء
préposition (f)	ḥarf al ʒarr (m)	حرف الجرّ
racine (f)	ʒiðr al kalima (m)	جذر الكلمة
terminaison (f)	nihāya (f)	نهاية
préfixe (m)	sābiqa (f)	سابقة
syllabe (f)	maqṭa' lafẓiy (m)	مقطع لفظيّ
suffixe (m)	lāḥiqa (f)	لاحقة
accent (m) tonique	nabra (f)	نبرة
apostrophe (f)	'alāmat ḥaðf (f)	علامة حذف
point (m)	nuqṭa (f)	نقطة
virgule (f)	fāṣila (f)	فاصلة
point (m) virgule	nuqṭa wa fāṣila (f)	نقطة وفاصلة
deux-points (m)	nuqṭatān ra'siyyatān (du)	نقطتان رأسيتان
points (m pl) de suspension	θalāθ nuqaṭ (pl)	ثلاث نقط
point (m) d'interrogation	'alāmat istifhām (f)	علامة إستفهام
point (m) d'exclamation	'alāmat ta'aʒʒub (f)	علامة تعجّب

guillemets (m pl)	‘alāmāt al iqtibās (pl)	علامات الإقتباس
entre guillemets	bayn ‘alāmatay al iqtibās	بين علامتي الإقتباس
parenthèses (f pl)	qawsān (du)	قوسان
entre parenthèses	bayn al qawsayn	بين القوسين
trait (m) d'union	‘alāmat waṣl (f)	علامة وصل
tiret (m)	ʃurṭa (f)	شرطة
blanc (m)	farāɣ (m)	فراغ
lettre (f)	ḥarf (m)	حرف
majuscule (f)	ḥarf kabīr (m)	حرف كبير
voyelle (f)	ḥarf ṣawtiy (m)	حرف صوتيّ
consonne (f)	ḥarf sākin (m)	حرف ساكن
proposition (f)	ʒumla (f)	جملة
sujet (m)	fā‘il (m)	فاعل
prédicat (m)	musnad (m)	مسند
ligne (f)	saṭr (m)	سطر
à la ligne	min bidāyat as saṭr	من بداية السطر
paragraphe (m)	fiqra (f)	فقرة
mot (m)	kalima (f)	كلمة
groupe (m) de mots	maʒmū‘a min al kalimāt (pl)	مجموعة من الكلمات
expression (f)	‘ibāra (f)	عبارة
synonyme (m)	murādif (m)	مرادف
antonyme (m)	mutaḍādd luɣawiy (m)	متضادّ
règle (f)	qā‘ida (f)	قاعدة
exception (f)	istiθnā’ (m)	إستثناء
correct (adj)	ṣaḥīḥ	صحيح
conjugaison (f)	ṣarf (m)	صرف
déclinaison (f)	taṣrīf al asmā’ (m)	تصريف الأسماء
cas (m)	ḥāla ismiyya (f)	حالة إسميّة
question (f)	su’āl (m)	سؤال
souligner (vt)	waḍa‘ χaṭṭ taḥt	وضع خطًا تحت
pointillé (m)	χaṭṭ munaqqaṭ (m)	خط منقّط

146. Les langues étrangères

langue (f)	luɣa (f)	لغة
étranger (adj)	aʒnabiy	أجنبيّ
langue (f) étrangère	luɣa aʒnabiyya (f)	لغة أجنبيّة
étudier (vt)	daras	درس
apprendre (~ l'arabe)	ta‘allam	تعلّم
lire (vi, vt)	qara’	قرأ
parler (vi, vt)	takallam	تكلّم
comprendre (vt)	fahim	فهم
écrire (vt)	katab	كتب
vite (adv)	bi sur‘a	بسرعة
lentement (adv)	bi buṭ’	ببطء

couramment (adv)	bi ṭalāqa	بطلاقة
règles (f pl)	qawā'id (pl)	قواعد
grammaire (f)	an naḥw waṣ ṣarf (m)	النحو والصرف
vocabulaire (m)	mufradāt al luɣa (pl)	مفردات اللغة
phonétique (f)	ṣawtīyyāt (pl)	صوتيّات
manuel (m)	kitāb ta'līm (m)	كتاب تعليم
dictionnaire (m)	qāmūs (m)	قاموس
manuel (m) autodidacte	kitāb ta'līm ðātiy (m)	كتاب تعليم ذاتيّ
guide (m) de conversation	kitāb lil 'ibārāt aʃ ʃā'i'a (m)	كتاب للعبارت الشائعة
cassette (f)	ʃarīṭ (m)	شريط
cassette (f) vidéo	ʃarīṭ vidiyu (m)	شريط فيديو
CD (m)	si di (m)	سي دي
DVD (m)	di vi di (m)	دي في دي
alphabet (m)	alifbā' (m)	الفباء
épeler (vt)	tahaʒʒa	تهجّى
prononciation (f)	nuṭq (m)	نطق
accent (m)	lukna (f)	لكنة
avec un accent	bi lukna	بلكنة
sans accent	bi dūn lukna	بدون لكنة
mot (m)	kalima (f)	كلمة
sens (m)	ma'na (m)	معنى
cours (m pl)	dawra (f)	دورة
s'inscrire (vp)	saʒʒal ismahu	سجّل إسمه
professeur (m) (~ d'anglais)	mudarris (m)	مدرّس
traduction (f) (action)	tarʒama (f)	ترجمة
traduction (f) (texte)	tarʒama (f)	ترجمة
traducteur (m)	mutarʒim (m)	مترجم
interprète (m)	mutarʒim fawriy (m)	مترجم فوريّ
polyglotte (m)	'alīm bi 'iddat luɣāt (m)	عليم بعدّة لغات
mémoire (f)	ðākira (f)	ذاكرة

147. Les personnages de contes de fées

Père Noël (m)	baba nuwīl (m)	بابا نويل
Cendrillon (f)	sindrīla	سيندريلا
sirène (f)	ḥūriyyat al baḥr (f)	حوريّة البحر
Neptune (m)	nibtūn (m)	نبتون
magicien (m)	sāḥir (m)	ساحر
fée (f)	sāḥira (f)	ساحرة
magique (adj)	siḥriy	سحريّ
baguette (f) magique	'aṣa siḥriyya (f)	عصا سحريّة
conte (m) de fées	ḥikāya xayāliyya (f)	حكاية خياليّة
miracle (m)	mu'ʒiza (f)	معجزة
gnome (m)	qazam (m)	قزم

se transformer en ...	taḥawwal ila ...	تحوّل إلى...
esprit (m) (revenant)	ʃabaḥ (m)	شبح
fantôme (m)	ʃabaḥ (m)	شبح
monstre (m)	waḥʃ (m)	وحش
dragon (m)	tinnīn (m)	تنّين
géant (m)	ʻimlāq (m)	عملاق

148. Les signes du zodiaque

Bélier (m)	burʒ al ḥamal (m)	برج الحمل
Taureau (m)	burʒ aθ θawr (m)	برج الثور
Gémeaux (m pl)	burʒ al ʒawzā' (m)	برج الجوزاء
Cancer (m)	burʒ as saraṭān (m)	برج السرطان
Lion (m)	burʒ al asad (m)	برج الأسد
Vierge (f)	burʒ al ʻaðrā' (m)	برج العذراء
Balance (f)	burʒ al mīzān (m)	برج الميزان
Scorpion (m)	burʒ al ʻaqrab (m)	برج العقرب
Sagittaire (m)	burʒ al qaws (m)	برج القوس
Capricorne (m)	burʒ al ʒaday (m)	برج الجدي
Verseau (m)	burʒ ad dalw (m)	برج الدلو
Poissons (m pl)	burʒ al ḥūt (m)	برج الحوت
caractère (m)	ṭabʻ (m)	طبع
traits (m pl) du caractère	aṣ ṣifāt aʃ ʃaχṣiyya (pl)	الصفات الشخصيّة
conduite (f)	sulūk (m)	سلوك
dire la bonne aventure	tanabba'	تنبّأ
diseuse (f) de bonne aventure	ʻarrāfa (f)	عرّافة
horoscope (m)	tawaqquʻāt al abrāʒ (pl)	توقّعات الأبراج

L'art

149. Le théâtre

théâtre (m)	masraḥ (m)	مسرح
opéra (m)	ubra (f)	أوبرا
opérette (f)	ubirīt (f)	أوبريت
ballet (m)	balīh (m)	باليه
affiche (f)	mulṣaq (m)	ملصق
troupe (f) de théâtre	firqa (f)	فرقة
tournée (f)	ʒawlat fannānīn (f)	جولة فنّانين
être en tournée	taʒawwal	تجوّل
répéter (vt)	aʒra bruvāt	أجرى بروفات
répétition (f)	brūva (f)	بروفة
répertoire (m)	barnāmaʒ al masraḥ (m)	برنامج المسرح
représentation (f)	adā' fanniy (m)	أداء فنّيّ
spectacle (m)	ʿarḍ masraḥiy (m)	عرض مسرحيّ
pièce (f) de théâtre	masraḥiyya (f)	مسرحيّة
billet (m)	taðkira (f)	تذكرة
billetterie (f pl)	ʃubbāk at taðākir (m)	شبّاك التذاكر
hall (m)	ṣāla (f)	صالة
vestiaire (m)	ɣurfat al maʿāṭif (f)	غرفة المعاطف
jeton (m) de vestiaire	biṭāqat 'īdāʿ al maʿāṭif (f)	بطاقة إيداع المعاطف
jumelles (f pl)	minẓār (m)	منظار
placeur (m)	ḥāʒib (m)	حاجب
parterre (m)	karāsi al urkistra (pl)	كراسي الأوركسترا
balcon (m)	balakūna (f)	بلكونة
premier (m) balcon	ʃurfa (f)	شرفة
loge (f)	lūʒ (m)	لوج
rang (m)	ṣaff (m)	صفّ
place (f)	maqʿad (m)	مقعد
public (m)	ʒumhūr (m)	جمهور
spectateur (m)	muʃāhid (m)	مشاهد
applaudir (vi)	ṣaffaq	صفّق
applaudissements (m pl)	taṣfīq (m)	تصفيق
ovation (f)	taṣfīq ḥārr (m)	تصفيق حارّ
scène (f) (monter sur ~)	χaʃabat al masraḥ (f)	خشبة المسرح
rideau (m)	sitāra (f)	ستارة
décor (m)	dikūr (m)	ديكور
coulisses (f pl)	kawalīs (pl)	كواليس
scène (f) (la dernière ~)	maʃhad (m)	مشهد
acte (m)	faṣl (m)	فصل
entracte (m)	istirāḥa (f)	إستراحة

150. Le cinéma

acteur (m)	mumaθθil (m)	ممثّل
actrice (f)	mumaθθila (f)	ممثّلة
cinéma (m) (industrie)	sinima (f)	سينما
film (m)	film sinimā'iy (m)	فيلم سينمائيّ
épisode (m)	ʒuz' min al film (m)	جزء من الفيلم
film (m) policier	film bulīsiy (m)	فيلم بوليسيّ
film (m) d'action	film ḥaraka (m)	فيلم حركة
film (m) d'aventures	film muɣāmarāt (m)	فيلم مغامرات
film (m) de science-fiction	film χayāl 'ilmiy (m)	فيلم خيال علميّ
film (m) d'horreur	film ru'b (m)	فيلم رعب
comédie (f)	film kumīdiya (f)	فيلم كوميديا
mélodrame (m)	miludrāma (m)	ميلودراما
drame (m)	drāma (f)	دراما
film (m) de fiction	film fanniy (m)	فيلم فنّيّ
documentaire (m)	film waθā'iqiy (m)	فيلم وثائقيّ
dessin (m) animé	film kartūn (m)	فيلم كرتون
cinéma (m) muet	sinima ṣāmita (f)	سينما صامتة
rôle (m)	dawr (m)	دور
rôle (m) principal	dawr ra'īsi (m)	دور رئيسي
jouer (vt)	maθθal	مثّل
vedette (f)	naʒm sinimā'iy (m)	نجم سينمائيّ
connu (adj)	ma'rūf	معروف
célèbre (adj)	maʃhūr	مشهور
populaire (adj)	maḥbūb	محبوب
scénario (m)	sināriyu (m)	سيناريو
scénariste (m)	kātib sināriyu (m)	كاتب سيناريو
metteur (m) en scène	muχriʒ (m)	مخرج
producteur (m)	muntiʒ (m)	منتج
assistant (m)	musā'id (m)	مساعد
opérateur (m)	muṣawwir (m)	مصوّر
cascadeur (m)	mu'addi maʃahid χaṭīra (m)	مؤدّي مشاهد خطيرة
doublure (f)	mumaθθil badīl (m)	ممثّل بديل
tourner un film	ṣawwar film	صوّر فيلمًا
audition (f)	taʒribat adā' (f)	تجربة أداء
tournage (m)	taṣwīr (m)	تصوير
équipe (f) de tournage	ṭāqim al film (m)	طاقم الفيلم
plateau (m) de tournage	mintaqat at taṣwīr (f)	منطقة التصوير
caméra (f)	kamira sinimā'iyya (f)	كاميرا سينمائيّة
cinéma (m)	sinima (f)	سينما
écran (m)	ʃāʃa (f)	شاشة
donner un film	'araḍ film	عرض فيلمًا
piste (f) sonore	musīqa taṣwīriyya (f)	موسيقى تصويريّة
effets (m pl) spéciaux	mu'aθθirāt χāṣṣa (pl)	مؤثّرات خاصّة

sous-titres (m pl)	tarʒamat al ḥiwār (f)	ترجمة الحوار
générique (m)	ʃārat an nihāya (f)	شارة النهاية
traduction (f)	tarʒama (f)	ترجمة

151. La peinture

art (m)	fann (m)	فنّ
beaux-arts (m pl)	funūn ʒamīla (pl)	فنون جميلة
galerie (f) d'art	maʻraḍ fanniy (m)	معرض فنّيّ
exposition (f) d'art	maʻraḍ fanniy (m)	معرض فنّيّ
peinture (f)	taṣwīr (m)	تصوير
graphique (f)	rusūmiyyāt (pl)	رسوميّات
art (m) abstrait	fann taʒrīdiy (m)	فنّ تجريديّ
impressionnisme (m)	al inṭibāʻiyya (f)	الإنطباعيّة
tableau (m)	lawḥa (f)	لوحة
dessin (m)	rasm (m)	رسم
poster (m)	mulṣaq iʻlāniy (m)	ملصق إعلانيّ
illustration (f)	rasm tawḍīḥiy (m)	رسم توضيحيّ
miniature (f)	ṣūra muṣaɣɣara (f)	صورة مصغّرة
copie (f)	nusχa (f)	نسخة
reproduction (f)	nusχa ṭibq al aṣl (f)	نسخة طبق الأصل
mosaïque (f)	fusayfisā' (f)	فسيفساء
vitrail (m)	zuʒāʒ muʻaʃʃaq (m)	زجاج معشّق
fresque (f)	taṣwīr ʒiṣṣiy (m)	تصوير جصّيّ
gravure (f)	naqʃ (m)	نقش
buste (m)	timθāl niṣfiy (m)	تمثال نصفيّ
sculpture (f)	naḥt (m)	نحت
statue (f)	timθāl (m)	تمثال
plâtre (m)	ʒībs (m)	جيبس
en plâtre	min al ʒībs	من الجيبس
portrait (m)	burtrī (m)	بورتريه
autoportrait (m)	burtrīh ðātiy (m)	بورتريه ذاتيّ
paysage (m)	lawḥat manẓar ṭabīʻiy (f)	لوحة منظر طبيعيّ
nature (f) morte	ṭabīʻa ṣāmita (f)	طبيعة صامتة
caricature (f)	ṣūra karikaturiyya (f)	صورة كاريكاتوريّة
croquis (m)	rasm tamhīdiy (m)	رسم تمهيديّ
peinture (f)	lawn (m)	لون
aquarelle (f)	alwān mā'iyya (m)	ألوان مائية
huile (f)	zayt (m)	زيت
crayon (m)	qalam ruṣāṣ (m)	قلم رصاص
encre (f) de Chine	ḥibr hindiy (m)	حبر هنديّ
fusain (m)	faḥm (m)	فحم
dessiner (vi, vt)	rasam	رسم
peindre (vi, vt)	rasam	رسم
poser (vi)	qaʻad	قعد
modèle (m)	mudil ḥay (m)	موديل حيّ

modèle (f)	mudil ḥay (m)	موديل حيّ
peintre (m)	rassām (m)	رسّام
œuvre (f) d'art	'amal fanniy (m)	عمل فنّيّ
chef (m) d'œuvre	tuḥfa fanniyya (f)	تحفة فنية
atelier (m) d'artiste	warʃa (f)	ورشة
toile (f)	kanava (f)	كانفا
chevalet (m)	musnad ar rasm (m)	مسند الرسم
palette (f)	lawḥat al alwān (f)	لوحة الألوان
encadrement (m)	iṭār (m)	إطار
restauration (f)	tarmīm (m)	ترميم
restaurer (vt)	rammam	رمّم

152. La littérature et la poésie

littérature (f)	adab (m)	أدب
auteur (m) (écrivain)	mu'allif (m)	مؤلّف
pseudonyme (m)	ism musta'ār (m)	إسم مستعار
livre (m)	kitāb (m)	كتاب
volume (m)	muʒallad (m)	مجلّد
table (f) des matières	fihris (m)	فهرس
page (f)	ṣafḥa (f)	صفحة
protagoniste (m)	aʃ ʃaχṣiyya ar ra'īsiyya (f)	الشخصيّة الرئيسيّة
autographe (m)	tawqī' al mu'allif (m)	توقيع المؤلّف
récit (m)	qiṣṣa qaṣīra (f)	قصّة قصيرة
nouvelle (f)	qiṣṣa (f)	قصّة
roman (m)	riwāya (f)	رواية
œuvre (f) littéraire	mu'allif (m)	مؤلّف
fable (f)	ḥikāya (f)	حكاية
roman (m) policier	riwāya bulīsiyya (f)	رواية بوليسيّة
vers (m)	qaṣīda (f)	قصيدة
poésie (f)	ʃi'r (m)	شعر
poème (m)	qaṣīda (f)	قصيدة
poète (m)	ʃā'ir (m)	شاعر
belles-lettres (f pl)	adab ʒamīl (m)	أدب جميل
science-fiction (f)	χayāl 'ilmiy (m)	خيال علميّ
aventures (f pl)	adab al muɣāmarāt (m)	أدب المغامرات
littérature (f) didactique	adab tarbawiy (m)	أدب تربويّ
littérature (f) pour enfants	adab al aṭfāl (m)	أدب الأطفال

153. Le cirque

cirque (m)	sirk (m)	سيرك
chapiteau (m)	sirk mutanaqqil (m)	سيرك متنقّل
programme (m)	barnāmaʒ (m)	برنامج
représentation (f)	adā' fanniy (m)	أداء فنّيّ
numéro (m)	dawr (m)	دور

arène (f)	ḥalbat as sirk (f)	حلبة السيرك
pantomime (f)	'arḍ 'īmā'y (m)	عرض إيمائي
clown (m)	muharriʒ (m)	مهرّج
acrobate (m)	bahlawān (m)	بهلوان
acrobatie (f)	al'āb bahlawāniyya (f)	ألعاب بهلوانيّة
gymnaste (m)	lā'ib ʒumbāz (m)	لاعب جنباز
gymnastique (f)	ʒumbāz (m)	جنباز
salto (m)	ʃaqlaba (f)	شقلبة
hercule (m)	lā'ib riyāḍiy (m)	لاعب رياضيّ
dompteur (m)	murawwiḍ (m)	مروّض
écuyer (m)	fāris (m)	فارس
assistant (m)	musā'id (m)	مساعد
truc (m)	al'āb bahlawāniyya (f)	ألعاب بهلوانيّة
tour (m) de passe-passe	χid'a siḥriyya (f)	خدعة سحريّة
magicien (m)	sāḥir (m)	ساحر
jongleur (m)	bahlawān (m)	بهلوان
jongler (vi)	la'ib bi kurāt 'adīda	لعب بكرات عديدة
dresseur (m)	mudarrib ḥayawānāt (m)	مدرّب حيوانات
dressage (m)	tadrīb al ḥayawānāt (m)	تدريب الحيوانات
dresser (vt)	darrab	درّب

154. La musique

musique (f)	musīqa (f)	موسيقى
musicien (m)	'āzif (m)	عازف
instrument (m) de musique	'āla musiqiyya (f)	آلة موسيقيّة
jouer de ...	'azaf ...	عزف...
guitare (f)	gitār (m)	جيتار
violon (m)	kamān (m)	كمان
violoncelle (m)	tʃīlu (m)	تشيلو
contrebasse (f)	kamān aʒhar (m)	كمان أجهر
harpe (f)	qiθār (m)	قيثار
piano (m)	biānu (m)	بيانو
piano (m) à queue	biānu kibīr (m)	بيانو كبير
orgue (m)	arɣan (m)	أرغن
instruments (m pl) à vent	'ālāt nafχiyya (pl)	آلات نفخيّة
hautbois (m)	ubwa (m)	أوبوا
saxophone (m)	saksufūn (m)	ساكسوفون
clarinette (f)	klarnīt (m)	كلارنيت
flûte (f)	flut (m)	فلوت
trompette (f)	būq (m)	بوق
accordéon (m)	ukurdiūn (m)	أكورديون
tambour (m)	ṭabla (f)	طبلة
duo (m)	θunā'iy (m)	ثنائيّ
trio (m)	θulāθy (m)	ثلاثي

quartette (m)	rubā'iy (m)	رباعيّ
chœur (m)	χūrus (m)	خورس
orchestre (m)	urkistra (f)	أوركسترا
musique (f) pop	musīqa al bub (f)	موسيقى البوب
musique (f) rock	musīqa ar rūk (f)	موسيقى الروك
groupe (m) de rock	firqat ar rūk (f)	فرقة الروك
jazz (m)	ʒāz (m)	جاز
idole (f)	ma'būd (m)	معبود
admirateur (m)	mu'ʒab (m)	معجب
concert (m)	ḥafla mūsiqiyya (f)	حفلة موسيقيّة
symphonie (f)	simfūniyya (f)	سمفونيّة
œuvre (f) musicale	qiṭ'a mūsiqiyya (f)	قطعة موسيقيّة
composer (vt)	allaf	ألّف
chant (m) (~ d'oiseau)	ɣinā' (m)	غناء
chanson (f)	uɣniyya (f)	أغنيّة
mélodie (f)	laḥn (m)	لحن
rythme (m)	'īqā' (m)	إيقاع
blues (m)	musīqa al blūz (f)	موسيقى البلوز
notes (f pl)	nutāt (pl)	نوتات
baguette (f)	'aṣa al mayistru (m)	عصا المايسترو
archet (m)	qaws (m)	قوس
corde (f)	watar (m)	وتر
étui (m)	ʃanṭa (f)	شنطة

Les loisirs. Les voyages

155. Les voyages. Les excursions

tourisme (m)	siyāḥa (f)	سياحة
touriste (m)	sā'iḥ (m)	سائح
voyage (m) (à l'étranger)	riḥla (f)	رحلة
aventure (f)	muɣāmara (f)	مغامرة
voyage (m)	riḥla (f)	رحلة
vacances (f pl)	'uṭla (f)	عطلة
être en vacances	'indahu 'uṭla	عنده عطلة
repos (m) (jours de ~)	istirāḥa (f)	إستراحة
train (m)	qiṭār (m)	قطار
en train	bil qiṭār	بالقطار
avion (m)	ṭā'ira (f)	طائرة
en avion	biṭ ṭā'ira	بالطائرة
en voiture	bis sayyāra	بالسيّارة
en bateau	bis safīna	بالسفينة
bagage (m)	aʃ ʃunaṭ (pl)	الشنط
malle (f)	ḥaqībat safar (f)	حقيبة سفر
chariot (m)	'arabat ʃunaṭ (f)	عربة شنط
passeport (m)	ʒawāz as safar (m)	جواز السفر
visa (m)	ta'ʃīra (f)	تأشيرة
ticket (m)	taðkira (f)	تذكرة
billet (m) d'avion	taðkirat ṭā'ira (f)	تذكرة طائرة
guide (m) (livre)	dalīl (m)	دليل
carte (f)	χarīṭa (f)	خريطة
région (f) (~ rurale)	mintaqa (f)	منطقة
endroit (m)	makān (m)	مكان
exotisme (m)	ɣarāba (f)	غرابة
exotique (adj)	ɣarīb	غريب
étonnant (adj)	mudhiʃ	مدهش
groupe (m)	maʒmū'a (f)	مجموعة
excursion (f)	ʒawla (f)	جولة
guide (m) (personne)	murʃid (m)	مرشد

156. L'hôtel

hôtel (m)	funduq (m)	فندق
motel (m)	mutīl (m)	موتيل
3 étoiles	θalāθat nuʒūm	ثلاثة نجوم

5 étoiles	χamsat nuʒūm	خمسة نجوم
descendre (à l'hôtel)	nazal	نزل
chambre (f)	ɣurfa (f)	غرفة
chambre (f) simple	ɣurfa li ʃaχṣ wāḥid (f)	غرفة لشخص واحد
chambre (f) double	ɣurfa li ʃaχṣayn (f)	غرفة لشخصين
réserver une chambre	ḥaʒaz ɣurfa	حجز غرفة
demi-pension (f)	waʒbitān fil yawm (du)	وجبتان في اليوم
pension (f) complète	θalāθ waʒabāt fil yawm	ثلاث وجبات في اليوم
avec une salle de bain	bi ḥawḍ al istiḥmām	بحوض الإستحمام
avec une douche	bid duʃ	بالدوش
télévision (f) par satellite	tilivizyūn faḍā'iy (m)	تلفزيون فضائيّ
climatiseur (m)	takyīf (m)	تكييف
serviette (f)	fūṭa (f)	فوطة
clé (f)	miftāḥ (m)	مفتاح
administrateur (m)	mudīr (m)	مدير
femme (f) de chambre	ʿāmilat tanẓīf ɣuraf (f)	عاملة تنظيف غرف
porteur (m)	ḥammāl (m)	حمّال
portier (m)	bawwāb (m)	بوّاب
restaurant (m)	maṭʿam (m)	مطعم
bar (m)	bār (m)	بار
petit déjeuner (m)	fuṭūr (m)	فطور
dîner (m)	ʿaʃāʾ (m)	عشاء
buffet (m)	bufīh (m)	بوفيه
hall (m)	radha (f)	ردهة
ascenseur (m)	miṣʿad (m)	مصعد
PRIÈRE DE NE PAS DÉRANGER	ar raʒāʾ ʿadam al izʿāʒ	الرجاء عدم الإزعاج
DÉFENSE DE FUMER	mamnūʿ at tadχīn	ممنوع التدخين

157. Le livre. La lecture

livre (m)	kitāb (m)	كتاب
auteur (m)	mu'allif (m)	مؤلّف
écrivain (m)	kātib (m)	كاتب
écrire (~ un livre)	allaf	ألّف
lecteur (m)	qāriʾ (m)	قارئ
lire (vi, vt)	qaraʾ	قرأ
lecture (f)	qirā'a (f)	قراءة
à part soi	sirran	سرًا
à haute voix	bi ṣawt ʿāli	بصوت عال
éditer (vt)	naʃar	نشر
édition (f) (~ des livres)	naʃr (m)	نشر
éditeur (m)	nāʃir (m)	ناشر
maison (f) d'édition	dār aṭ ṭibāʿa wan naʃr (f)	دار الطباعة والنشر

paraître (livre)	ṣadar	صدر
sortie (f) (~ d'un livre)	ṣudūr (m)	صدور
tirage (m)	'adad an nusaχ (m)	عدد النسخ
librairie (f)	maḥall kutub (m)	محلّ كتب
bibliothèque (f)	maktaba (f)	مكتبة
nouvelle (f)	qiṣṣa (f)	قصّة
récit (m)	qiṣṣa qaṣīra (f)	قصّة قصيرة
roman (m)	riwāya (f)	رواية
roman (m) policier	riwāya bulīsiyya (f)	رواية بوليسيّة
mémoires (m pl)	muðakkirāt (pl)	مذكّرات
légende (f)	usṭūra (f)	أسطورة
mythe (m)	χurāfa (f)	خرافة
vers (m pl)	ʃi'r (m)	شعر
autobiographie (f)	sīrat ḥayāt (f)	سيرة حياة
les œuvres choisies	muχtārāt (pl)	مختارات
science-fiction (f)	χayāl 'ilmiy (m)	خيال علميّ
titre (m)	'unwān (m)	عنوان
introduction (f)	muqaddima (f)	مقدّمة
page (f) de titre	ṣafḥat al 'unwān (f)	صفحة العنوان
chapitre (m)	faṣl (m)	فصل
extrait (m)	qiṭ'a (f)	قطعة
épisode (m)	maʃhad (m)	مشهد
sujet (m)	mawḍū' (m)	موضوع
sommaire (m)	muḥtawayāt (pl)	محتويات
table (f) des matières	fihris (m)	فهرس
protagoniste (m)	aʃ ʃaχṣiyya ar ra'īsiyya (f)	الشخصيّة الرئيسيّة
volume (m)	muʒallad (m)	مجلّد
couverture (f)	ɣilāf (m)	غلاف
reliure (f)	taʒlīd (m)	تجليد
marque-page (m)	ʃarīṭ (m)	شريط
page (f)	ṣafḥa (f)	صفحة
feuilleter (vt)	qallab aṣ ṣafaḥāt	قلّب الصفحات
marges (f pl)	hāmiʃ (m)	هامش
annotation (f)	mulāḥaẓa (f)	ملاحظة
note (f) de bas de page	mulāḥaẓa (f)	ملاحظة
texte (m)	naṣṣ (m)	نصّ
police (f)	naw' al χaṭṭ (m)	نوع الخطّ
faute (f) d'impression	χaṭa' maṭba'iy (m)	خطأ مطبعيّ
traduction (f)	tarʒama (f)	ترجمة
traduire (vt)	tarʒam	ترجم
original (m)	aṣliy (m)	أصليّ
célèbre (adj)	maʃhūr	مشهور
inconnu (adj)	ɣayr ma'rūf	غير معروف
intéressant (adj)	mumti'	ممتع

best-seller (m)	akθar mabīʿan (m)	أكثر مبيعًا
dictionnaire (m)	qāmūs (m)	قاموس
manuel (m)	kitāb taʿlīm (m)	كتاب تعليم
encyclopédie (f)	mawsūʿa (f)	موسوعة

158. La chasse. La péche

chasse (f)	ṣayd (m)	صيد
chasser (vi, vt)	iṣṭād	إصطاد
chasseur (m)	ṣayyād (m)	صيّاد
tirer (vi)	aṭlaq an nār	أطلق النار
fusil (m)	bunduqiyya (f)	بندقيّة
cartouche (f)	ruṣāṣa (f)	رصاصة
grains (m pl) de plomb	raʃʃ (m)	رشّ
piège (m) à mâchoires	maṣyada (f)	مصيدة
piège (m)	faχχ (m)	فخّ
être pris dans un piège	waqaʿ fi faχχ	وقع في فخّ
mettre un piège	naṣab faχχ	نصب فخًا
braconnier (m)	sāriq aṣ ṣayd (m)	سارق الصيد
gibier (m)	ṣayd (m)	صيد
chien (m) de chasse	kalb ṣayd (m)	كلب صيد
safari (m)	safāri (m)	سفاري
animal (m) empaillé	ḥayawān muḥannaṭ (m)	حيوان محنّط
pêcheur (m)	ṣayyād as samak (m)	صيّاد السمك
pêche (f)	ṣayd as samak (m)	صيد السمك
pêcher (vi)	iṣṭād as samak	إصطاد السمك
canne (f) à pêche	ṣannāra (f)	صنّارة
ligne (f) de pêche	χayṭ (m)	خيط
hameçon (m)	ʃaṣṣ aṣ ṣayd (m)	شصّ الصيد
flotteur (m)	ʿawwāma (f)	عوّامة
amorce (f)	ṭuʿm (m)	طعم
lancer la ligne	ṭaraḥ aṣ ṣinnāra	طرح الصنّارة
mordre (vt)	ʿaḍḍ	عضّ
pêche (f) (poisson capturé)	as samak al muṣṭād (m)	السمك المصطاد
trou (m) dans la glace	fatḥa fil ʒalīd (f)	فتحة في الجليد
filet (m)	ʃabakat aṣ ṣayd (f)	شبكة الصيد
barque (f)	markab (m)	مركب
pêcher au filet	iṣṭād biʃ ʃabaka	إصطاد بالشبكة
jeter un filet	rama ʃabaka	رمى شبكة
retirer le filet	aχraʒ ʃabaka	أخرج شبكة
tomber dans le filet	waqaʿ fi ʃabaka	وقع في شبكة
baleinier (m)	ṣayyād al ḥūt (m)	صيّاد الحوت
baleinière (f)	safīnat ṣayd al ḥītān (f)	سفينة صيد الحيتان
harpon (m)	ḥarba (f)	حربة

159. Les jeux. Le billard

billard (m)	bilyārdu (m)	بلياردو
salle (f) de billard	qā'at bilyārdu (m)	قاعة بلياردو
bille (f) de billard	kura (f)	كرة
empocher une bille	aṣqaṭ kura	أصقط كرة
queue (f)	'aṣa bilyardu (f)	عصا بلياردو
poche (f)	ʒayb bilyārdu (m)	جيب بلياردو

160. Les jeux de cartes

carreau (m)	ad dinārīy (m)	الديناريّ
pique (m)	al bastūniy (m)	البستونيّ
cœur (m)	al kūba (f)	الكوبة
trèfle (m)	as sibātiy (m)	السباتيّ
as (m)	'ās (m)	آس
roi (m)	malik (m)	ملك
dame (f)	malika (f)	ملكة
valet (m)	walad (m)	ولد
carte (f)	waraqa (f)	ورقة
jeu (m) de cartes	waraq (m)	ورق
atout (m)	waraqa rābiḥa (f)	ورقة رابحة
paquet (m) de cartes	dasta waraq al la'b (f)	دستة ورق اللعب
point (m)	nuqṭa (f)	نقطة
distribuer (les cartes)	farraq	فرّق
battre les cartes	xallaṭ	خلّط
tour (m) de jouer	dawr (m)	دور
tricheur (m)	muḥtāl fil qimār (m)	محتال في القمار

161. Le casino. La roulette

casino (m)	kazinu (m)	كازينو
roulette (f)	rulīt (m)	روليت
mise (f)	rihān (m)	رهان
miser (vt)	waḍa' ar rihān	وضع الرهان
rouge (m)	aḥmar (m)	أحمر
noir (m)	aswad (m)	أسود
miser sur le rouge	waḍa' ar rihān 'alal aḥmar	وضع الرهان على الأحمر
miser sur le noir	waḍa' ar rihān 'alal aswad	وضع الرهان على الأسود
croupier (m)	muwaẓẓaf nādi al qimār (m)	موظف نادى القمار
faire tourner la roue	dawwar al 'aʒala	دوّر العجلة
règles (f pl) du jeu	qawā'id (pl)	قواعد
fiche (f)	fīʃa (f)	فيشة
gagner (vi, vt)	kasab	كسب
gain (m)	ribḥ (m)	ربح

perdre (vi)	χasir	خسر
perte (f)	χisāra (f)	خسارة
joueur (m)	lā'ib (m)	لاعب
black-jack (m)	blɛkdʒɛk (m)	بلاك جاك
jeu (m) de dés	lu'bat an nard (f)	لعبة النرد
dés (m pl)	zahr an nard (m)	زهر النرد
machine (f) à sous	'ālat qumār (f)	آلة قمار

162. Les loisirs. Les jeux

se promener (vp)	tanazzah	تنزّه
promenade (f)	tanazzuh (m)	تنزّه
promenade (f) (en voiture)	ʒawla bis sayyāra (f)	جولة بالسيّارة
aventure (f)	muɣāmara (f)	مغامرة
pique-nique (m)	nuzha (f)	نزهة
jeu (m)	lu'ba (f)	لعبة
joueur (m)	lā'ib (m)	لاعب
partie (f) (~ de cartes, etc.)	dawr (m)	دور
collectionneur (m)	ʒāmi' (m)	جامع
collectionner (vt)	ʒama'	جمع
collection (f)	maʒmū'a (f)	مجموعة
mots (m pl) croisés	kalimāt mutaqāṭi'a (pl)	كلمات متقاطعة
hippodrome (m)	ḥalbat sibāq al χuyūl (f)	حلبة سباق الخيول
discothèque (f)	disku (m)	ديسكو
sauna (m)	sāuna (f)	ساونا
loterie (f)	yanaṣīb (m)	يانصيب
trekking (m)	riḥlat taχyīm (f)	رحلة تخييم
camp (m)	muχayyam (m)	مخيّم
tente (f)	χayma (f)	خيمة
boussole (f)	būṣila (f)	بوصلة
campeur (m)	muχayyim (m)	مخيّم
regarder (la télé)	ʃāhid	شاهد
téléspectateur (m)	muʃāhid (m)	مشاهد
émission (f) de télé	barnāmaʒ tiliviziyūniy (m)	برنامج تليفزيونيّ

163. La photographie

appareil (m) photo	kamira (f)	كاميرا
photo (f)	ṣūra (f)	صورة
photographe (m)	muṣawwir (m)	مصوّر
studio (m) de photo	istūdiyu taṣwīr (m)	إستوديو تصوير
album (m) de photos	albūm aṣ ṣuwar (m)	ألبوم الصور
objectif (m)	'adasa (f)	عدسة
téléobjectif (m)	'adasa tiliskūpiyya (f)	عدسة تلسكوبيّة

filtre (m)	filtir (m)	فلتر
lentille (f)	ʿadasa (f)	عدسة
optique (f)	aʒhiza baṣariyya (pl)	أجهزة بصريّة
diaphragme (m)	buʾra (f)	بؤرة
temps (m) de pose	muddat at taʿrīḍ (f)	مدّة التعريض
viseur (m)	al ʿayn al fāḥiṣa (f)	العين الفاحصة
appareil (m) photo numérique	kamira raqmiyya (f)	كاميرا رقميّة
trépied (m)	ḥāmil θulāθiy (m)	حامل ثلاثيّ
flash (m)	flāʃ (m)	فلاش
photographier (vt)	ṣawwar	صوّر
prendre en photo	ṣawwar	صوّر
se faire prendre en photo	taṣawwar	تصوّر
mise (f) au point	buʾrat al ʿadasa (f)	بؤرة العدسة
mettre au point	rakkaz	ركّز
net (adj)	wāḍiḥ	واضح
netteté (f)	wuḍūḥ (m)	وضوح
contraste (m)	tabāyun (m)	تباين
contrasté (adj)	mutabāyin	متباين
épreuve (f)	ṣūra (f)	صورة
négatif (m)	ṣūra sāliba (f)	صورة سالبة
pellicule (f)	film (m)	فيلم
image (f)	iṭār (m)	إطار
tirer (des photos)	ṭabaʿ	طبع

164. La plage. La baignade

plage (f)	ʃāṭiʾ (m)	شاطئ
sable (m)	raml (m)	رمل
désert (plage ~e)	mahʒūr	مهجور
bronzage (m)	sumrat al baʃara (f)	سمرة البشرة
se bronzer (vp)	taʃammas	تشمّس
bronzé (adj)	asmar	أسمر
crème (f) solaire	krīm wāqi aʃ ʃams (m)	كريم واقي الشمس
bikini (m)	bikini (m)	بكيني
maillot (m) de bain	libās sibāḥa (m)	لباس سباحة
slip (m) de bain	libās sibāḥa riʒāliy (m)	لباس سباحة رجاليّ
piscine (f)	masbaḥ (m)	مسبح
nager (vi)	sabaḥ	سبح
douche (f)	dūʃ (m)	دوش
se changer (vp)	ɣayyar libāsuh	غيّر لباسه
serviette (f)	fūṭa (f)	فوطة
barque (f)	markab (m)	مركب
canot (m) à moteur	lanʃ (m)	لنش
ski (m) nautique	tazalluʒ ʿalal māʾ (m)	تزلج على الماء

pédalo (m)	ʿaʒala māʾiyya (f)	عجلة مائيّة
surf (m)	rukūb al amwāʒ (m)	ركوب الأمواج
surfeur (m)	rākib al amwāʒ (m)	راكب الأمواج
scaphandre (m) autonome	ʒihāz at tanaffus (m)	جهاز التنفّس
palmes (f pl)	zaʿānif as sibāḥa (pl)	زعانف السباحة
masque (m)	kimāma (f)	كمامة
plongeur (m)	ɣawwāṣ (m)	غوّاص
plonger (vi)	ɣāṣ	غاص
sous l'eau (adv)	taḥt al māʾ	تحت الماء
parasol (m)	ʃamsiyya (f)	شمسيّة
chaise (f) longue	kursiy blāʒ (m)	كرسيّ بلاج
lunettes (f pl) de soleil	naẓẓārat ʃams (f)	نظّارة شمس
matelas (m) pneumatique	martaba hawāʾiyya (f)	مرتبة هوائيّة
jouer (s'amuser)	laʿib	لعب
se baigner (vp)	sabaḥ	سبح
ballon (m) de plage	kura (f)	كرة
gonfler (vt)	nafaχ	نفخ
gonflable (adj)	qābil lin nafχ	قابل للنفخ
vague (f)	mawʒa (f)	موجة
bouée (f)	ʃamandūra (f)	شمندورة
se noyer (vp)	ɣariq	غرق
sauver (vt)	anqað	أنقذ
gilet (m) de sauvetage	sutrat naʒāt (f)	سترة نجاة
observer (vt)	rāqab	راقب
maître nageur (m)	ḥāris ʃāṭiʾ (m)	حارس شاطئ

LE MATÉRIEL TECHNIQUE. LES TRANSPORTS

Le matériel technique

165. L'informatique

ordinateur (m)	kumbyūtir (m)	كمبيوتر
PC (m) portable	kumbyūtir maḥmūl (m)	كمبيوتر محمول
allumer (vt)	ʃaɣɣal	شغّل
éteindre (vt)	aɣlaq	أغلق
clavier (m)	lawḥat al mafātīḥ (f)	لوحة المفاتيح
touche (f)	miftāḥ (m)	مفتاح
souris (f)	fa'ra (f)	فأرة
tapis (m) de souris	wisādat fa'ra (f)	وسادة فأرة
bouton (m)	zirr (m)	زرّ
curseur (m)	mu'aʃʃir (m)	مؤشّر
moniteur (m)	ʃāʃa (f)	شاشة
écran (m)	ʃāʃa (f)	شاشة
disque (m) dur	qurṣ ṣalib (m)	قرص صلب
capacité (f) du disque dur	si'at taχzīn (f)	سعة تخزين
mémoire (f)	ðākira (f)	ذاكرة
mémoire (f) vive	ðākirat al wuṣūl al 'aʃwā'iy (f)	ذاكرة الوصول العشوائيّ
fichier (m)	malaff (m)	ملفّ
dossier (m)	ḥāfiẓa (m)	حافظة
ouvrir (vt)	fataḥ	فتح
fermer (vt)	aɣlaq	أغلق
sauvegarder (vt)	ḥafaẓ	حفظ
supprimer (vt)	masaḥ	مسح
copier (vt)	nasaχ	نسخ
trier (vt)	ṣannaf	صنّف
copier (vt)	naqal	نقل
programme (m)	barnāmaʒ (m)	برنامج
logiciel (m)	barāmiʒ kumbyūtir (pl)	برامج كمبيوتر
programmeur (m)	mubarmiʒ (m)	مبرمج
programmer (vt)	barmaʒ	برمج
hacker (m)	hākir (m)	هاكر
mot (m) de passe	kalimat as sirr (f)	كلمة السرّ
virus (m)	virūs (m)	فيروس
découvrir (détecter)	waʒad	وجد
bit (m)	bayt (m)	بايت

mégabit (m)	miʒabāyt (m)	ميجابايت
données (f pl)	bayānāt (pl)	بيانات
base (f) de données	qa'idat bayānāt (f)	قاعدة بيانات
câble (m)	kābil (m)	كابل
déconnecter (vt)	faṣal	فصل
connecter (vt)	waṣṣal	وصّل

166. L'Internet. Le courrier électronique

Internet (m)	intirnit (m)	إنترنت
navigateur (m)	mutaṣaffiḥ (m)	متصفح
moteur (m) de recherche	muḥarrik baḥθ (m)	محرّك بحث
fournisseur (m) d'accès	ʃarikat al intirnīt (f)	شركة الإنترنيت
administrateur (m) de site	mudīr al mawqi' (m)	مدير الموقع
site (m) web	mawqi' iliktrūniy (m)	موقع إلكتروني
page (f) web	ṣafḥat wīb (f)	صفحة ويب
adresse (f)	'unwān (m)	عنوان
carnet (m) d'adresses	daftar al 'anāwīn (m)	دفتر العناوين
boîte (f) de réception	ṣundūq al barīd (m)	صندوق البريد
courrier (m)	barīd (m)	بريد
pleine (adj)	mumtali'	ممتلىء
message (m)	risāla iliktrūniyya (f)	رسالة إلكترونيّة
messages (pl) entrants	rasa'il wārida (pl)	رسائل واردة
messages (pl) sortants	rasa'il ṣādira (pl)	رسائل صادرة
expéditeur (m)	mursil (m)	مرسل
envoyer (vt)	arsal	أرسل
envoi (m)	irsāl (m)	إرسال
destinataire (m)	mursal ilayh (m)	مرسل إليه
recevoir (vt)	istalam	إستلم
correspondance (f)	murāsala (f)	مراسلة
être en correspondance	tarāsal	تراسل
fichier (m)	malaff (m)	ملفّ
télécharger (vt)	ḥammal	حمّل
créer (vt)	anʃa'	أنشأ
supprimer (vt)	masaḥ	مسح
supprimé (adj)	mamsūḥ	ممسوح
connexion (f) (ADSL, etc.)	ittiṣāl (m)	إتّصال
vitesse (f)	sur'a (f)	سرعة
modem (m)	mudim (m)	مودم
accès (m)	wuṣūl (m)	وصول
port (m)	maχraʒ (m)	مخرج
connexion (f) (établir la ~)	ittiṣāl (m)	إتّصال
se connecter à ...	ittaṣal	إتّصل
sélectionner (vt)	iχtār	إختار
rechercher (vt)	baḥaθ	بحث

167. L'électricité

électricité (f)	kahrabā' (m)	كهرباء
électrique (adj)	kahrabā'iy	كهربائيّ
centrale (f) électrique	maḥaṭṭa kahrabā'iyya (f)	محطّة كهربائيّة
énergie (f)	ṭāqa (f)	طاقة
énergie (f) électrique	ṭāqa kahrabā'iyya (f)	طاقة كهربائيّة
ampoule (f)	lamba (f)	لمبة
torche (f)	kaʃʃāf an nūr (m)	كشّاف النور
réverbère (m)	'amūd an nūr (m)	عمود النور
lumière (f)	nūr (m)	نور
allumer (vt)	fataḥ, ʃaɣɣal	فتح, شغّل
éteindre (vt)	ṭaffa	طفّى
éteindre la lumière	ṭaffa n nūr	طفّى النور
être grillé	inṭafa'	إنطفأ
court-circuit (m)	da'ira kahrabā'iyya qaṣīra (f)	دائرة كهربائية قصيرة
rupture (f)	silk maqṭū' (m)	سلك مقطوع
contact (m)	talāmus (m)	تلامس
interrupteur (m)	miftāḥ an nūr (m)	مفتاح النور
prise (f)	barizat al kahrabā' (f)	بريزة الكهرباء
fiche (f)	fiʃat al kahrabā' (f)	فيشة الكهرباء
rallonge (f)	silk tawṣīl (m)	سلك توصيل
fusible (m)	fāṣima (f)	فاصمة
fil (m)	silk (m)	سلك
installation (f) électrique	aslāk (pl)	أسلاك
ampère (m)	ambīr (m)	أمبير
intensité (f) du courant	ʃiddat at tayyār al kahrabā'iy (f)	شدّة التيّار الكهربائيّ
volt (m)	vūlt (m)	فولت
tension (f)	ʒuhd kahrabā'iy (m)	جهد كهربائيّ
appareil (m) électrique	ʒihāz kahrabā'iy (m)	جهاز كهربائيّ
indicateur (m)	mu'aʃʃir (m)	مؤشّر
électricien (m)	kahrabā'iy (m)	كهربائيّ
souder (vt)	laḥam	لحم
fer (m) à souder	adāt laḥm (f)	أداة لحم
courant (m)	tayyār kahrabā'iy (m)	تيّار كهربائيّ

168. Les outils

outil (m)	adāt (f)	أداة
outils (m pl)	adawāt (pl)	أدوات
équipement (m)	mu'addāt (pl)	معدّات
marteau (m)	miṭraqa (f)	مطرقة
tournevis (m)	mifakk (m)	مفكّ

hache (f)	fa's (m)	فأس
scie (f)	minʃār (m)	منشار
scier (vt)	naʃar	نشر
rabot (m)	masḥāʒ (m)	مسحج
raboter (vt)	saḥaʒ	سحج
fer (m) à souder	adāt laḥm (f)	أداة لحم
souder (vt)	laḥam	لحم
lime (f)	mibrad (m)	مبرد
tenailles (f pl)	kammāʃa (f)	كمّاشة
pince (f) plate	zardiyya (f)	زرديّة
ciseau (m)	izmīl (m)	إزميل
foret (m)	luqmat θaqb (m)	لقمة ثقب
perceuse (f)	miθqab (m)	مثقب
percer (vt)	θaqab	ثقب
couteau (m)	sikkīn (m)	سكّين
canif (m)	sikkīn ʒayb (m)	سكّين جيب
lame (f)	ʃafra (f)	شفرة
bien affilé (adj)	ḥādd	حادّ
émoussé (adj)	θālim	ثالم
s'émousser (vp)	taθallam	تثلّم
affiler (vt)	ʃaḥað	شحذ
boulon (m)	mismār qalāwūz (m)	مسمار قلاووظ
écrou (m)	ṣamūla (f)	صامولة
filetage (m)	naẓm (m)	نظم
vis (f) à bois	qalāwūz (m)	قلاووظ
clou (m)	mismār (m)	مسمار
tête (f) de clou	ra's al mismār (m)	رأس المسمار
règle (f)	masṭara (f)	مسطرة
mètre (m) à ruban	ʃarīṭ al qiyās (m)	شريط القياس
niveau (m) à bulle	mīzān al mā' (m)	ميزان الماء
loupe (f)	'adasa mukabbira (f)	عدسة مكبّرة
appareil (m) de mesure	ʒihāz qiyās (m)	جهاز قياس
mesurer (vt)	qās	قاس
échelle (f) (~ métrique)	miqyās (m)	مقياس
relevé (m)	qirā'a (f)	قراءة
compresseur (m)	ḍāɣiṭ al ɣāz (m)	ضاغط الغاز
microscope (m)	mikruskūb (m)	ميكروسكوب
pompe (f)	ṭulumba (f)	طلمبة
robot (m)	rūbut (m)	روبوت
laser (m)	layzir (m)	ليزر
clé (f) de serrage	miftāḥ aṣ ṣawāmīl (m)	مفتاح الصواميل
ruban (m) adhésif	lazq (m)	لزق
colle (f)	ṣamɣ (m)	صمغ
papier (m) d'émeri	waraq ṣanfara (m)	ورق صنفرة
ressort (m)	sūsta (f)	سوستة

aimant (m)	miɣnaṭīs (m)	مغنطيس
gants (m pl)	quffāz (m)	قفّاز
corde (f)	ḥabl (m)	حبل
cordon (m)	ḥabl (m)	حبل
fil (m) (~ électrique)	silk (m)	سلك
câble (m)	kābil (m)	كابل
masse (f)	mirzaba (f)	مرزبة
pic (m)	ʿatala (f)	عتلة
escabeau (m)	sullam (m)	سلّم
échelle (f) double	sullam (m)	سلّم
visser (vt)	aḥkam aʃ ʃadd	أحكم الشدّ
dévisser (vt)	fataḥ	فتح
serrer (vt)	kamaʃ	كمش
coller (vt)	alṣaq	ألصق
couper (vt)	qaṭaʿ	قطع
défaut (m)	taʿaṭṭul (m)	تعطّل
réparation (f)	iṣlāḥ (m)	إصلاح
réparer (vt)	aṣlaḥ	أصلح
régler (vt)	ḍabaṭ	ضبط
vérifier (vt)	iχtabar	إختبر
vérification (f)	faḥṣ (m)	فحص
relevé (m)	qirāʾa (f)	قراءة
fiable (machine ~)	matīn	متين
complexe (adj)	murakkab	مركّب
rouiller (vi)	ṣadiʾ	صدئ
rouillé (adj)	ṣadīʾ	صديء
rouille (f)	ṣadaʾ (m)	صدأ

Les transports

169. L'avion

avion (m)	ṭā'ira (f)	طائرة
billet (m) d'avion	taðkirat ṭā'ira (f)	تذكرة طائرة
compagnie (f) aérienne	ʃarikat ṭayarān (f)	شركة طيران
aéroport (m)	maṭār (m)	مطار
supersonique (adj)	χāriq liṣ ṣawt	خارق للصوت
commandant (m) de bord	qā'id aṭ ṭā'ira (m)	قائد الطائرة
équipage (m)	ṭāqim (m)	طاقم
pilote (m)	ṭayyār (m)	طيّار
hôtesse (f) de l'air	muḍīfat ṭayarān (f)	مضيفة طيران
navigateur (m)	mallāḥ (m)	ملّاح
ailes (f pl)	aʒniḥa (pl)	أجنحة
queue (f)	ðayl (m)	ذيل
cabine (f)	kabīna (f)	كابينة
moteur (m)	mutūr (m)	موتور
train (m) d'atterrissage	ʿaʒalāt al hubūṭ (pl)	عجلات الهبوط
turbine (f)	turbīna (f)	تربينة
hélice (f)	mirwaḥa (f)	مروحة
boîte (f) noire	musaʒʒil aṭ ṭayarān (m)	مسجّل الطيران
gouvernail (m)	ʿaʒalat qiyāda (f)	عجلة قيادة
carburant (m)	wuqūd (m)	وقود
consigne (f) de sécurité	biṭāqat as salāma (f)	بطاقة السلامة
masque (m) à oxygène	qināʿ uksiʒīn (m)	قناع أوكسيجين
uniforme (m)	libās muwaḥḥad (m)	لباس موحّد
gilet (m) de sauvetage	sutrat naʒāt (f)	سترة نجاة
parachute (m)	miẓallat hubūṭ (f)	مظلّة هبوط
décollage (m)	iqlāʿ (m)	إقلاع
décoller (vi)	aqlaʿat	أقلعت
piste (f) de décollage	madraʒ aṭ ṭā'irāt (m)	مدرج الطائرات
visibilité (f)	ru'ya (f)	رؤية
vol (m) (~ d'oiseau)	ṭayarān (m)	طيران
altitude (f)	irtifāʿ (m)	إرتفاع
trou (m) d'air	ʒayb hawā'iy (m)	جيب هوائيّ
place (f)	maqʿad (m)	مقعد
écouteurs (m pl)	sammāʿāt ra'siya (pl)	سمّاعات رأسيّة
tablette (f)	ṣīniyya qābila liṭ ṭayy (f)	صينية قابلة للطيّ
hublot (m)	ʃubbāk aṭ ṭā'ira (m)	شبّاك الطائرة
couloir (m)	mamarr (m)	ممرّ

170. Le train

train (m)	qiṭār (m)	قطار
train (m) de banlieue	qiṭār (m)	قطار
TGV (m)	qiṭār sarīʿ (m)	قطار سريع
locomotive (f) diesel	qāṭirat dīzil (f)	قاطرة ديزل
locomotive (f) à vapeur	qāṭira buҳāriyya (f)	قاطرة بخاريّة
wagon (m)	ʿaraba (f)	عربة
wagon-restaurant (m)	ʿarabat al maṭʿam (f)	عربة المطعم
rails (m pl)	quḍubān (pl)	قضبان
chemin (m) de fer	sikka ḥadīdiyya (f)	سكّة حديديّة
traverse (f)	ʿāriḍa (f)	عارضة
quai (m)	raṣīf (m)	رصيف
voie (f)	ҳaṭṭ (m)	خطّ
sémaphore (m)	simafūr (m)	سيمافور
station (f)	maḥaṭṭa (f)	محطّة
conducteur (m) de train	sāʾiq (m)	سائق
porteur (m)	ḥammāl (m)	حمّال
steward (m)	masʾūl ʿarabat al qiṭār (m)	مسؤول عربة القطار
passager (m)	rākib (m)	راكب
contrôleur (m) de billets	kamsariy (m)	كمسريّ
couloir (m)	mamarr (m)	ممرّ
frein (m) d'urgence	farāmil aṭ ṭawāriʾ (pl)	فرامل الطوارئ
compartiment (m)	ɣurfa (f)	غرفة
couchette (f)	sarīr (m)	سرير
couchette (f) d'en haut	sarīr ʿulwiy (m)	سرير علويّ
couchette (f) d'en bas	sarīr sufliy (m)	سرير سفليّ
linge (m) de lit	aɣṭiyat as sarīr (pl)	أغطية السرير
ticket (m)	taðkira (f)	تذكرة
horaire (m)	ʒadwal (m)	جدول
tableau (m) d'informations	lawḥat maʿlūmāt (f)	لوحة معلومات
partir (vi)	ɣādar	غادر
départ (m) (du train)	muɣādara (f)	مغادرة
arriver (le train)	waṣal	وصل
arrivée (f)	wuṣūl (m)	وصول
arriver en train	waṣal bil qiṭār	وصل بالقطار
prendre le train	rakib al qiṭār	ركب القطار
descendre du train	nazil min al qiṭār	نزل من القطار
accident (m) ferroviaire	ḥiṭām qiṭār (m)	حطام قطار
dérailler (vi)	ҳaraʒ ʿan ҳaṭṭ sayrih	خرج عن خطّ سيره
locomotive (f) à vapeur	qāṭira buҳāriyya (f)	قاطرة بخاريّة
chauffeur (m)	ʿaṭaʃʒiy (m)	عطشجيّ
chauffe (f)	furn al muḥarrik (m)	فرن المحرّك
charbon (m)	faḥm (m)	فحم

171. Le bateau

bateau (m)	safīna (f)	سفينة
navire (m)	safīna (f)	سفينة
bateau (m) à vapeur	bāχira (f)	باخرة
paquebot (m)	bāχira nahriyya (f)	باخرة نهريّة
bateau (m) de croisière	bāχira siyaḥiyya (f)	باخرة سياحيّة
croiseur (m)	ṭarrād (m)	طرّاد
yacht (m)	yaχt (m)	يخت
remorqueur (m)	qāṭira (f)	قاطرة
péniche (f)	ṣandal (m)	صندل
ferry (m)	ʿabbāra (f)	عبّارة
voilier (m)	safīna ʃirāʿiyya (m)	سفينة شراعيّة
brigantin (m)	markab ʃirāʿiy (m)	مركب شراعيّ
brise-glace (m)	muḥaṭṭimat ʒalīd (f)	محطّمة جليد
sous-marin (m)	ɣawwāṣa (f)	غوّاصة
canot (m) à rames	markab (m)	مركب
dinghy (m)	zawraq (m)	زورق
canot (m) de sauvetage	qārib naʒāt (m)	قارب نجاة
canot (m) à moteur	lanʃ (m)	لنش
capitaine (m)	qubṭān (m)	قبطان
matelot (m)	baḥḥār (m)	بحّار
marin (m)	baḥḥār (m)	بحّار
équipage (m)	ṭāqim (m)	طاقم
maître (m) d'équipage	raʾīs al baḥḥāra (m)	رئيس البحّارة
mousse (m)	ṣabiy as safīna (m)	صبي السفينة
cuisinier (m) du bord	ṭabbāχ (m)	طبّاخ
médecin (m) de bord	ṭabīb as safīna (m)	طبيب السفينة
pont (m)	saṭḥ as safīna (m)	سطح السفينة
mât (m)	sāriya (f)	سارية
voile (f)	ʃirāʿ (m)	شراع
cale (f)	ʿambar (m)	عنبر
proue (f)	muqaddama (m)	مقدّمة
poupe (f)	muʾaχirat as safīna (f)	مؤخّرة السفينة
rame (f)	miʒðāf (m)	مجذاف
hélice (f)	mirwaḥa (f)	مروحة
cabine (f)	kabīna (f)	كابينة
carré (m) des officiers	ɣurfat al istirāḥa (f)	غرفة الإستراحة
salle (f) des machines	qism al ʾālāt (m)	قسم الآلات
passerelle (f)	burʒ al qiyāda (m)	برج القيادة
cabine (f) de T.S.F.	ɣurfat al lāsilkiy (f)	غرفة اللاسلكيّ
onde (f)	mawʒa (f)	موجة
journal (m) de bord	siʒil as safīna (m)	سجل السفينة
longue-vue (f)	minẓār (m)	منظار
cloche (f)	ʒaras (m)	جرس

pavillon (m)	ʿalam (m)	علم
grosse corde (f) tressée	ḥabl (m)	حبل
nœud (m) marin	ʿuqda (f)	عقدة
rampe (f)	drabizīn (m)	درابزين
passerelle (f)	sullam (m)	سلّم
ancre (f)	mirsāt (f)	مرساة
lever l'ancre	rafaʿ mirsāt	رفع مرساة
jeter l'ancre	rasa	رسا
chaîne (f) d'ancrage	silsilat mirsāt (f)	سلسلة مرساة
port (m)	mīnāʾ (m)	ميناء
embarcadère (m)	marsa (m)	مرسى
accoster (vi)	rasa	رسا
larguer les amarres	aqlaʿ	أقلع
voyage (m) (à l'étranger)	riḥla (f)	رحلة
croisière (f)	riḥla baḥriyya (f)	رحلة بحرية
cap (m) (suivre un ~)	masār (m)	مسار
itinéraire (m)	ṭarīq (m)	طريق
chenal (m)	maʒra milāḥiy (m)	مجرى ملاحيّ
bas-fond (m)	miyāh ḍaḥla (f)	مياه ضحلة
échouer sur un bas-fond	ʒanaḥ	جنح
tempête (f)	ʿāṣifa (f)	عاصفة
signal (m)	iʃāra (f)	إشارة
sombrer (vi)	ɣariq	غرق
Un homme à la mer!	saqaṭ raʒul min as safīna!	سقط رجل من السفينة!
SOS (m)	nidāʾ iɣāθa (m)	نداء إغاثة
bouée (f) de sauvetage	ṭawq naʒāt (m)	طوق نجاة

172. L'aéroport

aéroport (m)	maṭār (m)	مطار
avion (m)	ṭāʾira (f)	طائرة
compagnie (f) aérienne	ʃarikat ṭayarān (f)	شركة طيران
contrôleur (m) aérien	marāqib al ḥaraka al ʒawwiyya (pl)	مراقب الحركة الجويّة
départ (m)	muɣādara (f)	مغادرة
arrivée (f)	wuṣūl (m)	وصول
arriver (par avion)	waṣal	وصل
temps (m) de départ	waqt al muɣādara (m)	وقت المغادرة
temps (m) d'arrivée	waqt al wuṣūl (m)	وقت الوصول
être retardé	taʾaχχar	تأخّر
retard (m) de l'avion	taʾaχχur ar riḥla (m)	تأخّر الرحلة
tableau (m) d'informations	lawḥat al maʿlūmāt (f)	لوحة المعلومات
information (f)	istiʿlāmāt (pl)	إستعلامات
annoncer (vt)	aʿlan	أعلن

vol (m)	riḥla (f)	رحلة
douane (f)	ʒamārik (pl)	جمارك
douanier (m)	muwaẓẓaf al ʒamārik (m)	موظّف الجمارك
déclaration (f) de douane	taṣrīḥ ʒumrukiy (m)	تصريح جمركيّ
remplir (vt)	mala'	ملأ
remplir la déclaration	mala' at taṣrīḥ	ملأ التصريح
contrôle (m) de passeport	taftīʃ al ʒawāzāt (m)	تفتيش الجوازات
bagage (m)	aʃ ʃunaṭ (pl)	الشنط
bagage (m) à main	ʃunaṭ al yad (pl)	شنط اليد
chariot (m)	ʻarabat ʃunaṭ (f)	عربة شنط
atterrissage (m)	hubūṭ (m)	هبوط
piste (f) d'atterrissage	mamarr al hubūṭ (m)	ممرّ الهبوط
atterrir (vi)	habaṭ	هبط
escalier (m) d'avion	sullam aṭ ṭā'ira (m)	سلّم الطائرة
enregistrement (m)	tasʒīl (m)	تسجيل
comptoir (m) d'enregistrement	makān at tasʒīl (m)	مكان التسجيل
s'enregistrer (vp)	saʒʒal	سجّل
carte (f) d'embarquement	biṭāqat ṣuʻūd (f)	بطاقة صعود
porte (f) d'embarquement	bawwābat al muɣādara (f)	بوّابة المغادرة
transit (m)	tranzīt (m)	ترانزيت
attendre (vt)	inṭazar	إنتظر
salle (f) d'attente	qāʻat al muɣādara (f)	قاعة المغادرة
raccompagner (à l'aéroport, etc.)	waddaʻ	ودّع
dire au revoir	waddaʻ	ودّع

173. Le vélo. La moto

vélo (m)	darrāʒa (f)	درّاجة
scooter (m)	skutir (m)	سكوتر
moto (f)	darrāʒa nāriyya (f)	درّاجة ناريّة
faire du vélo	rakib ad darrāʒa	ركب الدرّاجة
guidon (m)	miqwad (m)	مقود
pédale (f)	dawwāsa (f)	دوّاسة
freins (m pl)	farāmil (pl)	فرامل
selle (f)	maqʻad (m)	مقعد
pompe (f)	ṭulumba (f)	طلمبة
porte-bagages (m)	raff al amtiʻa (m)	رفّ الأمتعة
phare (m)	miṣbāḥ (m)	مصباح
casque (m)	χūða (f)	خوذة
roue (f)	ʻaʒala (f)	عجلة
garde-boue (m)	rafraf (m)	رفرف
jante (f)	iṭār (m)	إطار
rayon (m)	barmaq al ʻaʒala (m)	برمق العجلة

La voiture

174. Les différents types de voiture

automobile (f)	sayyāra (f)	سيّارة
voiture (f) de sport	sayyāra riyāḍiyya (f)	سيّارة رياضيّة
limousine (f)	limuzīn (m)	ليموزين
tout-terrain (m)	sayyārat ṭuruq waʿra (f)	سيارة طرق وعرة
cabriolet (m)	kabriulīh (m)	كابريوليه
minibus (m)	mikrubāṣ (m)	ميكروباص
ambulance (f)	isʿāf (m)	إسعاف
chasse-neige (m)	ʒarrāfat θalʒ (f)	جرّافة ثلج
camion (m)	ʃāḥina (f)	شاحنة
camion-citerne (m)	nāqilat bitrūl (f)	ناقلة بترول
fourgon (m)	ʿarabat naql (f)	عربة نقل
tracteur (m) routier	ʒarrār (m)	جرّار
remorque (f)	maqṭūra (f)	مقطورة
confortable (adj)	murīḥ	مريح
d'occasion (adj)	mustaʿmal	مستعمل

175. La voiture. La carrosserie

capot (m)	kabbūt (m)	كبّوت
aile (f)	rafraf (m)	رفرف
toit (m)	saqf (m)	سقف
pare-brise (m)	zuʒāʒ amāmiy (m)	زجاج أماميّ
rétroviseur (m)	mirʾāt dāχiliyya (f)	مرآة داخليّة
lave-glace (m)	munaẓẓif az zuʒāʒ (m)	منظّف الزجاج
essuie-glace (m)	massāḥāt (pl)	مسّاحات
fenêtre (f) latéral	zuʒāʒ ʒānibiy (m)	زجاج جانبيّ
lève-glace (m)	mākina zuʒāʒ (f)	ماكينة زجاج
antenne (f)	hawāʾiy (m)	هوائيّ
toit (m) ouvrant	nāfiðat as saqf (f)	نافذة السقف
pare-chocs (m)	miṣadd as sayyāra (m)	مصدّ السيارة
coffre (m)	ṣundūq as sayyāra (m)	صندوق السيّارة
galerie (f) de toit	raff saqf as sayyāra (m)	رفّ سقف السيّارة
portière (f)	bāb (m)	باب
poignée (f)	ukrat al bāb (f)	أوكرة الباب
serrure (f)	qifl al bāb (m)	قفل الباب
plaque (f) d'immatriculation	lawḥat raqm as sayyāra (f)	لوحة رقم السيارة
silencieux (m)	kātim aṣ ṣawt (m)	كاتم الصوت

réservoir (m) d'essence	χazzān al banzīn (m)	خزّان البنزين
pot (m) d'échappement	umbūb al ʿādim (m)	أنبوب العادم
accélérateur (m)	ɣāz (m)	غاز
pédale (f)	dawwāsa (f)	دوّاسة
pédale (f) d'accélérateur	dawwāsat al wuqūd (f)	دوّاسة الوقود
frein (m)	farāmil (pl)	فرامل
pédale (f) de frein	dawwāsat al farāmil (m)	دوّاسة الفرامل
freiner (vi)	farmal	فرمل
frein (m) à main	farmalat al yad (f)	فرملة اليد
embrayage (m)	taʿʃīq (m)	تعشيق
pédale (f) d'embrayage	dawwāsat at taʿʃīq (f)	دوّاسة التعشيق
disque (m) d'embrayage	qurṣ at taʿʃīq (m)	قرص التعشيق
amortisseur (m)	mumtaṣṣ liṣ ṣadamāt (m)	ممتصّ الصدمات
roue (f)	ʿaʒala (f)	عجلة
roue (f) de rechange	ʿaʒala iḥtiyāṭiyya (f)	عجلة احتياطيّة
pneu (m)	iṭār (m)	إطار
enjoliveur (m)	ɣitāʾ miḥwar al ʿaʒala (m)	غطاء محور العجلة
roues (f pl) motrices	ʿaʒalāt al qiyāda (pl)	عجلات القيادة
à traction avant	dafʿ amāmiy (m)	دفع أماميّ
à traction arrière	dafʿ χalfiy (m)	دفع خلفيّ
à traction intégrale	dafʿ rubāʿiy (m)	دفع رباعيّ
boîte (f) de vitesses	ṣundūq at turūs (m)	صندوق التروس
automatique (adj)	utumatīkiy	أوتوماتيكيّ
mécanique (adj)	yadawiy	يدويّ
levier (m) de vitesse	nāqil as surʿa (m)	ناقل السرعة
phare (m)	al miṣbāḥ al amāmiy (m)	المصباح الأماميّ
feux (m pl)	al maṣābīḥ al amāmiyya (pl)	المصابيح الأماميّة
feux (m pl) de croisement	al anwār al munχafiḍa (pl)	الأنوار المنخفضة
feux (m pl) de route	al anwār al ʿāliya (m)	الأنوار العالية
feux (m pl) stop	ḍūʾ al farāmil (m)	ضوء الفرامل
feux (m pl) de position	aḍwāʾ ʒānibiyya (pl)	أضواء جانبيّة
feux (m pl) de détresse	aḍwāʾ at taḥðīr (pl)	أضواء التحذير
feux (m pl) de brouillard	aḍwāʾ aḍ ḍabāb (pl)	أضواء الضباب
clignotant (m)	iʃārat al inʿiṭāf (f)	إشارة الإنعطاف
feux (m pl) de recul	miṣbāh ar ruʒūʿ lil χalf (m)	مصباح الرجوع للخلف

176. La voiture. L'habitacle

habitacle (m)	ṣālūn as sayyāra (m)	صالون السيّارة
en cuir (adj)	min al ʒild	من الجلد
en velours (adj)	min al muχmal	من المخمل
revêtement (m)	tanʒīd (m)	تنجيد
instrument (m)	ʒihāz (m)	جهاز
tableau (m) de bord	lawḥat at taḥakkum (f)	لوحة التحكم

indicateur (m) de vitesse	ʻaddād surʻa (m)	عدّاد سرعة
aiguille (f)	mu'aʃʃir (m)	مؤشّر
compteur (m) de kilomètres	ʻaddād al masāfāt (m)	عدّاد المسافات
indicateur (m)	ʻaddād (m)	عدّاد
niveau (m)	mustawa (m)	مستوى
témoin (m)	lammbat inðār (f)	لمبة إنذار
volant (m)	miqwad (m)	مقود
klaxon (m)	zāmūr (m)	زامور
bouton (m)	zirr (m)	زرّ
interrupteur (m)	nāqil, miftāḥ (m)	ناقل, مفتاح
siège (m)	maqʻad (m)	مقعد
dossier (m)	misnad aẓ ẓahr (m)	مسند الظهر
appui-tête (m)	masnad ar ra's (m)	مسند الرأس
ceinture (f) de sécurité	ḥizām al amn (m)	حزام الأمن
mettre la ceinture	rabaṭ al ḥizām	ربط الحزام
réglage (m)	ḍabṭ (m)	ضبط
airbag (m)	wisāda hawā'iyya (f)	وسادة هوائيّة
climatiseur (m)	takyīf (m)	تكييف
radio (f)	iðāʻa (f)	إذاعة
lecteur (m) de CD	muʃaɣɣil sidi (m)	مشغّل سي دي
allumer (vt)	fataḥ, ʃaɣɣal	فتح, شغّل
antenne (f)	hawā'iy (m)	هوائيّ
boîte (f) à gants	durʒ (m)	درج
cendrier (m)	ṭaqṭūqa (f)	طقطوقة

177. La voiture. Le moteur

moteur (m)	muḥarrik (m)	محرّك
moteur (m)	mutūr (m)	موتور
diesel (adj)	dīzil	ديزل
à essence (adj)	ʻalal banzīn	على البنزين
capacité (f) du moteur	siʻat al muḥarrik (f)	سعة المحرّك
puissance (f)	qudra (f)	قدرة
cheval-vapeur (m)	ḥiṣān (m)	حصان
piston (m)	mikbas (m)	مكبس
cylindre (m)	usṭuwāna (f)	أسطوانة
soupape (f)	ṣimām (m)	صمام
injecteur (m)	ʒihāz baxxāx (f)	جهاز بخّاخ
générateur (m)	muwallid (m)	مولّد
carburateur (m)	karburātir (m)	كاربراتير
huile (f) moteur	zayt al muḥarrik (m)	زيت المحرّك
radiateur (m)	mubarrid al muḥarrik (m)	مبرّد المحرّك
liquide (m) de refroidissement	mādda mubarrida (f)	مادّة مبرّدة
ventilateur (m)	mirwaḥa (f)	مروحة
batterie (f)	baṭṭāriyya (f)	بطّاريّة
starter (m)	miftāḥ at taʃɣīl (m)	مفتاح التشغيل

allumage (m)	niẓām taʃɣīl (m)	نظام تشغيل
bougie (f) d'allumage	ʃam'at al iḥtirāq (f)	شمعة الاحتراق
borne (f)	ṭaraf tawṣīl (m)	طرف توصيل
borne (f) positive	ṭaraf mūʒab (m)	طرف موجب
borne (f) négative	ṭaraf sālib (m)	طرف سالب
fusible (m)	fāṣima (f)	فاصمة
filtre (m) à air	miṣfāt al hawā' (f)	مصفاة الهواء
filtre (m) à huile	miṣfāt az zayt (f)	مصفاة الزيت
filtre (m) à essence	miṣfāt al banzīn (f)	مصفاة البنزين

178. La voiture. La réparation

accident (m) de voiture	ḥādiθ sayyāra (f)	حادث سيّارة
accident (m) de route	ḥādiθ murūriy (m)	حادث مروريّ
percuter contre ...	iṣṭadam	إصطدم
s'écraser (vp)	taḥaṭṭam	تحطّم
dégât (m)	χasāra (f)	خسارة
intact (adj)	salīm	سليم
tomber en panne	ta'aṭṭal	تعطّل
corde (f) de remorquage	ḥabl as saḥb (m)	حبل السحب
crevaison (f)	θuqb (m)	ثقب
crever (vi) (pneu)	faʃʃ	فشّ
gonfler (vt)	nafaχ	نفخ
pression (f)	ḍaɣṭ (m)	ضغط
vérifier (vt)	iχtabar	إختبر
réparation (f)	iṣlāḥ (m)	إصلاح
garage (m) (atelier)	warʃat iṣlāḥ as sayyārāt (f)	ورشة إصلاح السيّارات
pièce (f) détachée	qiṭ'at ɣiyār (f)	قطعة غيار
pièce (f)	qiṭ'a (f)	قطعة
boulon (m)	mismār qalāwūz (m)	مسمار قلاووظ
vis (f)	burɣiy (m)	برغيّ
écrou (m)	ṣamūla (f)	صامولة
rondelle (f)	ḥalqa (f)	حلقة
palier (m)	maḥmal (m)	محمل
tuyau (m)	umbūba (f)	أنبوبة
joint (m)	'azaqa (f)	عزقة
fil (m)	silk (m)	سلك
cric (m)	rāfi'at sayyāra (f)	رافعة سيّارة
clé (f) de serrage	miftāḥ aṣ ṣawāmīl (m)	مفتاح الصواميل
marteau (m)	miṭraqa (f)	مطرقة
pompe (f)	ṭulumba (f)	طلمبة
tournevis (m)	mifakk (m)	مفكّ
extincteur (m)	miṭfa'at ḥarīq (f)	مطفأة حريق
triangle (m) de signalisation	muθallaθ taḥðīr (m)	مثلّث تحذير
caler (vi)	tawaqqaf	توقّف

calage (m)	tawaqquf (m)	توقّف
être en panne	kān maksūran	كان مكسورًا
surchauffer (vi)	saχan bi ʃidda	سخن بشدّة
se boucher (vp)	kān masdūdan	كان مسدودًا
geler (vi)	taʒammad	تجمّد
éclater (tuyau, etc.)	infaʒar	إنفجر
pression (f)	ḍaɣṭ (m)	ضغط
niveau (m)	mustawa (m)	مستوى
lâche (courroie ~)	ḍaʿīf	ضعيف
fosse (f)	baʿʒa (f)	بعجة
bruit (m) anormal	daqq (m)	دقّ
fissure (f)	ʃaqq (m)	شقّ
égratignure (f)	χadʃ (m)	خدش

179. La voiture. La route

route (f)	ṭarīq (m)	طريق
grande route (autoroute)	ṭarīq sarīʿ (m)	طريق سريع
autoroute (f)	ṭarīq sarīʿ (m)	طريق سريع
direction (f)	ittiʒāh (m)	إتّجاه
distance (f)	masāfa (f)	مسافة
pont (m)	ʒisr (m)	جسر
parking (m)	mawqif as sayyārāt (m)	موقف السيّارات
place (f)	maydān (m)	ميدان
échangeur (m)	taqāṭuʿ ṭuruq (m)	تقاطع طرق
tunnel (m)	nafaq (m)	نفق
station-service (f)	maḥaṭṭat banzīn (f)	محطّة بنزين
parking (m)	mawqif as sayyārāt (m)	موقف السيّارات
poste (m) d'essence	miḍaχχat banzīn (f)	مضخّة بنزين
garage (m) (atelier)	warʃat iṣlāḥ as sayyārāt (f)	ورشة إصلاح السيّارات
se ravitailler (vp)	mala' bil wuqūd	ملأ بالوقود
carburant (m)	wuqūd (m)	وقود
jerrycan (m)	ʒirikan (m)	جركن
asphalte (m)	asfalt (m)	أسفلت
marquage (m)	ʿalāmāt aṭ ṭarīq (pl)	علامات الطريق
bordure (f)	ḥāffat ar raṣīf (f)	حافّة الرصيف
barrière (f) de sécurité	sūr (m)	سور
fossé (m)	qanāt (f)	قناة
bas-côté (m)	ḥāffat aṭ ṭarīq (f)	حافّة الطريق
réverbère (m)	ʿamūd nūr (m)	عمود نور
conduire (une voiture)	sāq	ساق
tourner (~ à gauche)	inʿaṭaf	إنعطف
faire un demi-tour	istadār lil χalf	إستدار للخلف
marche (f) arrière	ḥaraka ilal warā' (f)	حركة إلى الوراء
klaxonner (vi)	zammar	زمّر
coup (m) de klaxon	ṣawṭ az zāmūr (m)	صوت الزامور

s'embourber (vp)	waḥil	وحل
déraper (vi)	dawwar al ʿaʒala	دوّر العجلة
couper (le moteur)	awqaf	أوقف
vitesse (f)	surʿa (f)	سرعة
dépasser la vitesse	taʒāwaz as surʿa al quṣwa	تجاوز السرعة القصوى
mettre une amende	faraḍ ɣarāma	فرض غرامة
feux (m pl) de circulation	iʃārāt al murūr (pl)	إشارات المرور
permis (m) de conduire	ruχṣat al qiyāda (f)	رخصة قيادة
passage (m) à niveau	maʿbar (m)	معبر
carrefour (m)	taqāṭuʿ (m)	تقاطع
passage (m) piéton	maʿbar al muʃāt (m)	معبر المشاة
virage (m)	munʿaṭif (m)	منعطف
zone (f) piétonne	makān muχaṣṣaṣ lil muʃāt (f)	مكان مخصّص للمشاة

180. Les panneaux de signalisation

code (m) de la route	qawāʿid al murūr (pl)	قواعد المرور
signe (m)	ʿalāma (f)	علامة
dépassement (m)	taʒāwuz (m)	تجاوز
virage (m)	munʿaṭif (m)	منعطف
demi-tour (m)	dawarān lil χalf (m)	دوران للخلف
sens (m) giratoire	dawarān murūriy (m)	دوران مروري
sens interdit	mamnūʿ ad duχūl	ممنوع الدخول
circulation interdite	mamnūʿ murūr as sayyārāt	ممنوع مرور السيارات
interdiction de dépasser	mamnūʿ at taʒāwuz	ممنوع التجاوز
stationnement interdit	mamnūʿ al wuqūf	ممنوع الوقوف
arrêt interdit	mamnūʿ al wuqūf	ممنوع الوقوف
virage dangereux	munʿaṭaf χaṭir (m)	منعطف خطر
descente dangereuse	munḥadar χaṭar (m)	منحدر خطر
sens unique	ṭarīq ittiʒāh wāḥid (m)	طريق إتّجاه واحد
passage (m) piéton	maʿbar al muʃāt (m)	معبر المشاة
chaussée glissante	ṭarīq zaliq (m)	طريق زلق
cédez le passage	iʃārat waḍʿiyyat tark al awlawiyya	إشارة وضعيّة ترك الأولويّة

LES GENS. LES ÉVÉNEMENTS

Les grands événements de la vie

181. Les fêtes et les événements

fête (f)	ʿīd (m)	عيد
fête (f) nationale	ʿīd waṭaniy (m)	عيد وطنيّ
jour (m) férié	yawm al ʿuṭla ar rasmiyya (m)	يوم العطلة الرسمية
fêter (vt)	iḥtafal	إحتفل
événement (m) (~ du jour)	ḥadaθ (m)	حدث
événement (m) (soirée, etc.)	munasaba (f)	مناسبة
banquet (m)	walīma (f)	وليمة
réception (f)	ḥaflat istiqbāl (f)	حفلة إستقبال
festin (m)	walīma (f)	وليمة
anniversaire (m)	ðikra sanawiyya (f)	ذكرى سنويّة
jubilé (m)	yubīl (m)	يوبيل
célébrer (vt)	iḥtafal	إحتفل
Nouvel An (m)	ra's as sana (m)	رأس السنة
Bonne année!	kull sana wa anta ṭayyib!	كلّ سنة وأنت طيّب!
Père Noël (m)	baba nuwīl (m)	بابا نويل
Noël (m)	ʿīd al mīlād (m)	عيد الميلاد
Joyeux Noël!	ʿīd mīlād saʿīd!	عيد ميلاد سعيد!
arbre (m) de Noël	ʃaʒarat ra's as sana (f)	شجرة رأس السنة
feux (m pl) d'artifice	alʿāb nāriyya (pl)	ألعاب ناريّة
mariage (m)	zifāf (m)	زفاف
fiancé (m)	ʿarīs (m)	عريس
fiancée (f)	ʿarūsa (f)	عروسة
inviter (vt)	daʿa	دعا
lettre (f) d'invitation	biṭāqat daʿwa (f)	بطاقة دعوة
invité (m)	ḍayf (m)	ضيف
visiter (~ les amis)	zār	زار
accueillir les invités	istaqbal aḍ ḍuyūf	إستقبل الضيوف
cadeau (m)	hadiyya (f)	هديّة
offrir (un cadeau)	qaddam	قدّم
recevoir des cadeaux	istalam al hadāya	إستلم الهدايا
bouquet (m)	bāqat zuhūr (f)	باقة زهور
félicitations (f pl)	tahnī'a (f)	تهنئة
féliciter (vt)	hanna'	هنّأ
carte (f) de veux	biṭāqat tahnī'a (f)	بطاقة تهنئة

envoyer une carte	arsal biṭāqat tahni'a	أرسل بطاقة تهنئة
recevoir une carte	istalam biṭāqat tahnī'a	إستلم بطاقة تهنئة
toast (m)	naχb (m)	نخب
offrir (un verre, etc.)	ḍayyaf	ضيّف
champagne (m)	ʃambāniya (f)	شمبانيا
s'amuser (vp)	istamtaʿ	إستمتع
gaieté (f)	faraḥ (m)	فرح
joie (f) (émotion)	saʿāda (f)	سعادة
danse (f)	rāqiṣa (f)	رقصة
danser (vi, vt)	raqaṣ	رقص
valse (f)	vāls (m)	فالس
tango (m)	tāngu (m)	تانجو

182. L'enterrement. Le deuil

cimetière (m)	maqbara (f)	مقبرة
tombe (f)	qabr (m)	قبر
croix (f)	ṣalīb (m)	صليب
pierre (f) tombale	ʃāhid al qabr (m)	شاهد القبر
clôture (f)	sūr (m)	سور
chapelle (f)	kanīsa saɣīra (f)	كنيسة صغيرة
mort (f)	mawt (m)	موت
mourir (vi)	māt	مات
défunt (m)	al mutawaffi (m)	المتوفّي
deuil (m)	ḥidād (m)	حداد
enterrer (vt)	dafan	دفن
maison (f) funéraire	bayt al ʒanāzāt (m)	بيت الجنازات
enterrement (m)	ʒanāza (f)	جنازة
couronne (f)	iklīl (m)	إكليل
cercueil (m)	tābūt (m)	تابوت
corbillard (m)	sayyārat naql al mawta (f)	سيّارة نقل الموتى
linceul (m)	kafan (m)	كفن
cortège (m) funèbre	ʒanāza (f)	جنازة
urne (f) funéraire	qārūra li ḥifẓ ramād al mawta (f)	قارورة لحفظ رماد الموتى
crématoire (m)	maḥraqat ʒuθaθ al mawta (f)	محرقة جثث الموتى
nécrologue (m)	naʿiy (m)	نعيّ
pleurer (vi)	baka	بكى
sangloter (vi)	naḥab	نحب

183. La guerre. Les soldats

section (f)	faṣīla (f)	فصيلة
compagnie (f)	sariyya (f)	سريّة

régiment (m)	fawʒ (m)	فوج
armée (f)	ʒayʃ (m)	جيش
division (f)	firqa (f)	فرقة
détachement (m)	waḥda (f)	وحدة
armée (f) (Moyen Âge)	ʒayʃ (m)	جيش
soldat (m) (un militaire)	ʒundiy (m)	جنديّ
officier (m)	ḍābiṭ (m)	ضابط
soldat (m) (grade)	ʒundiy (m)	جنديّ
sergent (m)	raqīb (m)	رقيب
lieutenant (m)	mulāzim (m)	ملازم
capitaine (m)	naqīb (m)	نقيب
commandant (m)	rā'id (m)	رائد
colonel (m)	'aqīd (m)	عقيد
général (m)	ʒinirāl (m)	جنرال
marin (m)	baḥḥār (m)	بحّار
capitaine (m)	qubṭān (m)	قبطان
maître (m) d'équipage	ra'īs al baḥḥāra (m)	رئيس البحّارة
artilleur (m)	madfa'iy (m)	مدفعيّ
parachutiste (m)	ʒundiy al maẓallāt (m)	جنديّ المظلّلات
pilote (m)	ṭayyār (m)	طيّار
navigateur (m)	mallāḥ (m)	ملّاح
mécanicien (m)	mikanīkiy (m)	ميكانيكيّ
démineur (m)	muhandis 'askariy (m)	مهندس عسكريّ
parachutiste (m)	miẓalliy (m)	مظلّيّ
éclaireur (m)	mustakʃif (m)	مستكشف
tireur (m) d'élite	qannāṣ (m)	قنّاص
patrouille (f)	dawriyya (f)	دوريّة
patrouiller (vi)	qām bi dawriyya	قام بدوريّة
sentinelle (f)	ḥāris (m)	حارس
guerrier (m)	muḥārib (m)	محارب
patriote (m)	waṭaniy (m)	وطنيّ
héros (m)	baṭal (m)	بطل
héroïne (f)	baṭala (f)	بطلة
traître (m)	χā'in (m)	خائن
trahir (vt)	χān	خان
déserteur (m)	hārib min al ʒayʃ (m)	هارب من الجيش
déserter (vt)	harab min al ʒayʃ	هرب من الجيش
mercenaire (m)	ma'ʒūr (m)	مأجور
recrue (f)	ʒundiy ʒadīd (m)	جنديّ جديد
volontaire (m)	mutaṭawwi' (m)	متطوّع
mort (m)	qatīl (m)	قتيل
blessé (m)	ʒarīḥ (m)	جريح
prisonnier (m) de guerre	asīr (m)	أسير

184. La guerre. Partie 1

guerre (f)	ḥarb (f)	حرب
faire la guerre	ḥārab	حارب
guerre (f) civile	ḥarb ahliyya (f)	حرب أهليّة
perfidement (adv)	ɣadran	غدرًا
déclaration (f) de guerre	i'lān ḥarb (m)	إعلان حرب
déclarer (la guerre)	a'lan	أعلن
agression (f)	'udwān (m)	عدوان
attaquer (~ un pays)	haʒam	هجم
envahir (vt)	iḥtall	إحتلّ
envahisseur (m)	muḥtall (m)	محتلّ
conquérant (m)	fātiḥ (m)	فاتح
défense (f)	difā' (m)	دفاع
défendre (vt)	dāfa'	دافع
se défendre (vp)	dāfa' 'an nafsih	دافع عن نفسه
ennemi (m)	'aduww (m)	عدوّ
adversaire (m)	χaṣm (m)	خصم
ennemi (adj) (territoire ~)	'aduww	عدوّ
stratégie (f)	istratiʒiyya (f)	إستراتيجيّة
tactique (f)	taktīk (m)	تكتيك
ordre (m)	amr (m)	أمر
commande (f)	amr (m)	أمر
ordonner (vt)	amar	أمر
mission (f)	muhimma (f)	مهمّة
secret (adj)	sirriy	سرّيّ
bataille (f)	ma'raka (f)	معركة
combat (m)	qitāl (m)	قتال
attaque (f)	huʒūm (m)	هجوم
assaut (m)	inqiḍāḍ (m)	إنقضاض
prendre d'assaut	inqaḍḍ	إنقضّ
siège (m)	ḥiṣār (m)	حصار
offensive (f)	huʒūm (m)	هجوم
passer à l'offensive	haʒam	هجم
retraite (f)	insiḥāb (m)	إنسحاب
faire retraite	insaḥab	إنسحب
encerclement (m)	iḥāṭa (f)	إحاطة
encercler (vt)	aḥāṭ	أحاط
bombardement (m)	qaṣf (m)	قصف
lancer une bombe	asqaṭ qumbula	أسقط قنبلة
bombarder (vt)	qaṣaf	قصف
explosion (f)	infiʒār (m)	إنفجار
coup (m) de feu	ṭalaqa (f)	طلقة

tirer un coup de feu	aṭlaq an nār	أطلق النار
fusillade (f)	iṭlāq an nār (m)	إطلاق النار
viser ... (cible)	ṣawwab	صوّب
pointer (sur ...)	ṣawwab	صوّب
atteindre (cible)	aṣāb al hadaf	أصاب الهدف
faire sombrer	aɣraq	أغرق
trou (m) (dans un bateau)	θuqb (m)	ثقب
sombrer (navire)	ɣariq	غرق
front (m)	ʒabha (f)	جبهة
évacuation (f)	iχlā' aṭ ṭawāri' (m)	إخلاء الطوارئ
évacuer (vt)	aχla	أخلى
tranchée (f)	χandaq (m)	خندق
barbelés (m pl)	aslāk ʃā'ika (pl)	أسلاك شائكة
barrage (m) (~ antichar)	ḥāʒiz (m)	حاجز
tour (f) de guet	burʒ muraqaba (m)	برج مراقبة
hôpital (m)	mustaʃfa 'askariy (m)	مستشفى عسكريّ
blesser (vt)	ʒaraḥ	جرح
blessure (f)	ʒurḥ (m)	جرح
blessé (m)	ʒarīḥ (m)	جريح
être blessé	uṣīb bil ʒirāḥ	أصيب بالجراح
grave (blessure)	χaṭīr	خطير

185. La guerre. Partie 2

captivité (f)	asr (m)	أسر
captiver (vt)	asar	أسر
être prisonnier	kān asīran	كان أسيرًا
être fait prisonnier	waqa' fil asr	وقع في الأسر
camp (m) de concentration	mu'askar i'tiqāl (m)	معسكر إعتقال
prisonnier (m) de guerre	asīr (m)	أسير
s'enfuir (vp)	harab	هرب
trahir (vt)	χān	خان
traître (m)	χā'in (m)	خائن
trahison (f)	χiyāna (f)	خيانة
fusiller (vt)	a'dam ramyan bir raṣāṣ	أعدم رميًا بالرصاص
fusillade (f) (exécution)	i'dām ramyan bir raṣāṣ (m)	إعدام رميًا بالرصاص
équipement (m) (uniforme, etc.)	al 'itād al 'askariy (m)	العتاد العسكريّ
épaulette (f)	katāfa (f)	كتافة
masque (m) à gaz	qinā' al ɣāz (m)	قناع الغاز
émetteur (m) radio	ʒihāz lāsilkiy (m)	جهاز لاسلكيّ
chiffre (m) (code)	ʃifra (f)	شفرة
conspiration (f)	sirriyya (f)	سرّيّة
mot (m) de passe	kalimat al murūr (f)	كلمة مرور

mine (f) terrestre	laɣm (m)	لغم
miner (poser des mines)	laɣɣam	لغّم
champ (m) de mines	ḥaql alɣām (m)	حقل ألغام
alerte (f) aérienne	inðār ʒawwiy (m)	إنذار جوّي
signal (m) d'alarme	inðār (m)	إنذار
signal (m)	iʃāra (f)	إشارة
fusée signal (f)	iʃāra muḍī'a (f)	إشارة مضيئة
état-major (m)	maqarr (m)	مقرّ
reconnaissance (f)	kaʃʃāfat al istiṭlā' (f)	كشّافة الإستطلاع
situation (f)	waḍ' (m)	وضع
rapport (m)	taqrīr (m)	تقرير
embuscade (f)	kamīn (m)	كمين
renfort (m)	imdādāt 'askariyya (pl)	إمدادات عسكريّة
cible (f)	hadaf (m)	هدف
polygone (m)	ḥaql taʒārib (m)	حقل تجارب
manœuvres (f pl)	munāwarāt 'askariyya (pl)	مناورات عسكريّة
panique (f)	ðu'r (m)	ذعر
dévastation (f)	damār (m)	دمار
destructions (f pl) (ruines)	ḥiṭām (pl)	حطام
détruire (vt)	dammar	دمّر
survivre (vi)	naʒa	نجا
désarmer (vt)	ʒarrad min as silāḥ	جرّد من السلاح
manier (une arme)	ista'mal	إستعمل
Garde-à-vous! Fixe!	intibāh!	إنتباه!
Repos!	istariḥ!	إسترح!
exploit (m)	ma'θara (f)	مأثرة
serment (m)	qasam (m)	قسم
jurer (de faire qch)	aqsam	أقسم
décoration (f)	wisām (m)	وسام
décorer (de la médaille)	manaḥ	منح
médaille (f)	midāliyya (f)	ميداليّة
ordre (m) (~ du Mérite)	wisām 'askariy (m)	وسام عسكريّ
victoire (f)	intiṣār - fawz (m)	إنتصار, فوز
défaite (f)	hazīma (f)	هزيمة
armistice (m)	hudna (f)	هدنة
drapeau (m)	rāyat al ma'raka (f)	راية المعركة
gloire (f)	maʒd (m)	مجد
défilé (m)	isti'rāḍ 'askariy (m)	إستعراض عسكريّ
marcher (défiler)	sār	سار

186. Les armes

arme (f)	asliḥa (pl)	أسلحة
armes (f pl) à feu	asliḥa nāriyya (pl)	أسلحة ناريّة

armes (f pl) blanches	asliḥa bayḍā' (pl)	أسلحة بيضاء
arme (f) chimique	asliḥa kīmyā'iyya (pl)	أسلحة كيميائيّة
nucléaire (adj)	nawawiy	نوويّ
arme (f) nucléaire	asliḥa nawawiyya (pl)	أسلحة نوويّة
bombe (f)	qumbula (f)	قنبلة
bombe (f) atomique	qumbula nawawiyya (f)	قنبلة نوويّة
pistolet (m)	musaddas (m)	مسدّس
fusil (m)	bunduqiyya (f)	بندقيّة
mitraillette (f)	bunduqiyya huʒūmiyya (f)	بندقيّة هجوميّة
mitrailleuse (f)	raʃʃāʃ (m)	رشّاش
bouche (f)	fūha (f)	فوهة
canon (m)	sabṭāna (f)	سبطانة
calibre (m)	ʿiyār (m)	عيار
gâchette (f)	zinād (m)	زناد
mire (f)	muṣawwib (m)	مصوّب
magasin (m)	maχzan (m)	مخزن
crosse (f)	ʿaqab al bunduqiyya (m)	عقب البندقيّة
grenade (f) à main	qumbula yadawiyya (f)	قنبلة يدويّة
explosif (m)	mawādd mutafaʒʒira (pl)	موادّ متفجّرة
balle (f)	ruṣāṣa (f)	رصاصة
cartouche (f)	χarṭūʃa (f)	خرطوشة
charge (f)	ḥaʃwa (f)	حشوة
munitions (f pl)	ðaχā'ir (pl)	ذخائر
bombardier (m)	qāðifat qanābil (f)	قاذفة قنابل
avion (m) de chasse	ṭā'ira muqātila (f)	طائرة مقاتلة
hélicoptère (m)	hiliukūbtir (m)	هليكوبتر
pièce (f) de D.C.A.	madfaθ muḍādd liṭ ṭa'irāṭ (m)	مدفع مضادّ للطائرات
char (m)	dabbāba (f)	دبّابة
canon (m) d'un char	madfaʿ ad dabbāba (m)	مدفع الدبّابة
artillerie (f)	madfaʿiyya (f)	مدفعيّة
canon (m)	madfaʿ (m)	مدفع
pointer (~ l'arme)	ṣawwab	صوّب
obus (m)	qaðīfa (f)	قذيفة
obus (m) de mortier	qumbula hāwun (f)	قنبلة هاون
mortier (m)	hāwun (m)	هاون
éclat (m) d'obus	ʃaẓiyya (f)	شظيّة
sous-marin (m)	ɣawwāṣa (f)	غوّاصة
torpille (f)	ṭurbīd (m)	طوربيد
missile (m)	ṣārūχ (m)	صاروخ
charger (arme)	ḥaʃa	حشا
tirer (vi)	aṭlaq an nār	أطلق النار
viser ... (cible)	ṣawwab	صوّب
baïonnette (f)	ḥarba (f)	حربة
épée (f)	ʃīʃ (m)	شيش

sabre (m)	sayf munḥani (m)	سيف منحن
lance (f)	rumḥ (m)	رمح
arc (m)	qaws (m)	قوس
flèche (f)	sahm (m)	سهم
mousquet (m)	muskīt (m)	مسكيت
arbalète (f)	qaws mustaʿraḍ (m)	قوس مستعرض

187. Les hommes préhistoriques

primitif (adj)	bidā'iy	بدائيّ
préhistorique (adj)	ma qabl at tarīχ	ما قبل التاريخ
ancien (adj)	qadīm	قديم
Âge (m) de pierre	al ʿaṣr al ḥaʒariy (m)	العصر الحجريّ
Âge (m) de bronze	al ʿaṣr al brunziy (m)	العصر البرونزيّ
période (f) glaciaire	al ʿaṣr al ʒalīdiy (m)	العصر الجليديّ
tribu (f)	qabīla (f)	قبيلة
cannibale (m)	'ākil laḥm al baʃar (m)	آكل لحم البشر
chasseur (m)	ṣayyād (m)	صيّاد
chasser (vi, vt)	iṣṭād	إصطاد
mammouth (m)	mamūθ (m)	ماموث
caverne (f)	kahf (m)	كهف
feu (m)	nār (f)	نار
feu (m) de bois	nār muχayyam (m)	نار مخيّم
dessin (m) rupestre	rasm fil kahf (m)	رسم في الكهف
outil (m)	adāt (f)	أداة
lance (f)	rumḥ (m)	رمح
hache (f) en pierre	fa's ḥaʒariy (m)	فأس حجريّ
faire la guerre	ḥārab	حارب
domestiquer (vt)	daʒʒan	دجّن
idole (f)	ṣanam (m)	صنم
adorer, vénérer (vt)	ʿabad	عبد
superstition (f)	χurāfa (f)	خرافة
rite (m)	mansak (m)	منسك
évolution (f)	taṭawwur (m)	تطوّر
développement (m)	numuww (m)	نموّ
disparition (f)	iχtifā' (m)	إختفاء
s'adapter (vp)	takayyaf	تكيّف
archéologie (f)	ʿilm al 'āθār (m)	علم الآثار
archéologue (m)	ʿālim'āθār (m)	عالم آثار
archéologique (adj)	aθariy	أثري
site (m) d'excavation	mawqiʿ ḥafr (m)	موقع حفر
fouilles (f pl)	tanqīb (m)	تنقيب
trouvaille (f)	iktiʃāf (m)	إكتشاف
fragment (m)	qiṭʿa (f)	قطعة

188. Le Moyen Âge

peuple (m)	ʃa'b (m)	شعب
peuples (m pl)	ʃu'ūb (pl)	شعوب
tribu (f)	qabīla (f)	قبيلة
tribus (f pl)	qabā'il (pl)	قبائل
Barbares (m pl)	al barābira (pl)	البرابرة
Gaulois (m pl)	al ɣalyūn (pl)	الغاليون
Goths (m pl)	al qūṭiyyūn (pl)	القوطيّون
Slaves (m pl)	as silāf (pl)	السلاف
Vikings (m pl)	al vaykinɣ (pl)	الفايكينغ
Romains (m pl)	ar rūmān (pl)	الرومان
romain (adj)	rumāniy	رومانيّ
byzantins (m pl)	bizanṭiyyūn (pl)	بيزنطيّون
Byzance (f)	bīzanṭa (f)	بيزنطة
byzantin (adj)	bizanṭiy	بيزنطيّ
empereur (m)	imbiraṭūr (m)	إمبراطور
chef (m)	za'īm (m)	زعيم
puissant (adj)	qawiy	قويّ
roi (m)	malik (m)	ملك
gouverneur (m)	ḥākim (m)	حاكم
chevalier (m)	fāris (m)	فارس
féodal (m)	iqṭā'iy (m)	إقطاعيّ
féodal (adj)	iqṭā'iy	إقطاعيّ
vassal (m)	muqṭa' (m)	مقطع
duc (m)	dūq (m)	دوق
comte (m)	īrl (m)	إيرل
baron (m)	barūn (m)	بارون
évêque (m)	usquf (m)	أسقف
armure (f)	dir' (m)	درع
bouclier (m)	turs (m)	ترس
glaive (m)	sayf (m)	سيف
visière (f)	ḥāffa amāmiyya lil χūða (f)	حافّة أماميّة للخوذة
cotte (f) de mailles	dir' az zarad (m)	درع الزرد
croisade (f)	ḥamla ṣalībiyya (f)	حملة صليبيّة
croisé (m)	ṣalībiy (m)	صليبيّ
territoire (m)	arḍ (f)	أرض
attaquer (~ un pays)	haʒam	هجم
conquérir (vt)	fataḥ	فتح
occuper (envahir)	iḥtall	إحتلّ
siège (m)	ḥiṣār (m)	حصار
assiégé (adj)	muḥāṣar	محاصر
assiéger (vt)	ḥāṣar	حاصر
inquisition (f)	maḥākim at taftīʃ (pl)	محاكم التفتيش
inquisiteur (m)	mufattiʃ (m)	مفتّش

torture (f)	ta'ðīb (m)	تعذيب
cruel (adj)	qās	قاس
hérétique (m)	harṭūqiy (m)	هرطوقيّ
hérésie (f)	harṭaqa (f)	هرطقة
navigation (f) en mer	as safar bil baḥr (m)	السفر بالبحر
pirate (m)	qurṣān (m)	قرصان
piraterie (f)	qarṣana (f)	قرصنة
abordage (m)	muhāʒmat safīna (f)	مهاجمة سفينة
butin (m)	ɣanīma (f)	غنيمة
trésor (m)	kunūz (pl)	كنوز
découverte (f)	iktiʃāf (m)	إكتشاف
découvrir (vt)	iktaʃaf	إكتشف
expédition (f)	ba'θa (f)	بعثة
mousquetaire (m)	fāris (m)	فارس
cardinal (m)	kardināl (m)	كاردينال
héraldique (f)	ʃi'ārāt an nabāla (pl)	شعارات النبالة
héraldique (adj)	χāṣṣ bi ʃi'ārāt an nabāla	خاصّ بشعارات النبالة

189. Les dirigeants. Les responsables. Les autorités

roi (m)	malik (m)	ملك
reine (f)	malika (f)	ملكة
royal (adj)	malakiy	ملكيّ
royaume (m)	mamlaka (f)	مملكة
prince (m)	amīr (m)	أمير
princesse (f)	amīra (f)	أميرة
président (m)	ra'īs (m)	رئيس
vice-président (m)	nā'ib ar ra'īs (m)	نائب الرئيس
sénateur (m)	'uḍw maʒlis aʃ ʃuyūχ (m)	عضو مجلس الشيوخ
monarque (m)	'āhil (m)	عاهل
gouverneur (m)	ḥākim (m)	حاكم
dictateur (m)	diktatūr (m)	ديكتاتور
tyran (m)	ṭāɣiya (f)	طاغية
magnat (m)	ra'smāliy kabīr (m)	رأسمالي كبير
directeur (m)	mudīr (m)	مدير
chef (m)	ra'īs (m)	رئيس
gérant (m)	mudīr (m)	مدير
boss (m)	ra'īs (m), mudīr (m)	رئيس, مدير
patron (m)	ṣāḥib (m)	صاحب
leader (m)	za'īm (m)	زعيم
chef (m) (~ d'une délégation)	ra'īs (m)	رئيس
autorités (f pl)	sulutāt (pl)	سلطات
supérieurs (m pl)	ru'asā' (pl)	رؤساء
gouverneur (m)	muḥāfiẓ (m)	محافظ
consul (m)	qunṣul (m)	قنصل

diplomate (m)	diblumāsiy (m)	دبلوماسيّ
maire (m)	ra'īs al baladiyya (m)	رئيس البلديّة
shérif (m)	ʃarīf (m)	شريف
empereur (m)	imbiraṭūr (m)	إمبراطور
tsar (m)	qayṣar (m)	قيصر
pharaon (m)	fir'awn (m)	فرعون
khan (m)	χān (m)	خان

190. L'itinéraire. La direction. Le chemin

route (f)	ṭarīq (m)	طريق
voie (f)	ṭarīq (m)	طريق
autoroute (f)	ṭarīq sarī' (m)	طريق سريع
grande route (autoroute)	ṭarīq sarī' (m)	طريق سريع
route (f) nationale	ṭarīq waṭaniy (m)	طريق وطنيّ
route (f) principale	ṭarīq ra'īsiy (m)	طريق رئيسيّ
route (f) de campagne	ṭarīq turābiy (m)	طريق ترابيّ
chemin (m) (sentier)	mamarr (m)	ممرّ
sentier (m)	mamarr (m)	ممرّ
Où?	ayna?	أين؟
Où? (~ vas-tu?)	ila ayna?	إلى أين؟
D'où?	min ayna?	من أين؟
direction (f)	ittiʒāh (m)	إتّجاه
indiquer (le chemin)	aʃār	أشار
à gauche (tournez ~)	ilaʃ ʃimāl	إلى الشمال
à droite (tournez ~)	ilal yamīn	إلى اليمين
tout droit (adv)	ilal amām	إلى الأمام
en arrière (adv)	ilal warā'	إلى الوراء
virage (m)	mun'aṭif (m)	منعطف
tourner (~ à gauche)	in'aṭaf	إنعطف
faire un demi-tour	istadār lil χalf	إستدار للخلف
se dessiner (vp)	ẓahar	ظهر
apparaître (vi)	ẓahar	ظهر
halte (f)	istirāḥa (f)	إستراحة
se reposer (vp)	istarāḥ	إستراح
repos (m)	istirāḥa (f)	إستراحة
s'égarer (vp)	tāh	تاه
mener à ... (le chemin)	adda ila ...	أدّى إلى...
arriver à ...	waṣal ila ...	وصل إلى...
tronçon (m) (de chemin)	imtidād (m)	إمتداد
asphalte (m)	asfalt (m)	اسفلت
bordure (f)	ḥāffat ar raṣīf (f)	حافّة الرصيف

fossé (m)	xandaq (m)	خندق
bouche (f) d'égout	fatḥat ad duxūl (f)	فتحة الدخول
bas-côté (m)	ḥāffat aṭ ṭarīq (f)	حافّة الطريق
nid-de-poule (m)	ḥufra (f)	حفرة
aller (à pied)	maʃa	مشى
dépasser (vt)	laḥiq bi	لحق بـ
pas (m)	xaṭwa (f)	خطوة
à pied	māʃiyan	ماشيًا
barrer (vt)	sadd	سدّ
barrière (f)	ḥāʒiz ṭarīq (m)	حاجز طريق
impasse (f)	ṭarīq masdūd (m)	طريق مسدود

191. Les crimes. Les criminels. Partie 1

bandit (m)	qāṭiʿ ṭarīq (m)	قاطع طريق
crime (m)	ʒarīma (f)	جريمة
criminel (m)	muʒrim (m)	مجرم
voleur (m)	sāriq (m)	سارق
voler (qch à qn)	saraq	سرق
vol (m)	sirqa (f)	سرقة
kidnapper (vt)	xaṭaf	خطف
kidnapping (m)	xaṭf (m)	خطف
kidnappeur (m)	xāṭif (m)	خاطف
rançon (f)	fidya (f)	فدية
exiger une rançon	ṭalab fidya	طلب فدية
cambrioler (vt)	nahab	نهب
cambriolage (m)	nahb (m)	نهب
cambrioleur (m)	nahhāb (m)	نهّاب
extorquer (vt)	balṭaʒ	بلطج
extorqueur (m)	balṭaʒiy (m)	بلطجيّ
extorsion (f)	balṭaʒa (f)	بلطجة
tuer (vt)	qatal	قتل
meurtre (m)	qatl (m)	قتل
meurtrier (m)	qātil (m)	قاتل
coup (m) de feu	ṭalaqat nār (f)	طلقة نار
tirer un coup de feu	aṭlaq an nār	أطلق النار
abattre (par balle)	qatal bir ruṣāṣ	قتل بالرصاص
tirer (vi)	aṭlaq an nār	أطلق النار
coups (m pl) de feu	iṭlāq an nār (m)	إطلاق النار
incident (m)	ḥādiθ (m)	حادث
bagarre (f)	ʿirāk (m)	عراك
Au secours!	sāʿidni	ساعدني!
victime (f)	ḍaḥiyya (f)	ضحيّة

endommager (vt)	atlaf	أتلف
dommage (m)	χasāra (f)	خسارة
cadavre (m)	ʒuθθa (f)	جثّة
grave (~ crime)	ʿanīf	عنيف
attaquer (vt)	haʒam	هجم
battre (frapper)	ḍarab	ضرب
passer à tabac	ḍarab	ضرب
prendre (voler)	salab	سلب
poignarder (vt)	ṭaʿan ḥatta al mawt	طعن حتّى الموت
mutiler (vt)	ʃawwah	شوّه
blesser (vt)	ʒaraḥ	جرح
chantage (m)	balṭaʒa (f)	بلطجة
faire chanter	ibtazz	إبتزّ
maître (m) chanteur	mubtazz (m)	مبتزّ
racket (m) de protection	naṣb (m)	نصب
racketteur (m)	naṣṣāb (m)	نصّاب
gangster (m)	raʒul ʿiṣāba (m)	رجل عصابة
mafia (f)	māfia (f)	مافيا
pickpocket (m)	naʃʃāl (m)	نشّال
cambrioleur (m)	liṣṣ buyūt (m)	لصّ بيوت
contrebande (f) (trafic)	tahrīb (m)	تهريب
contrebandier (m)	muharrib (m)	مهرّب
contrefaçon (f)	tazwīr (m)	تزوير
falsifier (vt)	zawwar	زوّر
faux (falsifié)	muzawwar	مزوّر

192. Les crimes. Les criminels. Partie 2

viol (m)	iɣtiṣāb (m)	إغتصاب
violer (vt)	iɣtaṣab	إغتصب
violeur (m)	muɣtaṣib (m)	مغتصب
maniaque (m)	mahwūs (m)	مهووس
prostituée (f)	ʿāhira (f)	عاهرة
prostitution (f)	daʿāra (f)	دعارة
souteneur (m)	qawwād (m)	قوّاد
drogué (m)	mudmin muχaddirāt (m)	مدمن مخدّرات
trafiquant (m) de drogue	tāʒir muχaddirāt (m)	تاجر مخدّرات
faire exploser	faʒʒar	فجّر
explosion (f)	infiʒār (m)	إنفجار
mettre feu	aʃʿal an nār	أشعل النار
incendiaire (m)	muʃʿil ḥarīq (m)	مشعل حريق
terrorisme (m)	irhāb (m)	إرهاب
terroriste (m)	irhābiy (m)	إرهابيّ
otage (m)	rahīna (m)	رهينة
escroquer (vt)	iḥtāl	إحتال

escroquerie (f)	iḥtiyāl (m)	إحتيال
escroc (m)	muḥtāl (m)	محتال
soudoyer (vt)	raʃa	رشا
corruption (f)	irtiʃā' (m)	إرتشاء
pot-de-vin (m)	raʃwa (f)	رشوة
poison (m)	samm (m)	سمّ
empoisonner (vt)	sammam	سمّم
s'empoisonner (vp)	sammam nafsahu	سمّم نفسه
suicide (m)	intiḥār (m)	إنتحار
suicidé (m)	muntaḥir (m)	منتحر
menacer (vt)	haddad	هدّد
menace (f)	tahdīd (m)	تهديد
attenter (vt)	ḥāwal iɣtiyāl	حاول الإغتيال
attentat (m)	muḥāwalat iɣtiyāl (f)	محاولة إغتيال
voler (un auto)	saraq	سرق
détourner (un avion)	iχtaṭaf	إختطف
vengeance (f)	intiqām (m)	إنتقام
se venger (vp)	intaqam	إنتقم
torturer (vt)	'aððab	عذّب
torture (f)	ta'ðīb (m)	تعذيب
tourmenter (vt)	'aððab	عذّب
pirate (m)	qurṣān (m)	قرصان
voyou (m)	wabaʃ (m)	وبش
armé (adj)	musallaḥ	مسلّح
violence (f)	'unf (m)	عنف
illégal (adj)	ɣayr qānūniy	غير قانونيّ
espionnage (m)	taʒassas (m)	تجسّس
espionner (vt)	taʒassas	تجسّس

193. La police. La justice. Partie 1

justice (f)	qaḍā' (m)	قضاء
tribunal (m)	maḥkama (f)	محكمة
juge (m)	qāḍi (m)	قاض
jury (m)	muḥallafūn (pl)	محلّفون
cour (f) d'assises	qaḍā' al muḥallafīn (m)	قضاء المحلّفين
juger (vt)	ḥakam	حكم
avocat (m)	muḥāmi (m)	محام
accusé (m)	mudda'a 'alayh (m)	مدّعى عليه
banc (m) des accusés	qafṣ al ittihām (m)	قفص الإتّهام
inculpation (f)	ittihām (m)	إتّهام
inculpé (m)	muttaham (m)	متّهم

condamnation (f)	ḥukm (m)	حكم
condamner (vt)	ḥakam	حكم
coupable (m)	muðnib (m)	مذنب
punir (vt)	ʻāqab	عاقب
punition (f)	ʻuqūba (f),ʻiqāb (m)	عقوبة, عقاب
amende (f)	ɣarāma (f)	غرامة
détention (f) à vie	siʒn mada al ḥayāt (m)	سجن مدى الحياة
peine (f) de mort	ʻuqūbat ʼiʻdām (f)	عقوبة إعدام
chaise (f) électrique	kursiy kaharabāʼiy (m)	كرسيّ كهربائيّ
potence (f)	maʃnaqa (f)	مشنقة
exécuter (vt)	aʻdam	أعدم
exécution (f)	iʻdām (m)	إعدام
prison (f)	siʒn (m)	سجن
cellule (f)	zinzāna (f)	زنزانة
escorte (f)	ḥirāsa (f)	حراسة
gardien (m) de prison	ḥāris siʒn (m)	حارس سجن
prisonnier (m)	saʒīn (m)	سجين
menottes (f pl)	aṣfād (pl)	أصفاد
mettre les menottes	ṣaffad	صفّد
évasion (f)	hurūb min as siʒn (m)	هروب من السجن
s'évader (vp)	harab	هرب
disparaître (vi)	iχtafa	إختفى
libérer (vt)	aχla sabīl	أخلى سبيل
amnistie (f)	ʻafw ʻāmm (m)	عفو عامّ
police (f)	ʃurṭa (f)	شرطة
policier (m)	ʃurṭiy (m)	شرطيّ
commissariat (m) de police	qism ʃurṭa (m)	قسم شرطة
matraque (f)	hirāwat aʃ ʃurṭiy (f)	هراوة الشرطيّ
haut parleur (m)	būq (m)	بوق
voiture (f) de patrouille	sayyārat dawriyyāt (f)	سيّارة دوريّات
sirène (f)	ṣaffārat inðār (f)	صفّارة إنذار
enclencher la sirène	aṭlaq sirīna	أطلق سرينة
hurlement (m) de la sirène	ṣawt sirīna (m)	صوت سرينة
lieu (m) du crime	masraḥ al ʒarīma (m)	مسرح الجريمة
témoin (m)	ʃāhid (m)	شاهد
liberté (f)	ḥurriyya (f)	حرّيّة
complice (m)	ʃarīk fil ʒarīma (m)	شريك في الجريمة
s'enfuir (vp)	harab	هرب
trace (f)	aθar (m)	أثر

194. La police. La justice. Partie 2

recherche (f)	baḥθ (m)	بحث
rechercher (vt)	baḥaθ	بحث

suspicion (f)	ʃubha (f)	شبهة
suspect (adj)	maʃbūh	مشبوه
arrêter (dans la rue)	awqaf	أوقف
détenir (vt)	i'taqal	إعتقل
affaire (f) (~ pénale)	qaḍiyya (f)	قضيّة
enquête (f)	taḥqīq (m)	تحقيق
détective (m)	muḥaqqiq (m)	محقّق
enquêteur (m)	mufattiʃ (m)	مفتّش
hypothèse (f)	riwāya (f)	رواية
motif (m)	dāfi' (m)	دافع
interrogatoire (m)	istiʒwāb (m)	إستجواب
interroger (vt)	istaʒwab	إستجوب
interroger (~ les voisins)	istanṭaq	إستنطق
inspection (f)	faḥṣ (m)	فحص
rafle (f)	ʒam' (m)	جمع
perquisition (f)	taftīʃ (m)	تفتيش
poursuite (f)	muṭārada (f)	مطاردة
poursuivre (vt)	ṭārad	طارد
dépister (vt)	tāba'	تابع
arrestation (f)	i'tiqāl (m)	إعتقال
arrêter (vt)	i'taqal	إعتقل
attraper (~ un criminel)	qabaḍ	قبض
capture (f)	qabḍ (m)	قبض
document (m)	waθīqa (f)	وثيقة
preuve (f)	dalīl (m)	دليل
prouver (vt)	aθbat	أثبت
empreinte (f) de pied	baṣma (f)	بصمة
empreintes (f pl) digitales	baṣamāt al aṣābi' (pl)	بصمات الأصابع
élément (m) de preuve	dalīl (m)	دليل
alibi (m)	daf' bil ɣayba (f)	دفع بالغيبة
innocent (non coupable)	barī'	بريء
injustice (f)	ẓulm (m)	ظلم
injuste (adj)	ɣayr 'ādil	غير عادل
criminel (adj)	iʒrāmiy	إجراميّ
confisquer (vt)	ṣādar	صادر
drogue (f)	muχaddirāt (pl)	مخدّرات
arme (f)	silāḥ (m)	سلاح
désarmer (vt)	ʒarrad min as silāḥ	جرّد من السلاح
ordonner (vt)	amar	أمر
disparaître (vi)	iχtafa	إختفى
loi (f)	qānūn (m)	قانون
légal (adj)	qānūniy, ʃar'iy	قانونيّ, شرعيّ
illégal (adj)	ɣayr qanūny, ɣayr ʃar'i	غير قانونيّ, غير شرعيّ
responsabilité (f)	mas'ūliyya (f)	مسؤوليّة
responsable (adj)	mas'ūl (m)	مسؤول

LA NATURE

La Terre. Partie 1

195. L'espace cosmique

cosmos (m)	faḍā' (m)	فضاء
cosmique (adj)	faḍā'iy	فضائيّ
espace (m) cosmique	faḍā' (m)	فضاء
monde (m)	'ālam (m)	عالم
univers (m)	al kawn (m)	الكون
galaxie (f)	al maʒarra (f)	المجرّة
étoile (f)	naʒm (m)	نجم
constellation (f)	burʒ (m)	برج
planète (f)	kawkab (m)	كوكب
satellite (m)	qamar ṣinā'iy (m)	قمر صناعيّ
météorite (m)	ḥaʒar nayzakiy (m)	حجر نيزكيّ
comète (f)	muðannab (m)	مذنّب
astéroïde (m)	kuwaykib (m)	كويكب
orbite (f)	madār (m)	مدار
tourner (vi)	dār	دار
atmosphère (f)	al ɣilāf al ʒawwiy (m)	الغلاف الجوّيّ
Soleil (m)	aʃ ʃams (f)	الشمس
système (m) solaire	al maʒmū'a aʃ ʃamsiyya (f)	المجموعة الشمسيّة
éclipse (f) de soleil	kusūf aʃ ʃams (m)	كسوف الشمس
Terre (f)	al arḍ (f)	الأرض
Lune (f)	al qamar (m)	القمر
Mars (m)	al mirrīχ (m)	المرّيخ
Vénus (f)	az zahra (f)	الزهرة
Jupiter (m)	al muʃtari (m)	المشتري
Saturne (m)	zuḥal (m)	زحل
Mercure (m)	'aṭārid (m)	عطارد
Uranus (m)	urānus (m)	اورانوس
Neptune	nibtūn (m)	نبتون
Pluton (m)	blūtu (m)	بلوتو
la Voie Lactée	darb at tabbāna (m)	درب التبّانة
la Grande Ours	ad dubb al akbar (m)	الدبّ الأكبر
la Polaire	naʒm al 'quṭb (m)	نجم القطب
martien (m)	sākin al mirrīχ (m)	ساكن المرّيخ
extraterrestre (m)	faḍā'iy (m)	فضائيّ

alien (m)	faḍā'iy (m)	فضائيّ
soucoupe (f) volante	ṭabaq ṭā'ir (m)	طبق طائر
vaisseau (m) spatial	markaba faḍā'iyya (f)	مركبة فضائيّة
station (f) orbitale	maḥaṭṭat faḍā' (f)	محطّة فضاء
lancement (m)	inṭilāq (m)	إنطلاق
moteur (m)	mutūr (m)	موتور
tuyère (f)	manfaθ (m)	منفث
carburant (m)	wuqūd (m)	وقود
cabine (f)	kabīna (f)	كابينة
antenne (f)	hawā'iy (m)	هوائيّ
hublot (m)	kuwwa mustadīra (f)	كوّة مستديرة
batterie (f) solaire	lawḥ ʃamsiy (m)	لوح شمسيّ
scaphandre (m)	baðlat al faḍā' (f)	بذلة الفضاء
apesanteur (f)	in'idām al wazn (m)	إنعدام الوزن
oxygène (m)	uksiʒīn (m)	أكسجين
arrimage (m)	rasw (m)	رسو
s'arrimer à ...	rasa	رسا
observatoire (m)	marṣad (m)	مرصد
télescope (m)	tiliskūp (m)	تلسكوب
observer (vt)	rāqab	راقب
explorer (un cosmos)	istakʃaf	إستكشف

196. La Terre

Terre (f)	al arḍ (f)	الأرض
globe (m) terrestre	al kura al arḍiyya (f)	الكرة الأرضيّة
planète (f)	kawkab (m)	كوكب
atmosphère (f)	al ɣilāf al ʒawwiy (m)	الغلاف الجوّيّ
géographie (f)	ʒuɣrāfiya (f)	جغرافيا
nature (f)	ṭabī'a (f)	طبيعة
globe (m) de table	namūðaʒ lil kura al arḍiyya (m)	نموذج للكرة الأرضيّة
carte (f)	χarīṭa (f)	خريطة
atlas (m)	aṭlas (m)	أطلس
Europe (f)	urūbba (f)	أوروبّا
Asie (f)	'āsiya (f)	آسيا
Afrique (f)	afrīqiya (f)	أفريقيا
Australie (f)	usturāliya (f)	أستراليا
Amérique (f)	amrīka (f)	أمريكا
Amérique (f) du Nord	amrīka aʃ ʃimāliyya (f)	أمريكا الشماليّة
Amérique (f) du Sud	amrīka al ʒanūbiyya (f)	أمريكا الجنوبيّة
l'Antarctique (m)	al quṭb al ʒanūbiy (m)	القطب الجنوبيّ
l'Arctique (m)	al quṭb aʃ ʃimāliy (m)	القطب الشمالي

197. Les quatre parties du monde

nord (m)	ʃimāl (m)	شمال
vers le nord	ilaʃ ʃimāl	إلى الشمال
au nord	fiʃ ʃimāl	في الشمال
du nord (adj)	ʃimāliy	شماليّ
sud (m)	ʒanūb (m)	جنوب
vers le sud	ilal ʒanūb	إلى الجنوب
au sud	fil ʒanūb	في الجنوب
du sud (adj)	ʒanūbiy	جنوبيّ
ouest (m)	ɣarb (m)	غرب
vers l'occident	ilal ɣarb	إلى الغرب
à l'occident	fil ɣarb	في الغرب
occidental (adj)	ɣarbiy	غربيّ
est (m)	ʃarq (m)	شرق
vers l'orient	ilaʃ ʃarq	إلى الشرق
à l'orient	fiʃ ʃarq	في الشرق
oriental (adj)	ʃarqiy	شرقيّ

198. Les océans et les mers

mer (f)	baḥr (m)	بحر
océan (m)	muḥīṭ (m)	محيط
golfe (m)	χalīʒ (m)	خليج
détroit (m)	maḍīq (m)	مضيق
terre (f) ferme	barr (m)	برّ
continent (m)	qārra (f)	قارّة
île (f)	ʒazīra (f)	جزيرة
presqu'île (f)	ʃibh ʒazīra (f)	شبه جزيرة
archipel (m)	maʒmū'at ʒuzur (f)	مجموعة جزر
baie (f)	χalīʒ (m)	خليج
port (m)	mīnā' (m)	ميناء
lagune (f)	buḥayra ʃāṭi'a (f)	بحيرة شاطئة
cap (m)	ra's (m)	رأس
atoll (m)	ʒazīra marʒāniyya istiwā'iyya (f)	جزيرة مرجانيّة إستوائيّة
récif (m)	ʃi'āb (pl)	شعاب
corail (m)	murʒān (m)	مرجان
récif (m) de corail	ʃi'āb marʒāniyya (pl)	شعاب مرجانيّة
profond (adj)	'amīq	عميق
profondeur (f)	'umq (m)	عمق
abîme (m)	mahwāt (f)	مهواة
fosse (f) océanique	χandaq (m)	خندق
courant (m)	tayyār (m)	تيّار
baigner (vt) (mer)	aḥāṭ	أحاط

littoral (m)	sāḥil (m)	ساحل
côte (f)	sāḥil (m)	ساحل
marée (f) haute	madd (m)	مدّ
marée (f) basse	ʒazr (m)	جزر
banc (m) de sable	miyāh ḍaḥla (f)	مياه ضحلة
fond (m)	qāʿ (m)	قاع
vague (f)	mawʒa (f)	موجة
crête (f) de la vague	qimmat mawʒa (f)	قمّة موجة
mousse (f)	zabad al baḥr (m)	زبد البحر
tempête (f) en mer	ʿāṣifa (f)	عاصفة
ouragan (m)	iʿṣār (m)	إعصار
tsunami (m)	tsunāmi (m)	تسونامي
calme (m)	hudūʾ (m)	هدوء
calme (tranquille)	hādiʾ	هادئ
pôle (m)	quṭb (m)	قطب
polaire (adj)	quṭby	قطبيّ
latitude (f)	ʿarḍ (m)	عرض
longitude (f)	ṭūl (m)	طول
parallèle (f)	mutawāzi (m)	متواز
équateur (m)	χaṭṭ al istiwāʾ (m)	خط الإستواء
ciel (m)	samāʾ (f)	سماء
horizon (m)	ufuq (m)	أفق
air (m)	hawāʾ (m)	هواء
phare (m)	manāra (f)	منارة
plonger (vi)	ɣāṣ	غاص
sombrer (vi)	ɣariq	غرق
trésor (m)	kunūz (pl)	كنوز

199. Les noms des mers et des océans

océan (m) Atlantique	al muḥīṭ al aṭlasiy (m)	المحيط الأطلسيّ
océan (m) Indien	al muḥīṭ al hindiy (m)	المحيط الهنديّ
océan (m) Pacifique	al muḥīṭ al hādiʾ (m)	المحيط الهادئ
océan (m) Glacial	al muḥīṭ il mutaʒammid aʃ ʃimāliy (m)	المحيط المتجمّد الشماليّ
mer (f) Noire	al baḥr al aswad (m)	البحر الأسود
mer (f) Rouge	al baḥr al aḥmar (m)	البحر الأحمر
mer (f) Jaune	al baḥr al aṣfar (m)	البحر الأصفر
mer (f) Blanche	al baḥr al abyaḍ (m)	البحر الأبيض
mer (f) Caspienne	baḥr qazwīn (m)	بحر قزوين
mer (f) Morte	al baḥr al mayyit (m)	البحر الميّت
mer (f) Méditerranée	al baḥr al abyaḍ al mutawassiṭ (m)	البحر الأبيض المتوسّط
mer (f) Égée	baḥr īʒah (m)	بحر إيجة
mer (f) Adriatique	al baḥr al adriyatīkiy (m)	البحر الأدرياتيكيّ

mer (f) Arabique	baḥr al ʿarab (m)	بحر العرب
mer (f) du Japon	baḥr al yabān (m)	بحر اليابان
mer (f) de Béring	baḥr birinʒ (m)	بحر بيرينغ
mer (f) de Chine Méridionale	baḥr aṣ ṣīn al ʒanūbiy (m)	بحر الصين الجنوبيّ
mer (f) de Corail	baḥr al marʒān (m)	بحر المرجان
mer (f) de Tasman	baḥr tasmān (m)	بحر تسمان
mer (f) Caraïbe	al baḥr al karībiy (m)	البحر الكاريبيّ
mer (f) de Barents	baḥr barints (m)	بحر بارينس
mer (f) de Kara	baḥr kara (m)	بحر كارا
mer (f) du Nord	baḥr aʃ ʃimāl (m)	بحر الشمال
mer (f) Baltique	al baḥr al balṭīq (m)	البحر البلطيق
mer (f) de Norvège	baḥr an narwīʒ (m)	بحر النرويج

200. Les montagnes

montagne (f)	ʒabal (m)	جبل
chaîne (f) de montagnes	silsilat ʒibāl (f)	سلسلة جبال
crête (f)	qimam ʒabaliyya (pl)	قمم جبليّة
sommet (m)	qimma (f)	قمّة
pic (m)	qimma (f)	قمّة
pied (m)	asfal (m)	أسفل
pente (f)	munḥadar (m)	منحدر
volcan (m)	burkān (m)	بركان
volcan (m) actif	burkān naʃiṭ (m)	بركان نشط
volcan (m) éteint	burkān χāmid (m)	بركان خامد
éruption (f)	θawrān (m)	ثوران
cratère (m)	fūhat al burkān (f)	فوهة البركان
magma (m)	māɣma (f)	ماغما
lave (f)	ḥumam burkāniyya (pl)	حمم بركانيّة
en fusion (lave ~)	munṣahira	منصهرة
canyon (m)	talʿa (m)	تلعة
défilé (m) (gorge)	wādi ḍayyiq (m)	واد ضيّق
crevasse (f)	ʃaqq (m)	شقّ
précipice (m)	hāwiya (f)	هاوية
col (m) de montagne	mamarr ʒabaliy (m)	ممرّ جبليّ
plateau (m)	haḍba (f)	هضبة
rocher (m)	ʒurf (m)	جرف
colline (f)	tall (m)	تلّ
glacier (m)	nahr ʒalīdiy (m)	نهر جليديّ
chute (f) d'eau	ʃallāl (m)	شلّال
geyser (m)	fawwāra ḥārra (m)	فوّارة حارّة
lac (m)	buḥayra (f)	بحيرة
plaine (f)	sahl (m)	سهل
paysage (m)	manẓar ṭabīʿiy (m)	منظر طبيعيّ

écho (m)	ṣada (m)	صدى
alpiniste (m)	mutasalliq al ʒibāl (m)	متسلّق الجبال
varappeur (m)	mutasalliq ṣuχūr (m)	متسلّق صخور
conquérir (vt)	taɣallab ʿala	تغلّب على
ascension (f)	tasalluq (m)	تسلّق

201. Les noms des chaînes de montagne

Alpes (f pl)	ʒibāl al alb (pl)	جبال الألب
Mont Blanc (m)	mūn blūn (m)	مون بلون
Pyrénées (f pl)	ʒibāl al barānis (pl)	جبال البرانس
Carpates (f pl)	ʒibāl al karbāt (pl)	جبال الكاربات
Monts Oural (m pl)	ʒibāl al ʾūrāl (pl)	جبال الأورال
Caucase (m)	ʒibāl al qawqāz (pl)	جبال القوقاز
Elbrous (m)	ʒabal ilbrūs (m)	جبل إلبروس
Altaï (m)	ʒibāl altāy (pl)	جبال ألتاي
Tian Chan (m)	ʒibāl tian ʃan (pl)	جبال تيان شان
Pamir (m)	ʒibāl bamīr (pl)	جبال بامير
Himalaya (m)	himalāya (pl)	هيمالايا
Everest (m)	ʒabal ivirist (m)	جبل افرست
Andes (f pl)	ʒibāl al andīz (pl)	جبال الأنديز
Kilimandjaro (m)	ʒabal kilimanʒāru (m)	جبل كليمنجارو

202. Les fleuves

rivière (f), fleuve (m)	nahr (m)	نهر
source (f)	ʿayn (m)	عين
lit (m) (d'une rivière)	maʒra an nahr (m)	مجرى النهر
bassin (m)	ḥawḍ (m)	حوض
se jeter dans ...	ṣabb fi ...	صبّ في...
affluent (m)	rāfid (m)	رافد
rive (f)	ḍiffa (f)	ضفّة
courant (m)	tayyār (m)	تيّار
en aval	f ittiʒāh maʒra an nahr	في إتجاه مجرى النهر
en amont	ḍidd at tayyār	ضد التيّار
inondation (f)	ɣamr (m)	غمر
les grandes crues	fayaḍān (m)	فيضان
déborder (vt)	fāḍ	فاض
inonder (vt)	ɣamar	غمر
bas-fond (m)	miyāh ḍaḥla (f)	مياه ضحلة
rapide (m)	munḥadar an nahr (m)	منحدر النهر
barrage (m)	sadd (m)	سدّ
canal (m)	qanāt (f)	قناة
lac (m) de barrage	χazzān māʾiy (m)	خزّان مائيّ

écluse (f)	hawīs (m)	هويس
plan (m) d'eau	masṭaḥ mā'iy (m)	مسطح مائيّ
marais (m)	mustanqaʿ (m)	مستنقع
fondrière (f)	mustanqaʿ (m)	مستنقع
tourbillon (m)	dawwāma (f)	دوّامة
ruisseau (m)	ʒadwal mā'iy (m)	جدول مائيّ
potable (adj)	aʃ ʃurb	الشرب
douce (l'eau ~)	ʿaðb	عذب
glace (f)	ʒalīd (m)	جليد
être gelé	taʒammad	تجمّد

203. Les noms des fleuves

Seine (f)	nahr as sīn (m)	نهر السين
Loire (f)	nahr al lua:r (m)	نهر اللوار
Tamise (f)	nahr at tīmz (m)	نهر التيمز
Rhin (m)	nahr ar rayn (m)	نهر الراين
Danube (m)	nahr ad danūb (m)	نهر الدانوب
Volga (f)	nahr al vulɣa (m)	نهر الفولغا
Don (m)	nahr ad dūn (m)	نهر الدون
Lena (f)	nahr līna (m)	نهر لينا
Huang He (m)	an nahr al aṣfar (m)	النهر الأصفر
Yangzi Jiang (m)	nahr al yanɣtsi (m)	نهر اليانغتسي
Mékong (m)	nahr al mikunɣ (m)	نهر الميكونغ
Gange (m)	nahr al ɣānʒ (m)	نهر الغانج
Nil (m)	nahr an nīl (m)	نهر النيل
Congo (m)	nahr al kunɣu (m)	نهر الكونغو
Okavango (m)	nahr ukavanʒu (m)	نهر اوكافانجو
Zambèze (m)	nahr az zambizi (m)	نهر الزمبيزي
Limpopo (m)	nahr limbubu (m)	نهر ليمبوبو
Mississippi (m)	nahr al mississibbi (m)	نهر الميسيسيبي

204. La forêt

forêt (f)	ɣāba (f)	غابة
forestier (adj)	ɣāba	غابة
fourré (m)	ɣāba kaθīfa (f)	غابة كثيفة
bosquet (m)	ɣāba ṣaɣīra (f)	غابة صغيرة
clairière (f)	minṭaqa uzīlat minha al aʃʒār (f)	منطقة أزيلت منها الأشجار
broussailles (f pl)	aʒama (f)	أجمة
taillis (m)	ʃuʒayrāt (pl)	شجيرات
sentier (m)	mamarr (m)	ممرّ
ravin (m)	wādi ḍayyiq (m)	واد ضيّق

arbre (m)	ʃaʒara (f)	شجرة
feuille (f)	waraqa (f)	ورقة
feuillage (m)	waraq (m)	ورق
chute (f) de feuilles	tasāquṭ al awrāq (m)	تساقط الأوراق
tomber (feuilles)	saqaṭ	سقط
sommet (m)	ra's (m)	رأس
rameau (m)	ɣuṣn (m)	غصن
branche (f)	ɣuṣn (m)	غصن
bourgeon (m)	bur'um (m)	برعم
aiguille (f)	ʃawka (f)	شوكة
pomme (f) de pin	kūz aṣ ṣanawbar (m)	كوز الصنوبر
creux (m)	ʒawf (m)	جوف
nid (m)	'uʃʃ (m)	عشّ
terrier (m) (~ d'un renard)	ʒuḥr (m)	جحر
tronc (m)	ʒiðʻ (m)	جذع
racine (f)	ʒiðr (m)	جذر
écorce (f)	liḥā' (m)	لحاء
mousse (f)	ṭuḥlub (m)	طحلب
déraciner (vt)	iqtala'	إقتلع
abattre (un arbre)	qaṭa'	قطع
déboiser (vt)	azāl al ɣābāt	أزال الغابات
souche (f)	ʒiðʻ aʃ ʃaʒara (m)	جذع الشجرة
feu (m) de bois	nār muχayyam (m)	نار مخيّم
incendie (m)	ḥarīq ɣāba (m)	حريق غابة
éteindre (feu)	aṭfa'	أطفأ
garde (m) forestier	ḥāris al ɣāba (m)	حارس الغابة
protection (f)	ḥimāya (f)	حماية
protéger (vt)	ḥama	حمى
braconnier (m)	sāriq aṣ ṣayd (m)	سارق الصيد
piège (m) à mâchoires	maṣyada (f)	مصيدة
cueillir (vt)	ʒama'	جمع
s'égarer (vp)	tāh	تاه

205. Les ressources naturelles

ressources (f pl) naturelles	θarawāt ṭabīʻiyya (pl)	ثروات طبيعيّة
minéraux (m pl)	maʻādin (pl)	معادن
gisement (m)	makāmin (pl)	مكامن
champ (m) (~ pétrolifère)	ḥaql (m)	حقل
extraire (vt)	istaχraʒ	إستخرج
extraction (f)	istiχrāʒ (m)	إستخراج
minerai (m)	χām (m)	خام
mine (f) (site)	manʒam (m)	منجم
puits (m) de mine	manʒam (m)	منجم
mineur (m)	'āmil manʒam (m)	عامل منجم

gaz (m)	ɣāz (m)	غاز
gazoduc (m)	χaṭṭ anābīb ɣāz (m)	خط أنابيب غاز
pétrole (m)	nafṭ (m)	نفط
pipeline (m)	anābīb an nafṭ (pl)	أنابيب النفط
tour (f) de forage	bi'r an nafṭ (m)	بئر النفط
derrick (m)	ḥaffāra (f)	حفّارة
pétrolier (m)	nāqilat an nafṭ (f)	ناقلة النفط
sable (m)	raml (m)	رمل
calcaire (m)	ḥaʒar kalsiy (m)	حجر كلسيّ
gravier (m)	ḥaṣa (m)	حصى
tourbe (f)	χaθθ faḥm nabātiy (m)	خثّ فحم نباتيّ
argile (f)	ṭīn (m)	طين
charbon (m)	faḥm (m)	فحم
fer (m)	ḥadīd (m)	حديد
or (m)	ðahab (m)	ذهب
argent (m)	fiḍḍa (f)	فضّة
nickel (m)	nikil (m)	نيكل
cuivre (m)	nuḥās (m)	نحاس
zinc (m)	zink (m)	زنك
manganèse (m)	manɣanīz (m)	منغنيز
mercure (m)	zi'baq (m)	زئبق
plomb (m)	ruṣāṣ (m)	رصاص
minéral (m)	ma'dan (m)	معدن
cristal (m)	ballūra (f)	بلّورة
marbre (m)	ruχām (m)	رخام
uranium (m)	yurānuim (m)	يورانيوم

La Terre. Partie 2

206. Le temps

temps (m)	ṭaqs (m)	طقس
météo (f)	naʃra ʒawwiyya (f)	نشرة جوّيّة
température (f)	ḥarāra (f)	حرارة
thermomètre (m)	tirmūmitr (m)	ترمومتر
baromètre (m)	barūmitr (m)	بارومتر
humide (adj)	raṭib	رطب
humidité (f)	ruṭūba (f)	رطوبة
chaleur (f) (canicule)	ḥarāra (f)	حرارة
torride (adj)	ḥārr	حارّ
il fait très chaud	al ʒaww ḥārr	الجوّ حارّ
il fait chaud	al ʒaww dāfi'	الجوّ دافئ
chaud (modérément)	dāfi'	دافئ
il fait froid	al ʒaww bārid	الجوّ بارد
froid (adj)	bārid	بارد
soleil (m)	ʃams (f)	شمس
briller (soleil)	aḍā'	أضاء
ensoleillé (jour ~)	muʃmis	مشمس
se lever (vp)	ʃaraq	شرق
se coucher (vp)	ɣarab	غرب
nuage (m)	saḥāba (f)	سحابة
nuageux (adj)	ɣā'im	غائم
nuée (f)	saḥābat maṭar (f)	سحابة مطر
sombre (adj)	ɣā'im	غائم
pluie (f)	maṭar (m)	مطر
il pleut	innaha tamṭur	إنّها تمطر
pluvieux (adj)	mumṭir	ممطر
bruiner (v imp)	raðð	رذّ
pluie (f) torrentielle	maṭar munhamir (f)	مطر منهمر
averse (f)	maṭar ɣazīr (m)	مطر غزير
forte (la pluie ~)	ʃadīd	شديد
flaque (f)	birka (f)	بركة
se faire mouiller	ibtall	إبتلّ
brouillard (m)	ḍabāb (m)	ضباب
brumeux (adj)	muḍabbab	مضبّب
neige (f)	θalʒ (m)	ثلج
il neige	innaha taθluʒ	إنّها تثلج

207. Les intempéries. Les catastrophes naturelles

orage (m)	‘āṣifa ra‘diyya (f)	عاصفة رعديّة
éclair (m)	barq (m)	برق
éclater (foudre)	baraq	برق
tonnerre (m)	ra‘d (m)	رعد
gronder (tonnerre)	ra‘ad	رعد
le tonnerre gronde	tar‘ad as samā’	ترعد السماء
grêle (f)	maṭar bard (m)	مطر برد
il grêle	tamṭur as samā’ bardan	تمطر السماء بردًا
inonder (vt)	ɣamar	غمر
inondation (f)	fayaḍān (m)	فيضان
tremblement (m) de terre	zilzāl (m)	زلزال
secousse (f)	hazza arḍiyya (f)	هزّة أرضيّة
épicentre (m)	markaz az zilzāl (m)	مركز الزلزال
éruption (f)	θawrān (m)	ثوران
lave (f)	ḥumam burkāniyya (pl)	حمم بركانيّة
tourbillon (m), tornade (f)	i‘ṣār (m)	إعصار
typhon (m)	ṭūfān (m)	طوفان
ouragan (m)	i‘ṣār (m)	إعصار
tempête (f)	‘āṣifa (f)	عاصفة
tsunami (m)	tsunāmi (m)	تسونامي
cyclone (m)	i‘ṣār (m)	إعصار
intempéries (f pl)	ṭaqs sayyi’ (m)	طقس سيّء
incendie (m)	ḥarīq (m)	حريق
catastrophe (f)	kāriθa (f)	كارثة
météorite (m)	ḥaʒar nayzakiy (m)	حجر نيزكيّ
avalanche (f)	inhiyār θalʒiy (m)	إنهيار ثلجيّ
éboulement (m)	inhiyār θalʒiy (m)	إنهيار ثلجيّ
blizzard (m)	‘āṣifa θalʒiyya (f)	عاصفة ثلجيّة
tempête (f) de neige	‘āṣifa θalʒiyya (f)	عاصفة ثلجيّة

208. Les bruits. Les sons

silence (m)	ṣamt (m)	صمت
son (m)	ṣawt (m)	صوت
bruit (m)	ḍawḍā’ (f)	ضوضاء
faire du bruit	‘amal aḍ ḍawḍā’	عمل الضوضاء
bruyant (adj)	muz‘iʒ	مزعج
fort (adv)	bi ṣawt ‘āli	بصوت عال
fort (voix ~e)	‘āli	عال
constant (bruit, etc.)	mustamirr	مستمرّ
cri (m)	ṣarxa (f)	صرخة

crier (vi)	ṣaraχ	صرخ
chuchotement (m)	hamsa (f)	همسة
chuchoter (vi, vt)	hamas	همس
aboiement (m)	nubāḥ (m)	نباح
aboyer (vi)	nabaḥ	نبح
gémissement (m)	anīn (m)	أنين
gémir (vi)	anna	أنّ
toux (f)	su'āl (m)	سعال
tousser (vi)	sa'al	سعل
sifflement (m)	taṣfīr (m)	تصفير
siffler (vi)	ṣaffar	صفّر
coups (m pl) à la porte	ṭarq, daqq (m)	طرق, دقّ
frapper (~ à la porte)	daqq	دقّ
craquer (vi)	farqa'	فرقع
craquement (m)	farqa'a (f)	فرقعة
sirène (f)	ṣaffārat inðār (f)	صفّارة إنذار
sifflement (m) (de train)	ṣafīr (m)	صفير
siffler (train, etc.)	ṣaffar	صفّر
coup (m) de klaxon	tazmīr (m)	تزمير
klaxonner (vi)	zammar	زمّر

209. L'hiver

hiver (m)	ʃitā' (m)	شتاء
d'hiver (adj)	ʃitawiy	شتويّ
en hiver	fiʃ ʃitā'	في الشتاء
neige (f)	θalʒ (m)	ثلج
il neige	innaha taθluʒ	إنّها تثلج
chute (f) de neige	tasāquṭ aθ θulūʒ (m)	تساقط الثلوج
congère (f)	rukma θalʒiyya (f)	ركمة ثلجيّة
flocon (m) de neige	nudfat θalʒ (f)	ندفة ثلج
boule (f) de neige	kurat θalʒ (f)	كرة ثلج
bonhomme (m) de neige	raʒul θalʒ (m)	رجل ثلج
glaçon (m)	qiṭ'at ʒalīd (f)	قطعة جليد
décembre (m)	disimbar (m)	ديسمبر
janvier (m)	yanāyir (m)	يناير
février (m)	fibrāyir (m)	فبراير
gel (m)	ṣaqī' (m)	صقيع
glacial (nuit ~)	ṣāqi'	صاقع
au-dessous de zéro	taḥt aṣ ṣifr	تحت الصفر
premières gelées (f pl)	ṣaqī' (m)	صقيع
givre (m)	ṣaqī' (m)	صقيع
froid (m)	bard (m)	برد
il fait froid	al ʒaww bārid	الجوّ بارد

manteau (m) de fourrure	miʿtaf farw (m)	معطف فرو
moufles (f pl)	quffāz muɣlaq (m)	قفّاز مغلق
tomber malade	maraḍ	مرض
refroidissement (m)	bard (m)	برد
prendre froid	aṣābahu al bard	أصابه البرد
glace (f)	ʒalīd (m)	جليد
verglas (m)	ʒalīd (m)	جليد
être gelé	taʒammad	تجمّد
bloc (m) de glace	ṭāfiya ʒalīdiyya (f)	طافية جليديّة
skis (m pl)	zallāʒāt (pl)	زلّاجات
skieur (m)	mutazalliʒ bil iski (m)	متزلّج بالإسكي
faire du ski	tazallaʒ	تزلّج
patiner (vi)	tazaḥlaq ʿalal ʒalīd	تزحلق على الجليد

La faune

210. Les mammifères. Les prédateurs

prédateur (m)	ḥayawān muftaris (m)	حيوان مفترس
tigre (m)	namir (m)	نمر
lion (m)	asad (m)	أسد
loup (m)	ðiʾb (m)	ذئب
renard (m)	θaʿlab (m)	ثعلب
jaguar (m)	namir amrīkiy (m)	نمر أمريكيّ
léopard (m)	fahd (m)	فهد
guépard (m)	namir ṣayyād (m)	نمر صيّاد
panthère (f)	namir aswad (m)	نمر أسود
puma (m)	būma (m)	بوما
léopard (m) de neiges	namir aθ θulūʒ (m)	نمر الثلوج
lynx (m)	waʃaq (m)	وشق
coyote (m)	qayūṭ (m)	قيوط
chacal (m)	ibn ʾāwa (m)	ابن آوى
hyène (f)	ḍabuʿ (m)	ضبع

211. Les animaux sauvages

animal (m)	ḥayawān (m)	حيوان
bête (f)	ḥayawān (m)	حيوان
écureuil (m)	sinʒāb (m)	سنجاب
hérisson (m)	qumfuð (m)	قنفذ
lièvre (m)	arnab barriy (m)	أرنب برّيّ
lapin (m)	arnab (m)	أرنب
blaireau (m)	ɣarīr (m)	غرير
raton (m)	rākūn (m)	راكون
hamster (m)	qidād (m)	قداد
marmotte (f)	marmuṭ (m)	مرموط
taupe (f)	χuld (m)	خلد
souris (f)	faʾr (m)	فأر
rat (m)	ʒurað (m)	جرذ
chauve-souris (f)	χuffāʃ (m)	خفّاش
hermine (f)	qāqum (m)	قاقم
zibeline (f)	sammūr (m)	سمّور
martre (f)	dalaq (m)	دلق
belette (f)	ibn ʿirs (m)	إبن عرس
vison (m)	mink (m)	منك

castor (m)	qundus (m)	قندس
loutre (f)	quḍā'a (f)	قضاعة
cheval (m)	ḥiṣān (m)	حصان
élan (m)	mūz (m)	موظ
cerf (m)	ayyil (m)	أيّل
chameau (m)	ʒamal (m)	جمل
bison (m)	bisūn (m)	بيسون
aurochs (m)	θawr barriy (m)	ثور برّيّ
buffle (m)	ʒāmūs (m)	جاموس
zèbre (m)	ḥimār zarad (m)	حمار زرد
antilope (f)	ẓabiy (m)	ظبي
chevreuil (m)	yaḥmūr (m)	يحمور
biche (f)	ayyil asmar urubbiy (m)	أيّل أسمر أوروبّيّ
chamois (m)	ʃamwāh (f)	شامواه
sanglier (m)	χinzīr barriy (m)	خنزير برّيّ
baleine (f)	ḥūt (m)	حوت
phoque (m)	fuqma (f)	فقمة
morse (m)	faẓẓ (m)	فظّ
ours (m) de mer	fuqmat al firā' (f)	فقمة الفراء
dauphin (m)	dilfīn (m)	دلفين
ours (m)	dubb (m)	دبّ
ours (m) blanc	dubb quṭbiy (m)	دبّ قطبيّ
panda (m)	bānda (m)	باندا
singe (m)	qird (m)	قرد
chimpanzé (m)	ʃimbanzi (m)	شيمبانزي
orang-outang (m)	urangutān (m)	أورنغوتان
gorille (m)	ɣurīlla (f)	غوريلا
macaque (m)	qird al makāk (m)	قرد المكاك
gibbon (m)	ʒibbūn (m)	جيبون
éléphant (m)	fīl (m)	فيل
rhinocéros (m)	χartīt (m)	خرتيت
girafe (f)	zarāfa (f)	زرافة
hippopotame (m)	faras an nahr (m)	فرس النهر
kangourou (m)	kanɣar (m)	كنغر
koala (m)	kuala (m)	كوالا
mangouste (f)	nims (m)	نمس
chinchilla (m)	ʃinʃīla (f)	شنشيلة
mouffette (f)	ẓaribān (m)	ظربان
porc-épic (m)	nīṣ (m)	نيص

212. Les animaux domestiques

chat (m) (femelle)	qiṭṭa (f)	قطّة
chat (m) (mâle)	ðakar al qiṭṭ (m)	ذكر القطّ
chien (m)	kalb (m)	كلب

cheval (m)	ḥiṣān (m)	حصان
étalon (m)	faḥl al χayl (m)	فحل الخيل
jument (f)	unθa al faras (f)	أنثى الفرس
vache (f)	baqara (f)	بقرة
taureau (m)	θawr (m)	ثور
bœuf (m)	θawr (m)	ثور
brebis (f)	χarūf (f)	خروف
mouton (m)	kabʃ (m)	كبش
chèvre (f)	māʿiz (m)	ماعز
bouc (m)	ðakar al māʿið (m)	ذكر الماعز
âne (m)	ḥimār (m)	حمار
mulet (m)	baɣl (m)	بغل
cochon (m)	χinzīr (m)	خنزير
pourceau (m)	χannūṣ (m)	خنّوص
lapin (m)	arnab (m)	أرنب
poule (f)	daʒāʒa (f)	دجاجة
coq (m)	dīk (m)	ديك
canard (m)	baṭṭa (f)	بطّة
canard (m) mâle	ðakar al baṭṭ (m)	ذكر البطّ
oie (f)	iwazza (f)	إوزّة
dindon (m)	dīk rūmiy (m)	ديك روميّ
dinde (f)	daʒāʒ rūmiy (m)	دجاج روميّ
animaux (m pl) domestiques	ḥayawānāt dawāʒin (pl)	حيوانات دواجن
apprivoisé (adj)	alīf	أليف
apprivoiser (vt)	allaf	ألّف
élever (vt)	rabba	ربّى
ferme (f)	mazraʿa (f)	مزرعة
volaille (f)	ṭuyūr dāʒina (pl)	طيور داجنة
bétail (m)	māʃiya (f)	ماشية
troupeau (m)	qaṭīʿ (m)	قطيع
écurie (f)	isṭabl χayl (m)	إسطبل خيل
porcherie (f)	ḥaẓīrat al χanāzīr (f)	حظيرة الخنازير
vacherie (f)	zirībat al baqar (f)	زريبة البقر
cabane (f) à lapins	qunn al arānib (m)	قنّ الأرانب
poulailler (m)	qunn ad daʒāʒ (m)	قن الدجاج

213. Le chien. Les races

chien (m)	kalb (m)	كلب
berger (m)	kalb raʿy (m)	كلب رعي
berger (m) allemand	kalb ar rāʿi al almāniy (m)	كلب الراعي الألمانيّ
caniche (f)	būdli (m)	بودل
teckel (m)	daʃhund (m)	دشهند
bouledogue (m)	bulduɣ (m)	بلدغ

boxer (m)	buksir (m)	بوكسر
mastiff (m)	mastīf (m)	ماستيف
rottweiler (m)	rut vāylir (m)	روت فايلر
doberman (m)	dubirmān (m)	دوبرمان
basset (m)	bāsit (m)	باسيت
bobtail (m)	bubteyl (m)	بوبتيل
dalmatien (m)	kalb dalmāsiy (m)	كلب دلماسي
cocker (m)	kukkir spaniil (m)	كوكر سبانييل
terre-neuve (m)	nyu faundland (m)	نيوفاوندلاند
saint-bernard (m)	san birnār (m)	سنبرنار
husky (m)	haski (m)	هاسكي
chow-chow (m)	tʃaw tʃaw (m)	تشاوتشاو
spitz (m)	ʃbītz (m)	شبيتز
carlin (m)	bāk (m)	باك

214. Les cris des animaux

aboiement (m)	nubāḥ (m)	نباح
aboyer (vi)	nabaḥ	نبح
miauler (vi)	mā'	ماء
ronronner (vi)	χarχar	خرخر
meugler (vi)	χār	خار
beugler (taureau)	χār	خار
rugir (chien)	damdam	دمدم
hurlement (m)	'uwā' (m)	عواء
hurler (loup)	'awa	عوى
geindre (vi)	'awa	عوى
bêler (vi)	ma'ma'	مأمأ
grogner (cochon)	qaba'	قبع
glapir (cochon)	ṣāḥ	صاح
coasser (vi)	naqq	نقّ
bourdonner (vi)	ṭann	طنّ
striduler (vi)	zaqzaq	زقزق

215. Les jeunes animaux

bébé (m) (~ lapin)	ʒarw (m)	جرو
chaton (m)	qiṭṭa saɣīra (f)	قطّة صغيرة
souriceau (m)	fa'r ṣaɣīr (m)	فأر صغير
chiot (m)	ʒarw (m)	جرو
levraut (m)	χirniq (m)	خرنق
lapereau (m)	arnab saɣīr (m)	أرنب صغير
louveteau (m)	daɣfal ṣaɣīr að ði'ab (m)	دغفل صغير الذئب
renardeau (m)	haʒras ṣaɣīr aθ θa'lab (m)	هجرس صغير الثعلب

ourson (m)	daysam ṣaɣīr ad dubb (m)	ديسم صغير الدبّ
lionceau (m)	ʃibl al asad (m)	شبل الأسد
bébé (m) tigre	ʃibl an namir (m)	شبل النمر
éléphanteau (m)	saɣīr al fīl (m)	صغير الفيل
pourceau (m)	χannūṣ (m)	خنّوص
veau (m)	ʿiʒl (m)	عجل
chevreau (m)	ʒaday (m)	جدي
agneau (m)	ḥaml (m)	حمل
faon (m)	raʃaʾ ṣaɣīr al ayyil (m)	رشأ صغير الأيّل
bébé (m) chameau	ṣaɣīr al ʒamal (m)	صغير الجمل
serpenteau (m)	ṣaɣīr aθ θuʿbān (m)	صغير الثعبان
bébé (m) grenouille	ḍifḍaʿ saɣīr (m)	ضفدع صغير
oisillon (m)	farχ (m)	فرخ
poussin (m)	katkūt (m)	كتكوت
canardeau (m)	faraχ baṭṭ (m)	فرخ بطّ

216. Les oiseaux

oiseau (m)	ṭāʾir (m)	طائر
pigeon (m)	ḥamāma (f)	حمامة
moineau (m)	ʿuṣfūr (m)	عصفور
mésange (f)	qurquf (m)	قرقف
pie (f)	ʿaqʿaq (m)	عقعق
corbeau (m)	ɣurāb aswad (m)	غراب أسود
corneille (f)	ɣurāb (m)	غراب
choucas (m)	zāɣ (m)	زاغ
freux (m)	ɣurāb al qayẓ (m)	غراب القيظ
canard (m)	baṭṭa (f)	بطّة
oie (f)	iwazza (f)	إوزّة
faisan (m)	tadarruʒ (m)	تدرج
aigle (m)	nasr (m)	نسر
épervier (m)	bāz (m)	باز
faucon (m)	ṣaqr (m)	صقر
vautour (m)	raχam (m)	رخم
condor (m)	kundūr (m)	كندور
cygne (m)	timma (m)	تمّة
grue (f)	kurkiy (m)	كركي
cigogne (f)	laqlaq (m)	لقلق
perroquet (m)	babaɣāʾ (m)	ببغاء
colibri (m)	ṭannān (m)	طنّان
paon (m)	ṭāwūs (m)	طاووس
autruche (f)	naʿāma (f)	نعامة
héron (m)	balaʃūn (m)	بلشون
flamant (m)	nuḥām wardiy (m)	نحام ورديّ
pélican (m)	baʒaʿa (f)	بجعة

rossignol (m)	bulbul (m)	بلبل
hirondelle (f)	sunūnū (m)	سنونو
merle (m)	sumna (m)	سمنة
grive (f)	summuna muɣarrida (m)	سمنة مغرّدة
merle (m) noir	ʃaḥrūr aswad (m)	شحرور أسود
martinet (m)	samāma (m)	سمامة
alouette (f) des champs	qubbara (f)	قبّرة
caille (f)	sammān (m)	سمّان
pivert (m)	naqqār al χaʃab (m)	نقّار الخشب
coucou (m)	waqwāq (m)	وقواق
chouette (f)	būma (f)	بومة
hibou (m)	būm urāsiy (m)	بوم أوراسيّ
tétras (m)	dīk il χalanʒ (m)	ديك الخلنج
tétras-lyre (m)	ṭayhūʒ aswad (m)	طيهوج أسود
perdrix (f)	ḥaʒal (m)	حجل
étourneau (m)	zurzūr (m)	زرزور
canari (m)	kanāriy (m)	كناريّ
gélinotte (f) des bois	ṭayhūʒ il bunduq (m)	طيهوج البندق
pinson (m)	ʃurʃūr (m)	شرشور
bouvreuil (m)	diɣnāʃ (m)	دغناش
mouette (f)	nawras (m)	نورس
albatros (m)	al qaṭras (m)	القطرس
pingouin (m)	biṭrīq (m)	بطريق

217. Les oiseaux. Le chant, les cris

chanter (vi)	ɣanna	غنّى
crier (vi)	nāda	نادى
chanter (le coq)	ṣāḥ	صاح
cocorico (m)	kukukuku	كوكوكوكو
glousser (vi)	qaraq	قرق
croasser (vi)	naʿaq	نعق
cancaner (vi)	baṭbaṭ	بطبط
piauler (vi)	ṣaʾṣaʾ	صأصأ
pépier (vi)	zaqzaq	زقزق

218. Les poissons. Les animaux marins

brème (f)	abramīs (m)	أبراميس
carpe (f)	ʃabbūṭ (m)	شبّوط
perche (f)	farχ (m)	فرخ
silure (m)	qarmūṭ (m)	قرموط
brochet (m)	samak al karāki (m)	سمك الكراكي
saumon (m)	salmūn (m)	سلمون
esturgeon (m)	ḥafʃ (m)	حفش

hareng (m)	rinʒa (f)	رنجة
saumon (m) atlantique	salmūn aṭlasiy (m)	سلمون أطلسيّ
maquereau (m)	usqumriy (m)	أسقمريّ
flet (m)	samak mufalṭaḥ (f)	سمك مفلطح
sandre (f)	samak sandar (m)	سمك سندر
morue (f)	qudd (m)	قدّ
thon (m)	tūna (f)	تونة
truite (f)	salmūn muraqqaṭ (m)	سلمون مرقّط
anguille (f)	ḥankalīs (m)	حنكليس
torpille (f)	ra‘‘ād (m)	رعّاد
murène (f)	murāy (m)	موراي
piranha (m)	birāna (f)	بيرانا
requin (m)	qirʃ (m)	قرش
dauphin (m)	dilfīn (m)	دلفين
baleine (f)	ḥūt (m)	حوت
crabe (m)	salṭa‘ūn (m)	سلطعون
méduse (f)	qindīl al baḥr (m)	قنديل البحر
pieuvre (f), poulpe (m)	uχṭubūṭ (m)	أخطبوط
étoile (f) de mer	naʒmat al baḥr (f)	نجمة البحر
oursin (m)	qumfuð al baḥr (m)	قنفذ البحر
hippocampe (m)	ḥiṣān al baḥr (m)	فرس البحر
huître (f)	maḥār (m)	محار
crevette (f)	ʒambari (m)	جمبريّ
homard (m)	istakūza (f)	إستكوزا
langoustine (f)	karkand ʃāik (m)	كركند شائك

219. Les amphibiens. Les reptiles

serpent (m)	θu‘bān (m)	ثعبان
venimeux (adj)	sāmm	سامّ
vipère (f)	af‘a (f)	أفعى
cobra (m)	kūbra (m)	كوبرا
python (m)	biθūn (m)	بيثون
boa (m)	buwā’ (f)	بواء
couleuvre (f)	θu‘bān al ‘uʃb (m)	ثعبان العشب
serpent (m) à sonnettes	af‘a al ʒalʒala (f)	أفعى الجلجلة
anaconda (m)	anakūnda (f)	أناكوندا
lézard (m)	siḥliyya (f)	سحليّة
iguane (m)	iɣwāna (f)	إغوانة
varan (m)	waral (m)	ورل
salamandre (f)	samandar (m)	سمندر
caméléon (m)	ḥirbā’ (f)	حرباء
scorpion (m)	‘aqrab (m)	عقرب
tortue (f)	sulaḥfāt (f)	سلحفاة
grenouille (f)	ḍifḍa‘ (m)	ضفدع

crapaud (m)	ḍifḍaʿ aṭ ṭīn (m)	ضفدع الطين
crocodile (m)	timsāḥ (m)	تمساح

220. Les insectes

insecte (m)	ḥaʃara (f)	حشرة
papillon (m)	farāʃa (f)	فراشة
fourmi (f)	namla (f)	نملة
mouche (f)	ðubāba (f)	ذبابة
moustique (m)	namūsa (f)	ناموسة
scarabée (m)	χunfusa (f)	خنفسة
guêpe (f)	dabbūr (m)	دبّور
abeille (f)	naḥla (f)	نحلة
bourdon (m)	naḥla ṭannāna (f)	نحلة طنّانة
œstre (m)	naʿra (f)	نعرة
araignée (f)	ʿankabūt (m)	عنكبوت
toile (f) d'araignée	nasīʒ ʿankabūt (m)	نسيج عنكبوت
libellule (f)	yaʿsūb (m)	يعسوب
sauterelle (f)	ʒarād (m)	جراد
papillon (m)	ʿitta (f)	عتّة
cafard (m)	ṣurṣūr (m)	صرصور
tique (f)	qurāda (f)	قرادة
puce (f)	burγūθ (m)	برغوث
moucheron (m)	baʿūḍa (f)	بعوضة
criquet (m)	ʒarād (m)	جراد
escargot (m)	ḥalzūn (m)	حلزون
grillon (m)	ṣarrār al layl (m)	صرّار الليل
luciole (f)	yarāʿa muḍīʾa (f)	يراعة مضيئة
coccinelle (f)	daʿsūqa (f)	دعسوقة
hanneton (m)	χunfusa kabīra (f)	خنفسة كبيرة
sangsue (f)	ʿalaqa (f)	علقة
chenille (f)	yasrūʿ (m)	يسروع
ver (m)	dūda (f)	دودة
larve (f)	yaraqa (f)	يرقة

221. Les parties du corps des animaux

bec (m)	minqār (m)	منقار
ailes (f pl)	aʒniḥa (pl)	أجنحة
patte (f)	riʒl (f)	رجل
plumage (m)	rīʃ (m)	ريش
plume (f)	rīʃa (f)	ريشة
houppe (f)	tāʒ (m)	تاج
ouïes (f pl)	χayāʃīm (pl)	خياشيم
œufs (m pl)	bayḍ as samak (pl)	بيض السمك

larve (f)	yaraqa (f)	يرقة
nageoire (f)	ziʻnifa (f)	زعنفة
écaille (f)	ḥarāfiʃ (pl)	حرافش
croc (m)	nāb (m)	ناب
patte (f)	qadam (f)	قدم
museau (m)	χaṭm (m)	خطم
gueule (f)	fam (m)	فم
queue (f)	ðayl (m)	ذيل
moustaches (f pl)	ʃawārib (pl)	شوارب
sabot (m)	ḥāfir (m)	حافر
corne (f)	qarn (m)	قرن
carapace (f)	dirʻ (m)	درع
coquillage (m)	maḥāra (f)	محارة
coquille (f) d'œuf	qiʃrat bayḍa (f)	قشرة بيضة
poil (m)	ʃaʻr (m)	شعر
peau (f)	ʒild (m)	جلد

222. Les mouvements des animaux

voler (vi)	ṭār	طار
faire des cercles	ḥallaq	حلّق
s'envoler (vp)	ṭār	طار
battre des ailes	rafraf	رفرف
picorer (vt)	naqar	نقر
couver (vt)	qaʻad ʻalal bayḍ	قعد على البيض
éclore (vt)	faqas	فقس
faire un nid	bana ʻiʃʃa	بنى عشّة
ramper (vi)	zaḥaf	زحف
piquer (insecte)	lasaʻ	لسع
mordre (animal)	ʻaḍḍ	عضّ
flairer (vt)	taʃammam	تشمّم
aboyer (vi)	nabaḥ	نبح
siffler (serpent)	hashas	هسهس
effrayer (vt)	χawwaf	خوّف
attaquer (vt)	haʒam	هجم
ronger (vt)	qaraḍ	قرض
griffer (vt)	χadaʃ	خدش
se cacher (vp)	istaχbaʼ	إختبأ
jouer (chatons, etc.)	laʻib	لعب
chasser (vi, vt)	iṣṭād	إصطاد
être en hibernation	kān di subāt aʃ ʃitāʼ	كان في سبات الشتاء
disparaître (dinosaures)	inqaraḍ	إنقرض

223. Les habitats des animaux

habitat (m) naturel	mawṭin (m)	موطن
migration (f)	hiʒra (f)	هجرة
montagne (f)	ʒabal (m)	جبل
récif (m)	ʃi'āb (pl)	شعاب
rocher (m)	ʒurf (m)	جرف
forêt (f)	ɣāba (f)	غابة
jungle (f)	adɣāl (pl)	أدغال
savane (f)	savānna (f)	سافانّا
toundra (f)	tundra (f)	تندرا
steppe (f)	sahb (m)	سهب
désert (m)	ṣaḥrā' (f)	صحراء
oasis (f)	wāḥa (f)	واحة
mer (f)	baḥr (m)	بحر
lac (m)	buḥayra (f)	بحيرة
océan (m)	muḥīṭ (m)	محيط
marais (m)	mustanqa' (m)	مستنقع
d'eau douce (adj)	al miyāh al 'aðba	المياه العذبة
étang (m)	birka (f)	بركة
rivière (f), fleuve (m)	nahr (m)	نهر
tanière (f)	wakr (m)	وكر
nid (m)	'uʃʃ (m)	عشّ
creux (m)	ʒawf (m)	جوف
terrier (m) (~ d'un renard)	ʒuḥr (m)	جحر
fourmilière (f)	'uʃʃ naml (m)	عشّ نمل

224. Les soins aux animaux

zoo (m)	ḥadīqat al ḥayawān (f)	حديقة حيوان
réserve (f) naturelle	maḥmiyya ṭabi'iyya (f)	محميّة طبيعيّة
pépinière (f)	murabba (m)	مربّى
volière (f)	qafṣ fil hawā' aṭ ṭalq (m)	قفص في الهواء الطلق
cage (f)	qafṣ (m)	قفص
niche (f)	bayt al kalb (m)	بيت الكلب
pigeonnier (m)	burʒ al ḥamām (m)	برج الحمام
aquarium (m)	ḥawḍ samak (m)	حوض سمك
delphinarium (m)	ḥawḍ dilfīn (m)	حوض دلفين
élever (vt)	rabba	ربّى
nichée (f), portée (f)	ðurriyya (f)	ذرّيّة
apprivoiser (vt)	allaf	ألّف
dresser (un chien)	darrab	درّب
aliments (pl) pour animaux	'alaf (m)	علف
nourrir (vt)	aṭ'am	أطعم

magasin (m) d'animaux	maḥall ḥayawānāt (m)	محلّ حيوانات
muselière (f)	kimāma (f)	كمامة
collier (m)	ṭawq (m)	طوق
nom (m) (d'un animal)	ism (m)	إسم
pedigree (m)	silsilat an nasab (f)	سلسلة النسب

225. Les animaux. Divers

meute (f) (~ de loups)	qaṭīʿ (m)	قطيع
volée (f) d'oiseaux	sirb (m)	سرب
banc (m) de poissons	sirb (m)	سرب
troupeau (m)	qaṭīʿ (m)	قطيع
mâle (m)	ðakar (m)	ذكر
femelle (f)	unθa (f)	أنثى
affamé (adj)	ʒawʿān	جوعان
sauvage (adj)	barriy	برّيّ
dangereux (adj)	χaṭīr	خطير

226. Les chevaux

cheval (m)	ḥiṣān (m)	حصان
race (f)	sulāla (f)	سلالة
poulain (m)	muhr (m)	مهر
jument (f)	unθa al faras (f)	أنثى الفرس
mustang (m)	mustān (m)	موستان
poney (m)	ḥiṣān qazam (m)	حصان قزم
cheval (m) de trait	ḥiṣān an naql (m)	حسان النقل
crin (m)	ʿurf (m)	عرف
queue (f)	ðayl (m)	ذيل
sabot (m)	ḥāfir (m)	حافر
fer (m) à cheval	naʿl (m)	نعل
ferrer (vt)	naʿʿal	نعّل
maréchal-ferrant (m)	ḥaddād (m)	حدّاد
selle (f)	sarʒ (m)	سرج
étrier (m)	rikāb (m)	ركاب
bride (f)	liʒām (m)	لجام
rênes (f pl)	ʿinān (m)	عنان
fouet (m)	kurbāʒ (m)	كرباج
cavalier (m)	fāris (m)	فارس
seller (vt)	asraʒ	أسرج
se mettre en selle	rakib ḥiṣān	جلس على سرج
galop (m)	rimāḥa (f)	رماحة
aller au galop	ʿada bil ḥiṣān	عدا بالحصان

trot (m)	χabab (m)	خبب
au trot (adv)	χābban	خابًا
aller au trot	inṭalaq rākiḍan	إنطلق راكضا
cheval (m) de course	ḥiṣān sibāq (m)	حصان سباق
courses (f pl) à chevaux	sibāq al χayl (m)	سباق الخيل
écurie (f)	isṭabl χayl (m)	إسطبل خيل
nourrir (vt)	aṭ'am	أطعم
foin (m)	qaʃʃ (m)	قشّ
abreuver (vt)	saqa	سقى
laver (le cheval)	naẓẓaf	نظّف
charrette (f)	'arabat χayl (f)	عربة خيل
paître (vi)	irta'a	إرتعى
hennir (vi)	ṣahal	صهل
ruer (vi)	rafas	رفس

La flore

227. Les arbres

arbre (m)	ʃaʒara (f)	شجرة
à feuilles caduques	nafḍiyya	نفضيّة
conifère (adj)	ṣanawbariyya	صنوبريّة
à feuilles persistantes	dā'imat al χuḍra	دائمة الخضرة
pommier (m)	ʃaʒarat tuffāḥ (f)	شجرة تفّاح
poirier (m)	ʃaʒarat kummaθra (f)	شجرة كمّثرى
merisier (m), cerisier (m)	ʃaʒarat karaz (f)	شجرة كرز
prunier (m)	ʃaʒarat barqūq (f)	شجرة برقوق
bouleau (m)	batūla (f)	بتولا
chêne (m)	ballūṭ (f)	بلّوط
tilleul (m)	ʃaʒarat zayzafūn (f)	شجرة زيزفون
tremble (m)	ḥawr raʒrāʒ (m)	حور رجراج
érable (m)	qayqab (f)	قيقب
épicéa (m)	ratinaʒ (f)	راتينج
pin (m)	ṣanawbar (f)	صنوبر
mélèze (m)	arziyya (f)	أرزيّة
sapin (m)	tannūb (f)	تنّوب
cèdre (m)	arz (f)	أرز
peuplier (m)	ḥawr (f)	حور
sorbier (m)	ɣubayrā' (f)	غبيراء
saule (m)	ṣafsāf (f)	صفصاف
aune (m)	ʒār il mā' (m)	جار الماء
hêtre (m)	zān (m)	زان
orme (m)	dardār (f)	دردار
frêne (m)	marān (f)	مران
marronnier (m)	kastanā' (f)	كستناء
magnolia (m)	maɣnūliya (f)	مغنوليا
palmier (m)	naχla (f)	نخلة
cyprès (m)	sarw (f)	سرو
palétuvier (m)	ayka sāḥiliyya (f)	أيكة ساحليّة
baobab (m)	bāubāb (f)	باوباب
eucalyptus (m)	ukaliptus (f)	أوكالبتوس
séquoia (m)	siqūya (f)	سيكويا

228. Les arbustes

buisson (m)	ʃuʒayra (f)	شجيرة
arbrisseau (m)	ʃuʒayrāt (pl)	شجيرات

vigne (f)	karma (f)	كرمة
vigne (f) (vignoble)	karam (m)	كرم
framboise (f)	tūt al ʿullayq al aḥmar (m)	توت العلّيق الأحمر
groseille (f) rouge	kiʃmiʃ aḥmar (m)	كشمش أحمر
groseille (f) verte	ʿinab aθ θaʿlab (m)	عنب الثعلب
acacia (m)	sanṭ (f)	سنط
berbéris (m)	amīr barīs (m)	أمير باريس
jasmin (m)	yāsmīn (m)	ياسمين
genévrier (m)	ʿarʿar (m)	عرعر
rosier (m)	ʃuʒayrat ward (f)	شجيرة ورد
églantier (m)	ward ʒabaliy (m)	ورد جبليّ

229. Les champignons

champignon (m)	fuṭr (f)	فطر
champignon (m) comestible	fuṭr ṣāliḥ lil akl (m)	فطر صالح للأكل
champignon (m) vénéneux	fuṭr sāmm (m)	فطر سامّ
chapeau (m)	ṭarbūʃ al fuṭr (m)	طربوش الفطر
pied (m)	sāq al fuṭr (m)	ساق الفطر
cèpe (m)	fuṭr bulīṭ maʾkūl (m)	فطر بوليط مأكول
bolet (m) orangé	fuṭr aḥmar (m)	فطر أحمر
bolet (m) bai	fuṭr bulīṭ (m)	فطر بوليط
girolle (f)	fuṭr kwīzi (m)	فطر كويزي
russule (f)	fuṭr russūla (m)	فطر روسّولا
morille (f)	fuṭr al ɣūʃna (m)	فطر الغوشنة
amanite (f) tue-mouches	fuṭr amānīt aṭ ṭāʾir as sāmm (m)	فطر أمانيت الطائر السامّ
oronge (f) verte	fuṭr amānīt falusyāniy as sāmm (m)	فطر أمانيت فالوسياني السامّ

230. Les fruits. Les baies

fruit (m)	θamra (f)	ثمرة
fruits (m pl)	θamr (m)	ثمر
pomme (f)	tuffāḥa (f)	تفّاحة
poire (f)	kummaθra (f)	كمّثرى
prune (f)	barqūq (m)	برقوق
fraise (f)	farawla (f)	فراولة
merise (f), cerise (f)	karaz (m)	كرز
raisin (m)	ʿinab (m)	عنب
framboise (f)	tūt al ʿullayq al aḥmar (m)	توت العلّيق الأحمر
cassis (m)	ʿinab aθ θaʿlab al aswad (m)	عنب الثعلب الأسود
groseille (f) rouge	kiʃmiʃ aḥmar (m)	كشمش أحمر
groseille (f) verte	ʿinab aθ θaʿlab (m)	عنب الثعلب
canneberge (f)	tūt aḥmar barriy (m)	توت أحمر برّيّ

orange (f)	burtuqāl (m)	برتقال
mandarine (f)	yūsufiy (m)	يوسفي
ananas (m)	ananās (m)	أناناس
banane (f)	mawz (m)	موز
datte (f)	tamr (m)	تمر
citron (m)	laymūn (m)	ليمون
abricot (m)	miʃmiʃ (f)	مشمش
pêche (f)	durrāq (m)	دراق
kiwi (m)	kiwi (m)	كيوي
pamplemousse (m)	zinbāʿ (m)	زنباع
baie (f)	ḥabba (f)	حبّة
baies (f pl)	ḥabbāt (pl)	حبّات
airelle (f) rouge	ʿinab aθ θawr (m)	عنب الثور
fraise (f) des bois	farāwla barriyya (f)	فراولة برّيّة
myrtille (f)	ʿinab al aḥrāʒ (m)	عنب الأحراج

231. Les fleurs. Les plantes

fleur (f)	zahra (f)	زهرة
bouquet (m)	bāqat zuhūr (f)	باقة زهور
rose (f)	warda (f)	وردة
tulipe (f)	tulīb (f)	توليب
oeillet (m)	qurumful (m)	قرنفل
glaïeul (m)	dalbūθ (f)	دلبوث
bleuet (m)	turunʃāh (m)	ترنشاه
campanule (f)	ʒarīs (m)	جريس
dent-de-lion (f)	hindibāʾ (f)	هندباء
marguerite (f)	babunʒ (m)	بابونج
aloès (m)	aluwwa (m)	ألوّة
cactus (m)	ṣabbār (m)	صبّار
ficus (m)	tīn (m)	تين
lis (m)	sawsan (m)	سوسن
géranium (m)	ibrat ar rāʿi (f)	إبرة الراعي
jacinthe (f)	zanbaq (f)	زنبق
mimosa (m)	mimūza (f)	ميموزا
jonquille (f)	narʒis (f)	نرجس
capucine (f)	abu χanʒar (f)	أبو خنجر
orchidée (f)	saḥlab (f)	سحلب
pivoine (f)	fawniya (f)	فاوانيا
violette (f)	banafsaʒ (f)	بنفسج
pensée (f)	banafsaʒ muθallaθ (m)	بنفسج مثلّث
myosotis (m)	ʾāðān al faʾr (pl)	آذان الفأر
pâquerette (f)	uqḥuwān (f)	أقحوان
coquelicot (m)	χaʃχāʃ (f)	خشخاش
chanvre (m)	qinnab (m)	قنب

menthe (f)	naʿnāʿ (m)	نعناع
muguet (m)	sawsan al wādi (m)	سوسن الوادي
perce-neige (f)	zahrat al laban (f)	زهرة اللبن
ortie (f)	qarrāṣ (m)	قرّاص
oseille (f)	ḥammāḍ (m)	حمّاض
nénuphar (m)	nilūfar (m)	نيلوفر
fougère (f)	saraχs (m)	سرخس
lichen (m)	uʃna (f)	أشنة
serre (f) tropicale	dafīʾa (f)	دفيئة
gazon (m)	ʿuʃb (m)	عشب
parterre (m) de fleurs	ʒunaynat zuhūr (f)	جنينة زهور
plante (f)	nabāt (m)	نبات
herbe (f)	ʿuʃb (m)	عشب
brin (m) d'herbe	ʿuʃba (f)	عشبة
feuille (f)	waraqa (f)	ورقة
pétale (m)	waraqat az zahra (f)	ورقة الزهرة
tige (f)	sāq (f)	ساق
tubercule (m)	darnat nabāt (f)	درنة نبات
pousse (f)	nabta saɣīra (f)	نبتة صغيرة
épine (f)	ʃawka (f)	شوكة
fleurir (vi)	nawwar	نوّر
se faner (vp)	ðabal	ذبل
odeur (f)	rāʾiḥa (f)	رائحة
couper (vt)	qaṭaʿ	قطع
cueillir (fleurs)	qaṭaf	قطف

232. Les céréales

grains (m pl)	ḥubūb (pl)	حبوب
céréales (f pl) (plantes)	maḥāṣīl al ḥubūb (pl)	محاصيل الحبوب
épi (m)	sumbula (f)	سنبلة
blé (m)	qamḥ (m)	قمح
seigle (m)	ʒāwdār (m)	جاودار
avoine (f)	ʃūfān (m)	شوفان
millet (m)	duχn (m)	دخن
orge (f)	ʃaʿīr (m)	شعير
maïs (m)	ðura (f)	ذرّة
riz (m)	urz (m)	أرز
sarrasin (m)	ḥinṭa sawdāʾ (f)	حنطة سوداء
pois (m)	bisilla (f)	بسلّة
haricot (m)	faṣūliya (f)	فاصوليا
soja (m)	fūl aṣ ṣūya (m)	فول الصويا
lentille (f)	ʿadas (m)	عدس
fèves (f pl)	fūl (m)	فول

233. Les légumes

légumes (m pl)	xuḍār (pl)	خضار
verdure (f)	xuḍrawāt waraqiyya (pl)	خضروات ورقيّة
tomate (f)	ṭamāṭim (f)	طماطم
concombre (m)	xiyār (m)	خيار
carotte (f)	ʒazar (m)	جزر
pomme (f) de terre	baṭāṭis (f)	بطاطس
oignon (m)	baṣal (m)	بصل
ail (m)	θūm (m)	ثوم
chou (m)	kurumb (m)	كرنب
chou-fleur (m)	qarnabīṭ (m)	قرنبيط
chou (m) de Bruxelles	kurumb brūksil (m)	كرنب بروكسل
brocoli (m)	brūkuli (m)	بروكلي
betterave (f)	banʒar (m)	بنجر
aubergine (f)	bātinʒān (m)	باذنجان
courgette (f)	kūsa (f)	كوسة
potiron (m)	qarʿ (m)	قرع
navet (m)	lift (m)	لفت
persil (m)	baqdūnis (m)	بقدونس
fenouil (m)	ʃabat (m)	شبت
laitue (f) (salade)	xass (m)	خسّ
céleri (m)	karafs (m)	كرفس
asperge (f)	halyūn (m)	هليون
épinard (m)	sabānix (m)	سبانخ
pois (m)	bisilla (f)	بسلّة
fèves (f pl)	fūl (m)	فول
maïs (m)	ðura (f)	ذرّة
haricot (m)	faṣūliya (f)	فاصوليا
poivron (m)	filfil (m)	فلفل
radis (m)	fiʒl (m)	فجل
artichaut (m)	xurʃūf (m)	خرشوف

LA GÉOGRAPHIE RÉGIONALE

Les pays du monde. Les nationalités

234. L'Europe de l'Ouest

Europe (f)	urūbba (f)	أوروبّا
Union (f) européenne	al ittiḥād al urubbiy (m)	الإتّحاد الأوروبّيّ
européen (m)	urūbbiy (m)	أوروبّيّ
européen (adj)	urūbbiy	أوروبّيّ
Autriche (f)	an nimsa (f)	النمسا
Autrichien (m)	nimsāwy (m)	نمساويّ
Autrichienne (f)	nimsāwiyya (f)	نمساويّة
autrichien (adj)	nimsāwiy	نمساويّ
Grande-Bretagne (f)	briṭāniya al ʿuẓma (f)	بريطانيا العظمى
Angleterre (f)	inʒiltirra (f)	إنجلترّا
Anglais (m)	briṭāniy (m)	بريطانيّ
Anglaise (f)	briṭāniyya (f)	بريطانية
anglais (adj)	inʒlīziy	إنجليزيّ
Belgique (f)	balʒīka (f)	بلجيكا
Belge (m)	balʒīkiy (m)	بلجيكيّ
Belge (f)	balʒīkiyya (f)	بلجيكيّة
belge (adj)	balʒīkiy	بلجيكيّ
Allemagne (f)	almāniya (f)	ألمانيا
Allemand (m)	almāniy (m)	ألمانيّ
Allemande (f)	almāniyya (f)	ألمانيّة
allemand (adj)	almāniy	ألمانيّ
Pays-Bas (m)	hulanda (f)	هولندا
Hollande (f)	hulanda (f)	هولندا
Hollandais (m)	hulandiy (m)	هولنديّ
Hollandaise (f)	hulandiyya (f)	هولنديّة
hollandais (adj)	hulandiy	هولنديّ
Grèce (f)	al yūnān (f)	اليونان
Grec (m)	yunāniy (m)	يونانيّ
Grecque (f)	yunāniyya (f)	يونانية
grec (adj)	yunāniy	يونانيّ
Danemark (m)	ad danimārk (f)	الدانمارك
Danois (m)	danimārkiy (m)	دانماركيّ
Danoise (f)	dānimarkiyya (f)	دانماركيّة
danois (adj)	danimārkiy	دانماركيّ
Irlande (f)	irlanda (f)	أيرلندا
Irlandais (m)	irlandiy (m)	أيرلنديّ

Irlandaise (f)	irlandiyya (f)	أيرلنديّة
irlandais (adj)	irlandiy	أيرلنديّ
Islande (f)	'āyslanda (f)	آيسلندا
Islandais (m)	'āyslandiy (m)	آيسلنديّ
Islandaise (f)	'āyslandiyya (f)	آيسلنديّة
islandais (adj)	'āyslandiy	آيسلنديّ
Espagne (f)	isbāniya (f)	إسبانيا
Espagnol (m)	isbāniy (m)	إسبانيّ
Espagnole (f)	isbāniyya (f)	إسبانيّة
espagnol (adj)	isbāniy	إسبانيّ
Italie (f)	iṭāliya (f)	إيطاليا
Italien (m)	iṭāliy (m)	إيطاليّ
Italienne (f)	iṭāliyya (f)	إيطاليّة
italien (adj)	iṭāliy	إيطاليّ
Chypre (m)	qubruṣ (f)	قبرص
Chypriote (m)	qubruṣiy (m)	قبرصيّ
Chypriote (f)	qubruṣiyya (f)	قبرصيّة
chypriote (adj)	qubruṣiy	قبرصيّ
Malte (f)	malṭa (f)	مالطا
Maltais (m)	mālṭiy (m)	مالطيّ
Maltaise (f)	malṭiyya (f)	مالطيّة
maltais (adj)	mālṭiy	مالطيّ
Norvège (f)	an nirwīʒ (f)	النرويج
Norvégien (m)	nurwīʒiy (m)	نرويجي
Norvégienne (f)	nurwīʒiyya (f)	نرويجية
norvégien (adj)	nurwīʒiy	نرويجيّ
Portugal (m)	al burtuɣāl (f)	البرتغال
Portugais (m)	burtuɣāliy (m)	برتغاليّ
Portugaise (f)	burtuɣāliyya (f)	برتغاليّة
portugais (adj)	burtuɣāliy	برتغاليّ
Finlande (f)	finlanda (f)	فنلندا
Finlandais (m)	finlandiy (m)	فنلنديّ
Finlandaise (f)	finlandiyya (f)	فنلنديّة
finlandais (adj)	finlandiy	فنلنديّ
France (f)	faransa (f)	فرنسا
Français (m)	faransiy (m)	فرنسيّ
Française (f)	faransiyya (f)	فرنسيّة
français (adj)	faransiy	فرنسيّ
Suède (f)	as suwayd (f)	السويد
Suédois (m)	suwaydiy (m)	سويديّ
Suédoise (f)	suwaydiyya (f)	سويديّة
suédois (adj)	suwaydiy	سويديّ
Suisse (f)	swīsra (f)	سويسرا
Suisse (m)	swisriy (m)	سويسريّ
Suissesse (f)	swisriyya (f)	سويسريّة

suisse (adj)	swisriy	سويسريّ
Écosse (f)	iskutlanda (f)	اسكتلندا
Écossais (m)	iskutlandiy (m)	اسكتلنديّ
Écossaise (f)	iskutlandiyya (f)	اسكتلنديّة
écossais (adj)	iskutlandiy	اسكتلنديّ
Vatican (m)	al vatikān (m)	الفاتيكان
Liechtenstein (m)	liʃtinʃtāyn (m)	ليشتنشتاين
Luxembourg (m)	luksimburɣ (f)	لوكسمبورغ
Monaco (m)	munāku (f)	موناكو

235. L'Europe Centrale et l'Europe de l'Est

Albanie (f)	albāniya (f)	ألبانيا
Albanais (m)	albāniy (m)	ألبانيّ
Albanaise (f)	albāniyya (f)	ألبانيّة
albanais (adj)	albāniy	ألبانيّ
Bulgarie (f)	bulɣāriya (f)	بلغاريا
Bulgare (m)	bulɣāriy (m)	بلغاريّ
Bulgare (f)	bulɣāriyya (f)	بلغاريّة
bulgare (adj)	bulɣāriy	بلغاريّ
Hongrie (f)	al maʒar (f)	المجر
Hongrois (m)	maʒariy (m)	مجريّ
Hongroise (f)	maʒariyya (f)	مجريّة
hongrois (adj)	maʒariy	مجريّ
Lettonie (f)	lātviya (f)	لاتفيا
Letton (m)	lātviy (m)	لاتفيّ
Lettonne (f)	lātviyya (f)	لاتفيّة
letton (adj)	lātviy	لاتفيّ
Lituanie (f)	litwāniya (f)	ليتوانيا
Lituanien (m)	litwāniy (m)	ليتوانيّ
Lituanienne (f)	litwāniyya (f)	ليتوانيّة
lituanien (adj)	litwāny	ليتوانيّ
Pologne (f)	bulanda (f)	بولندا
Polonais (m)	bulandiy (m)	بولنديّ
Polonaise (f)	bulandiyya (f)	بولنديّة
polonais (adj)	bulandiy	بولنديّ
Roumanie (f)	rumāniya (f)	رومانيا
Roumain (m)	rumāniy (m)	رومانيّ
Roumaine (f)	rumāniyya (f)	رومانيّة
roumain (adj)	rumāniy	رومانيّ
Serbie (f)	ṣirbiya (f)	صربيا
Serbe (m)	ṣirbiy (m)	صربيّ
Serbe (f)	ṣirbiyya (f)	صربيّة
serbe (adj)	ṣirbiy	صربيّ
Slovaquie (f)	sluvākiya (f)	سلوفاكيا
Slovaque (m)	sluvākiy (m)	سلوفاكيّ

Slovaque (f)	sluvākiyya (f)	سلوفاكيّة
slovaque (adj)	sluvākiy	سلوفاكيّ
Croatie (f)	kruātiya (f)	كرواتيا
Croate (m)	kruātiy (m)	كرواتيّ
Croate (f)	kruātiyya (f)	كرواتيّة
croate (adj)	kruātiy	كرواتيّ
République (f) Tchèque	atʃ tʃīk (f)	التشيك
Tchèque (m)	tʃīkiy (m)	تشيكيّ
Tchèque (f)	tʃīkiyya (f)	تشيكيّة
tchèque (adj)	tʃīkiy	تشيكيّ
Estonie (f)	istūniya (f)	إستونيا
Estonien (m)	istūniy (m)	إستونيّ
Estonienne (f)	istūniyya (f)	إستونيّة
estonien (adj)	istūniy	إستونيّ
Bosnie (f)	al busna wal hirsuk (f)	البوسنة والهرسك
Macédoine (f)	maqdūniya (f)	مقدونيا
Slovénie (f)	sluvīniya (f)	سلوفينيا
Monténégro (m)	al ʒabal al aswad (m)	الجبل الأسود

236. Les pays de l'ex-U.R.S.S.

Azerbaïdjan (m)	aðarbiʒān (m)	أذربيجان
Azerbaïdjanais (m)	aðarbiʒāniy (m)	أذربيجانيّ
Azerbaïdjanaise (f)	aðarbiʒāniyya (f)	أذربيجانيّة
azerbaïdjanais (adj)	aðarbiʒāniy	أذربيجانيّ
Arménie (f)	armīniya (f)	أرمينيا
Arménien (m)	armaniy (m)	أرمنيّ
Arménienne (f)	armaniyya (f)	أرمنيّة
arménien (adj)	armaniy	أرمنيّ
Biélorussie (f)	bilarūs (f)	بيلاروس
Biélorusse (m)	bilarūsiy (m)	بيلاروسيّ
Biélorusse (f)	bilārūsiyya (f)	بيلاروسيّة
biélorusse (adj)	bilarūsiy	بيلاروسيّ
Géorgie (f)	ʒūrʒiya (f)	جورجيا
Géorgien (m)	ʒurʒiy (m)	جورجيّ
Géorgienne (f)	ʒurʒiyya (f)	جورجيّة
géorgien (adj)	ʒurʒiy	جورجيّ
Kazakhstan (m)	kazaχstān (f)	كازاخستان
Kazakh (m)	kazaχstāniy (m)	كازاخستانيّ
Kazakhe (f)	kazaχstāniyya (f)	كازاخستانيّة
kazakh (adj)	kazaχstāniy	كازاخستانيّ
Kirghizistan (m)	qirɣizistān (f)	قيرغيزستان
Kirghiz (m)	qirɣizistāny (m)	قيرغيزستانيّ
Kirghize (f)	qirɣizistāniyya (f)	قيرغيزستانيّة
kirghiz (adj)	qirɣizistāniy	قيرغيزستانيّ

Moldavie (f)	muldāviya (f)	مولدافيا
Moldave (m)	muldāviy (m)	مولدافيّ
Moldave (f)	muldāviyya (f)	مولدافيّة
moldave (adj)	muldāviy	مولدافيّ
Russie (f)	rūsiya (f)	روسيا
Russe (m)	rūsiy (m)	روسيّ
Russe (f)	rūsiyya (f)	روسيّة
russe (adj)	rūsiy	روسيّ
Tadjikistan (m)	ṭaʒīkistān (f)	طاجيكستان
Tadjik (m)	ṭaʒīkiy (m)	طاجيكيّ
Tadjik (f)	ṭaʒīkiyya (f)	طاجيكيّة
tadjik (adj)	ṭaʒīkiy	طاجيكيّ
Turkménistan (m)	turkmānistān (f)	تركمانستان
Turkmène (m)	turkmāniy (m)	تركمانيّ
Turkmène (f)	turkmāniyya (f)	تركمانيّة
turkmène (adj)	turkmāniy	تركمانيّ
Ouzbékistan (m)	uzbikistān (f)	أوزبكستان
Ouzbek (m)	uzbikiy (m)	أوزبكيّ
Ouzbek (f)	uzbikiyya (f)	أوزبكيّة
ouzbek (adj)	uzbikiy	أوزبكيّ
Ukraine (f)	ukrāniya (f)	أوكرانيا
Ukrainien (m)	ukrāniy (m)	أوكرانيّ
Ukrainienne (f)	ukrāniyya (f)	أوكرانيّة
ukrainien (adj)	ukrāniy	أوكرانيّ

237. L'Asie

Asie (f)	'āsiya (f)	آسيا
asiatique (adj)	'āsyawiy	آسيويّ
Vietnam (m)	vitnām (f)	فيتنام
Vietnamien (m)	vitnāmiy (m)	فيتناميّ
Vietnamienne (f)	vitnāmiyya (f)	فيتناميّة
vietnamien (adj)	vitnāmiy	فيتناميّ
Inde (f)	al hind (f)	الهند
Indien (m)	hindiy (m)	هنديّ
Indienne (f)	hindiyya (f)	هنديّة
indien (adj)	hindiy	هنديّ
Israël (m)	isrā'īl (f)	إسرائيل
Israélien (m)	isra'īliy (m)	إسرائيليّ
Israélienne (f)	isrā'īliyya (f)	إسرائيليّة
israélien (adj)	isrā'īliy	إسرائيليّ
Juif (m)	yahūdiy (m)	يهوديّ
Juive (f)	yahūdiyya (f)	يهوديّة
juif (adj)	yahūdiy	يهوديّ
Chine (f)	aṣ ṣīn (f)	الصين

Chinois (m)	ṣīniy (m)	صينيّ
Chinoise (f)	ṣīniyya (f)	صينيّة
chinois (adj)	ṣīniy	صينيّ
Coréen (m)	kūriy (m)	كوريّ
Coréenne (f)	kuriyya (f)	كوريّة
coréen (adj)	kūriy	كوريّ
Liban (m)	lubnān (f)	لبنان
Libanais (m)	lubnāniy (m)	لبنانيّ
Libanaise (f)	lubnāniyya (f)	لبنانيّة
libanais (adj)	lubnāniy	لبنانيّ
Mongolie (f)	manɣūliya (f)	منغوليا
Mongole (m)	manɣūliy (m)	منغوليّ
Mongole (f)	manɣūliyya (f)	منغوليّة
mongole (adj)	manɣūliy	منغوليّ
Malaisie (f)	malīziya (f)	ماليزيا
Malaisien (m)	malīziy (m)	ماليزيّ
Malaisienne (f)	malīziyya (f)	ماليزيّة
malais (adj)	malīziy	ماليزيّ
Pakistan (m)	bakistān (f)	باكستان
Pakistanais (m)	bakistāniy (m)	باكستانيّ
Pakistanaise (f)	bakistāniyya (f)	باكستانيّة
pakistanais (adj)	bakistāniy	باكستانيّ
Arabie (f) Saoudite	as sa'ūdiyya (f)	السعوديّة
Arabe (m)	'arabiy (m)	عربيّ
Arabe (f)	'arabiyya (f)	عربيّة
arabe (adj)	'arabiy	عربيّ
Thaïlande (f)	taylānd (f)	تايلاند
Thaïlandais (m)	taylāndiy (m)	تايلانديّ
Thaïlandaise (f)	taylandiyya (f)	تايلانديّة
thaïlandais (adj)	taylāndiy	تايلانديّ
Taïwan (m)	taywān (f)	تايوان
Taïwanais (m)	taywāniy (m)	تايوانيّ
Taïwanaise (f)	taywāniyya (f)	تايوانيّة
taïwanais (adj)	taywāniy	تايوانيّ
Turquie (f)	turkiya (f)	تركيا
Turc (m)	turkiy (m)	تركيّ
Turque (f)	turkiyya (f)	تركيّة
turc (adj)	turkiy	تركيّ
Japon (m)	al yabān (f)	اليابان
Japonais (m)	yabāniy (m)	يابانيّ
Japonaise (f)	yabāniyya (f)	يابانيّة
japonais (adj)	yabāniy	يابانيّ
Afghanistan (m)	afɣanistān (f)	أفغانستان
Bangladesh (m)	banʒladīʃ (f)	بنجلاديش
Indonésie (f)	indunīsiya (f)	إندونيسيا

Jordanie (f)	al urdun (m)	الأردن
Iraq (m)	al ʿirāq (m)	العراق
Iran (m)	ʾīrān (f)	إيران
Cambodge (m)	kambūdya (f)	كمبوديا
Koweït (m)	al kuwayt (f)	الكويت
Laos (m)	lawus (f)	لاوس
Myanmar (m)	myanmār (f)	ميانمار
Népal (m)	nibāl (f)	نيبال
Fédération (f) des Émirats Arabes Unis	al imārāt al ʿarabiyya al muttaḥida (pl)	الإمارات العربيّة المتّحدة
Syrie (f)	sūriya (f)	سوريا
Palestine (f)	filisṭīn (f)	فلسطين
Corée (f) du Sud	kuriya al ʒanūbiyya (f)	كوريا الجنوبيّة
Corée (f) du Nord	kūria aʃ ʃimāliyya (f)	كوريا الشماليّة

238. L'Amérique du Nord

Les États Unis	al wilāyāt al muttaḥida al amrīkiyya (pl)	الولايات المتّحدة الأمريكيّة
Américain (m)	amrīkiy (m)	أمريكيّ
Américaine (f)	amrīkiyya (f)	أمريكيّة
américain (adj)	amrīkiy	أمريكيّ
Canada (m)	kanada (f)	كندا
Canadien (m)	kanadiy (m)	كنديّ
Canadienne (f)	kanadiyya (f)	كنديّة
canadien (adj)	kanadiy	كنديّ
Mexique (m)	al maksīk (f)	المكسيك
Mexicain (m)	maksīkiy (m)	مكسيكيّ
Mexicaine (f)	maksīkiyya (f)	مكسيكيّة
mexicain (adj)	maksīkiy	مكسيكيّ

239. L'Amérique Centrale et l'Amérique du Sud

Argentine (f)	arʒantīn (f)	الأرجنتين
Argentin (m)	arʒantīniy (m)	أرجنتينيّ
Argentine (f)	arʒantīniyya (f)	أرجنتينيّة
argentin (adj)	arʒantīniy	أرجنتينيّ
Brésil (m)	al brazīl (f)	البرازيل
Brésilien (m)	brazīliy (m)	برازيليّ
Brésilienne (f)	brazīliyya (f)	برازيليّة
brésilien (adj)	brazīliy	برازيليّ
Colombie (f)	kulumbiya (f)	كولومبيا
Colombien (m)	kulumbiy (m)	كولومبيّ
Colombienne (f)	kulumbiyya (f)	كولومبيّة
colombien (adj)	kulumbiy	كولومبيّ
Cuba (f)	kūba (f)	كوبا

Cubain (m)	kūbiy (m)	كوبيّ
Cubaine (f)	kūbiyya (f)	كوبيّة
cubain (adj)	kūbiy	كوبيّ
Chili (m)	tʃīli (f)	تشيلي
Chilien (m)	tʃīliy (m)	تشيليّ
Chilienne (f)	tʃīliyya (f)	تشيليّة
chilien (adj)	tʃīliy	تشيليّ
Bolivie (f)	bulīviya (f)	بوليفيا
Venezuela (f)	vinizwiyla (f)	فنزويلا
Paraguay (m)	baraɣwāy (f)	باراغواي
Pérou (m)	biru (f)	بيرو
Surinam (m)	surinām (f)	سورينام
Uruguay (m)	uruɣwāy (f)	الأوروغواي
Équateur (m)	al iqwadūr (f)	الإكوادور
Bahamas (f pl)	ʒuzur bahāmas (pl)	جزر باهاماس
Haïti (m)	haīti (f)	هايتي
République (f) Dominicaine	ʒumhūriyyat ad duminikan (f)	جمهوريّة الدومينيكان
Panamá (m)	banama (f)	بنما
Jamaïque (f)	ʒamāyka (f)	جامايكا

240. L'Afrique

Égypte (f)	miṣr (f)	مصر
Égyptien (m)	miṣriy (m)	مصريّ
Égyptienne (f)	miṣriyya (f)	مصريّة
égyptien (adj)	miṣriy	مصريّ
Maroc (m)	al maɣrib (m)	المغرب
Marocain (m)	maɣribiy (m)	مغربيّ
Marocaine (f)	maɣribiyya (f)	مغربيّة
marocain (adj)	maɣribiy	مغربيّ
Tunisie (f)	tūnis (f)	تونس
Tunisien (m)	tūnisiy (m)	تونسيّ
Tunisienne (f)	tūnisiyya (f)	تونسيّة
tunisien (adj)	tūnisiy	تونسيّ
Ghana (m)	ɣāna (f)	غانا
Zanzibar (m)	zanʒibār (f)	زنجبار
Kenya (m)	kiniya (f)	كينيا
Libye (f)	lībiya (f)	ليبيا
Madagascar (f)	madaɣaʃqar (f)	مدغشقر
Namibie (f)	namībiya (f)	ناميبيا
Sénégal (m)	as siniɣāl (f)	السنغال
Tanzanie (f)	tanzāniya (f)	تنزانيا
République (f) Sud-africaine	ʒumhūriyyat afrīqiya al ʒanūbiyya (f)	جمهوريّة أفريقيا الجنوبيّة
Africain (m)	afrīqiy (m)	أفريقيّ
Africaine (f)	afrīqiyya (f)	أفريقيّة
africain (adj)	afrīqiy	أفريقيّ

241. L'Australie et Océanie

Australie (f)	usturāliya (f)	أستراليا
Australien (m)	usturāliy (m)	أستراليّ
Australienne (f)	usturāliyya (f)	أستراليّة
australien (adj)	usturāliy	أستراليّ
Nouvelle Zélande (f)	nyu zilanda (f)	نيوزيلندا
Néo-Zélandais (m)	nyu zilandiy (m)	نيوزيلنديّ
Néo-Zélandaise (f)	nyu zilandiyya (f)	نيوزيلنديّة
néo-zélandais (adj)	nyu zilandiy	نيوزيلنديّ
Tasmanie (f)	tasmāniya (f)	تاسمانيا
Polynésie (f) Française	bulinīziya al faransiyya (f)	بولينزيا الفرنسيّة

242. Les grandes villes

Amsterdam (f)	amstirdām (f)	أمستردام
Ankara (m)	anqara (f)	أنقرة
Athènes (m)	aθīna (f)	أثينا
Bagdad (m)	baɣdād (f)	بغداد
Bangkok (m)	bankūk (f)	بانكوك
Barcelone (f)	barʃalūna (f)	برشلونة
Berlin (m)	birlīn (f)	برلين
Beyrouth (m)	bayrūt (f)	بيروت
Bombay (m)	bumbāy (f)	بومباى
Bonn (f)	būn (f)	بون
Bordeaux (f)	burdu (f)	بوردو
Bratislava (m)	bratislāva (f)	براتيسلافا
Bruxelles (m)	brūksil (f)	بروكسل
Bucarest (m)	buχarist (f)	بوخارست
Budapest (m)	budabist (f)	بودابست
Caire (m)	al qāhira (f)	القاهرة
Calcutta (f)	kalkutta (f)	كلكتا
Chicago (f)	ʃikāɣu (f)	شيكاغو
Copenhague (f)	kubinhāʒin (f)	كوبنهاجن
Dar es-Salaam (f)	dar as salām (f)	دار السلام
Delhi (f)	dilhi (f)	دلهي
Dubaï (f)	dibay (f)	دبي
Dublin (f)	dablin (f)	دبلن
Düsseldorf (f)	dusildurf (f)	دوسلدورف
Florence (f)	flurinsa (f)	فلورنسا
Francfort (f)	frankfurt (f)	فرانكفورت
Genève (f)	ʒinīv (f)	جنيف
Hague (f)	lahāy (f)	لاهاى
Hambourg (f)	hamburɣ (m)	هامبورغ
Hanoi (f)	hanuy (f)	هانوى

Havane (f)	havāna (f)	هافانا
Helsinki (f)	hilsinki (f)	هلسنكي
Hiroshima (f)	hiruʃima (f)	هيروشيما
Hong Kong (m)	huny kuny (f)	هونغ كونغ
Istanbul (f)	isṭanbūl (f)	إسطنبول
Jérusalem (f)	al quds (f)	القدس
Kiev (f)	kiyiv (f)	كييف
Kuala Lumpur (f)	kuala lumpur (f)	كوالالمبور
Lisbonne (f)	liʃbūna (f)	لشبونة
Londres (m)	lundun (f)	لندن
Los Angeles (f)	lus anʒilis (f)	لوس أنجلوس
Lyon (f)	liyūn (f)	ليون
Madrid (f)	madrīd (f)	مدريد
Marseille (f)	marsīliya (f)	مرسيليا
Mexico (f)	madīnat maksiku (f)	مدينة مكسيكو
Miami (f)	mayāmi (f)	ميامي
Montréal (f)	muntriyāl (f)	مونتريال
Moscou (f)	musku (f)	موسكو
Munich (f)	myūniχ (f)	ميونخ
Nairobi (f)	nayrūbi (f)	نيروبي
Naples (f)	nabuli (f)	نابولي
New York (f)	nyu yūrk (f)	نيويورك
Nice (f)	nīs (f)	نيس
Oslo (m)	uslu (f)	أوسلو
Ottawa (m)	uttawa (f)	أوتاوا
Paris (m)	barīs (f)	باريس
Pékin (m)	bikīn (f)	بيكين
Prague (m)	brāɣ (f)	براغ
Rio de Janeiro (m)	riu di ʒaniyru (f)	ريو دي جانيرو
Rome (f)	rūma (f)	روما
Saint-Pétersbourg (m)	sant bitirsburɣ (f)	سانت بطرسبرغ
Séoul (m)	siūl (f)	سيول
Shanghai (m)	ʃanɣhāy (f)	شانغهاي
Sidney (m)	sidniy (f)	سيدني
Singapour (f)	sinɣafūra (f)	سنغافورة
Stockholm (m)	stukhūlm (f)	ستوكهولم
Taipei (m)	taybay (f)	تايبيه
Tokyo (m)	ṭukyu (f)	طوكيو
Toronto (m)	turūntu (f)	تورونتو
Varsovie (f)	warsaw (f)	وارسو
Venise (f)	al bunduqiyya (f)	البندقيّة
Vienne (f)	vyīna (f)	فيينا
Washington (f)	wāʃinṭun (f)	واشنطن

243. La politique. Le gouvernement. Partie 1

politique (f)	siyāsa (f)	سياسة
politique (adj)	siyāsiy	سياسيّ

homme (m) politique	siyāsiy (m)	سياسيّ
état (m)	dawla (f)	دولة
citoyen (m)	muwāṭin (m)	مواطن
citoyenneté (f)	ʒinsiyya (f)	جنسيّة
armoiries (f pl) nationales	ʃi'ār waṭaniy (m)	شعار وطنيّ
hymne (m) national	naʃīd waṭaniy (m)	نشيد وطني
gouvernement (m)	ḥukūma (f)	حكومة
chef (m) d'état	ra's ad dawla (m)	رأس الدولة
parlement (m)	barlamān (m)	برلمان
parti (m)	ḥizb (m)	حزب
capitalisme (m)	ra'smāliyya (f)	رأسماليّة
capitaliste (adj)	ra'smāliy	رأسماليّ
socialisme (m)	iʃtirākiyya (f)	إشتراكيّة
socialiste (adj)	iʃtirākiy	إشتراكيّ
communisme (m)	ʃuyū'iyya (f)	شيوعيّة
communiste (adj)	ʃuyū'iy	شيوعيّ
communiste (m)	ʃuyū'iy (m)	شيوعي
démocratie (f)	dimuqraṭiyya (f)	ديموقراطيّة
démocrate (m)	dimuqrāṭiy (m)	ديموقراطيّ
démocratique (adj)	dimuqrāṭiy	ديموقراطي
parti (m) démocratique	al ḥizb ad dimukrāṭiy (m)	الحزب الديموقراطيّ
libéral (m)	libirāliy (m)	ليبراليّ
libéral (adj)	libirāliy	ليبرالي
conservateur (m)	muḥāfiẓ (m)	محافظ
conservateur (adj)	muḥāfiẓ	محافظ
république (f)	ʒumhūriyya (f)	جمهوريّة
républicain (m)	ʒumhūriy (m)	جمهوريّ
parti (m) républicain	al ḥizb al ʒumhūriy (m)	الحزب الجمهوريّ
élections (f pl)	intiχābāt (pl)	إنتخابات
élire (vt)	intaχab	إنتخب
électeur (m)	nāχib (m)	ناخب
campagne (f) électorale	ḥamla intiχābiyya (f)	حملة إنتخابيّة
vote (m)	taṣwīt (m)	تصويت
voter (vi)	ṣawwat	صوّت
droit (m) de vote	ḥaqq al intiχāb (m)	حقّ الإنتخاب
candidat (m)	muraʃʃaḥ (m)	مرشّح
poser sa candidature	raʃʃaḥ nafsahu	رشّح نفسه
campagne (f)	ḥamla (f)	حملة
d'opposition (adj)	mu'āriḍ	معارض
opposition (f)	mu'āraḍa (f)	معارضة
visite (f)	ziyāra (f)	زيارة
visite (f) officielle	ziyāra rasmiyya (f)	زيارة رسميّة
international (adj)	duwaliy	دوليّ

négociations (f pl)	mubāḥaθāt (pl)	مباحثات
négocier (vi)	aʒra mubāḥaθāt	أجرى مباحثات

244. La politique. Le gouvernement. Partie 2

société (f)	muʒtamaʿ (m)	مجتمع
constitution (f)	dustūr (m)	دستور
pouvoir (m)	sulṭa (f)	سلطة
corruption (f)	fasād (m)	فساد
loi (f)	qānūn (m)	قانون
légal (adj)	qānūniy	قانونيّ
justice (f)	ʿadāla (f)	عدالة
juste (adj)	ʿādil	عادل
comité (m)	laʒna (f)	لجنة
projet (m) de loi	maʃrūʿ qānūn (m)	مشروع قانون
budget (m)	mīzāniyya (f)	ميزانيّة
politique (f)	siyāsa (f)	سياسة
réforme (f)	iṣlāḥ (m)	إصلاح
radical (adj)	radikāliy	راديكاليّ
puissance (f)	quwwa (f)	قوّة
puissant (adj)	qawiy	قويّ
partisan (m)	muʼayyid (m)	مؤيّد
influence (f)	taʼθīr (m)	تأثير
régime (m)	niẓām ḥukm (m)	نظام حكم
conflit (m)	χilāf (m)	خلاف
complot (m)	muʼāmara (f)	مؤامرة
provocation (f)	istifzāz (m)	إستفزاز
renverser (le régime)	asqaṭ	أسقط
renversement (m)	isqāṭ (m)	إسقاط
révolution (f)	θawra (f)	ثورة
coup (m) d'État	inqilāb (m)	إنقلاب
coup (m) d'État militaire	inqilāb ʿaskariy (m)	انقلاب عسكريّ
crise (f)	azma (f)	أزمة
baisse (f) économique	rukūd iqtiṣādiy (m)	ركود إقتصاديّ
manifestant (m)	mutaẓāhir (m)	متظاهر
manifestation (f)	muẓāhara (f)	مظاهرة
loi (f) martiale	al aḥkām al ʿurfiyya (pl)	الأحكام العرفيّة
base (f) militaire	qaʿida ʿaskariyya (f)	قاعدة عسكريّة
stabilité (f)	istiqrār (m)	إستقرار
stable (adj)	mustaqirr	مستقرّ
exploitation (f)	istiɣlāl (m)	إستغلال
exploiter (vt)	istaɣall	إستغلّ
racisme (m)	ʿunṣuriyya (f)	عنصريّة
raciste (m)	ʿunṣuriy (m)	عنصريّ

fascisme (m)	fāʃiyya (f)	فاشيّة
fasciste (m)	fāʃiy (m)	فاشيّ

245. Les différents pays du monde. Divers

étranger (m)	aʒnabiy (m)	أجنبيّ
étranger (adj)	aʒnabiy	أجنبيّ
à l'étranger (adv)	fil χāriʒ	في الخارج
émigré (m)	nāziḥ (m)	نازح
émigration (f)	nuziḥ (m)	نزوح
émigrer (vi)	nazūḥ	نزح
Ouest (m)	al ɣarb (m)	الغرب
Est (m)	aʃ ʃarq (m)	الشرق
Extrême Orient (m)	aʃ ʃarq al aqṣa (m)	الشرق الأقصى
civilisation (f)	ḥaḍāra (f)	حضارة
humanité (f)	al baʃariyya (f)	البشريّة
monde (m)	al ʿālam (m)	العالم
paix (f)	salām (m)	سلام
mondial (adj)	ʿālamiy	عالميّ
patrie (f)	waṭan (m)	وطن
peuple (m)	ʃaʿb (m)	شعب
population (f)	sukkān (pl)	سكّان
gens (m pl)	nās (pl)	ناس
nation (f)	umma (f)	أمّة
génération (f)	ʒīl (m)	جيل
territoire (m)	arḍ (f)	أرض
région (f)	mintaqa (f)	منطقة
état (m) (partie du pays)	wilāya (f)	ولاية
tradition (f)	taqlīd (m)	تقليد
coutume (f)	ʿāda (f)	عادة
écologie (f)	ʿilm al bīʾa (m)	علم البيئة
indien (m)	hindiy aḥmar (m)	هنديّ أحمر
bohémien (m)	ɣaʒariy (m)	غجريّ
bohémienne (f)	ɣaʒariyya (f)	غجريّة
bohémien (adj)	ɣaʒariy	غجريّ
empire (m)	imbiraṭuriyya (f)	امبراطوريّة
colonie (f)	mustaʿmara (f)	مستعمرة
esclavage (m)	ʿubūdiyya (f)	عبوديّة
invasion (f)	ɣazw (m)	غزو
famine (f)	maʒāʿa (f)	مجاعة

246. Les groupes religieux. Les confessions

religion (f)	dīn (m)	دين
religieux (adj)	dīniy	دينيّ

foi (f)	'īmān (m)	إيمان
croire (en Dieu)	'āman	آمن
croyant (m)	mu'min (m)	مؤمن
athéisme (m)	al ilḥād (m)	الإلحاد
athée (m)	mulḥid (m)	ملحد
christianisme (m)	al masīḥiyya (f)	المسيحيّة
chrétien (m)	masīḥiy (m)	مسيحيّ
chrétien (adj)	masīḥiy	مسيحيّ
catholicisme (m)	al kaθūlikiyya (f)	الكاثوليكيّة
catholique (m)	kaθulīkiy (m)	كاثوليكيّ
catholique (adj)	kaθulīkiy	كاثوليكيّ
protestantisme (m)	al brutistantiyya (f)	البروتستانتية
Église (f) protestante	al kanīsa al brutistantiyya (f)	الكنيسة البروتستانتيّة
protestant (m)	brutistantiy (m)	بروتستانتيّ
Orthodoxie (f)	urθuðuksiyya (f)	الأرثوذكسيّة
Église (f) orthodoxe	al kanīsa al urθuðuksiyya (f)	الكنيسة الأرثوذكسيّة
orthodoxe (m)	urθuðuksiy (m)	أرثوذكسيّ
Presbytérianisme (m)	maʃīχiyya (f)	المشيخيّة
Église (f) presbytérienne	al kanīsa al maʃīχiyya (f)	الكنيسة المشيخيّة
presbytérien (m)	maʃīχiy (m)	مشيخيّ
Église (f) luthérienne	al kanīsa al luθiriyya (f)	الكنيسة اللوثريّة
luthérien (m)	luθiriy (m)	لوثريّ
Baptisme (m)	al kanīsa al ma'madāniyya (f)	الكنيسة المعمدانيّة
baptiste (m)	ma'madāniy (m)	معمدانيّ
Église (f) anglicane	al kanīsa al anʒlikāniyya (f)	الكنيسة الإنجليكانيّة
anglican (m)	anʒlikāniy (m)	أنجليكانيّ
Mormonisme (m)	al murumūniyya (f)	المورمونيّة
mormon (m)	masīḥiy murmūn (m)	مسيحيّ مرمون
judaïsme (m)	al yahūdiyya (f)	اليهودية
juif (m)	yahūdiy (m)	يهوديّ
Bouddhisme (m)	al būðiyya (f)	البوذيّة
bouddhiste (m)	būðiy (m)	بوذيّ
hindouisme (m)	al hindūsiyya (f)	الهندوسيّة
hindouiste (m)	hindūsiy (m)	هندوسيّ
islam (m)	al islām (m)	الإسلام
musulman (m)	muslim (m)	مسلم
musulman (adj)	islāmiy	إسلاميّ
Chiisme (m)	al maðhab aʃ ʃī'iy (m)	المذهب الشيعيّ
chiite (m)	ʃī'iy (m)	شيعيّ
Sunnisme (m)	al maðhab as sunniy (m)	المذهب السنّيّ
sunnite (m)	sunniy (m)	سنّيّ

247. Les principales religions. Le clergé

prêtre (m)	qissīs (m), kāhin (m)	قسّيس, كاهن
Pape (m)	al bāba (m)	البابا
moine (m)	rāhib (m)	راهب
bonne sœur (f)	rāhiba (f)	راهبة
pasteur (m)	qissīs (m)	قسّيس
abbé (m)	ra'īs ad dayr (m)	رئيس الدير
vicaire (m)	viqār (m)	فيقار
évêque (m)	usquf (m)	أسقف
cardinal (m)	kardināl (m)	كاردينال
prédicateur (m)	tabʃīr (m)	تبشير
sermon (m)	χuṭba (f)	خطبة
paroissiens (m pl)	ra'iyyat al abraʃiyya (f)	رعية الأبرشيّة
croyant (m)	mu'min (m)	مؤمن
athée (m)	mulḥid (m)	ملحد

248. La foi. Le Christianisme. L'Islam

Adam	'ādam (m)	آدم
Ève	ḥawā' (f)	حواء
Dieu (m)	allah (m)	الله
le Seigneur	ar rabb (m)	الربّ
le Tout-Puissant	al qadīr (m)	القدير
péché (m)	ðamb (m)	ذنب
pécher (vi)	aðnab	أذنب
pécheur (m)	muðnib (m)	مذنب
pécheresse (f)	muðniba (f)	مذنبة
enfer (m)	al ʒaḥīm (f)	الجحيم
paradis (m)	al ʒanna (f)	الجنّة
Jésus	yasū' (m)	يسوع
Jésus Christ	yasū' al masīḥ (m)	يسوع المسيح
le Saint-Esprit	ar rūḥ al qudus (m)	الروح القدس
le Sauveur	al masīḥ (m)	المسيح
la Sainte Vierge	maryam al 'aðrā' (f)	مريم العذراء
le Diable	aʃ ʃayṭān (m)	الشيطان
diabolique (adj)	ʃayṭāniy	شيطانيّ
Satan	aʃ ʃayṭān (m)	الشيطان
satanique (adj)	ʃayṭāniy	شيطانيّ
ange (m)	malāk (m)	ملاك
ange (m) gardien	malāk ḥāris (m)	ملاك حارس
angélique (adj)	malā'ikiy	ملائكيّ

apôtre (m)	rasūl (m)	رسول
archange (m)	al malak ar ra'īsiy (m)	الملك الرئيسي
antéchrist (m)	al masīḥ ad daʒʒāl (m)	المسيح الدجّال
Église (f)	al kanīsa (f)	الكنيسة
Bible (f)	al kitāb al muqaddas (m)	الكتاب المقدّس
biblique (adj)	tawrātiy	توراتيّ
Ancien Testament (m)	al ʿahd al qadīm (m)	العهد القديم
Nouveau Testament (m)	al ʿahd al ʒadīd (m)	العهد الجديد
Évangile (m)	inʒīl (m)	إنجيل
Sainte Écriture (f)	al kitāb al muqaddas (m)	الكتاب المقدّس
Cieux (m pl)	al ʒanna (f)	الجنّة
commandement (m)	waṣiyya (f)	وصيّة
prophète (m)	nabiy (m)	نبيّ
prophétie (f)	nubū'a (f)	نبوءة
Allah	allah (m)	الله
Mahomet	muḥammad (m)	محمّد
le Coran	al qur'ān (m)	القرآن
mosquée (f)	masʒid (m)	مسجد
mulla (m)	mulla (m)	ملّا
prière (f)	ṣalāt (f)	صلاة
prier (~ Dieu)	ṣalla	صلّى
pèlerinage (m)	ḥaʒʒ (m)	حجّ
pèlerin (m)	ḥāʒʒ (m)	حاجّ
La Mecque	makka al mukarrama (f)	مكة المكرّمة
église (f)	kanīsa (f)	كنيسة
temple (m)	maʿbad (m)	معبد
cathédrale (f)	katidrā'iyya (f)	كاتدرائيّة
gothique (adj)	qūṭiy	قوطيّ
synagogue (f)	kanīs maʿbad yahūdiy (m)	كنيس معبد يهوديّ
mosquée (f)	masʒid (m)	مسجد
chapelle (f)	kanīsa saɣīra (f)	كنيسة صغيرة
abbaye (f)	dayr (m)	دير
couvent (m)	dayr (m)	دير
monastère (m)	dayr (m)	دير
cloche (f)	ʒaras (m)	جرس
clocher (m)	burʒ al ʒaras (m)	برج الجرس
sonner (vi)	daqq	دقّ
croix (f)	ṣalīb (m)	صليب
coupole (f)	qubba (f)	قبّة
icône (f)	'īkūna (f)	ايقونة
âme (f)	nafs (f)	نفس
sort (m) (destin)	maṣīr (m)	مصير
mal (m)	ʃarr (m)	شرّ
bien (m)	χayr (m)	خير
vampire (m)	maṣṣāṣ dimā' (m)	مصّاص دماء

sorcière (f)	sāḥira (f)	ساحرة
démon (m)	ʃayṭān (m)	شيطان
esprit (m)	rūḥ (m)	روح
rachat (m)	takfīr (m)	تكفير
racheter (pécheur)	kaffar ʻan	كفّر عن
office (m), messe (f)	qaddās (m)	قدّاس
dire la messe	alqa χuṭba bil kanīsa	ألقى خطبة بالكنيسة
confession (f)	iʻtirāf (m)	إعتراف
se confesser (vp)	iʻtaraf	إعترف
saint (m)	qiddīs (m)	قدّيس
sacré (adj)	muqaddas (m)	مقدّس
l'eau bénite	māʼ muqaddas (m)	ماء مقدّس
rite (m)	ṭuqūs (pl)	طقوس
rituel (adj)	ṭuqūsiy	طقوسيّ
sacrifice (m)	ðabīḥa (f)	ذبيحة
superstition (f)	χurāfa (f)	خرافة
superstitieux (adj)	muʼmin bil χurāfāt (m)	مؤمن بالخرافات
vie (f) après la mort	al ʼāχira (f)	الآخرة
vie (f) éternelle	al ḥayāt al abadiyya (f)	الحياة الأبدية

DIVERS

249. Quelques mots et formules utiles

aide (f)	musā'ada (f)	مساعدة
arrêt (m) (pause)	istirāḥa (f)	إستراحة
balance (f)	tawāzun (m)	توازن
barrière (f)	ḥāʒiz (m)	حاجز
base (f)	asās (m)	أساس
catégorie (f)	fi'a (f)	فئة
cause (f)	sabab (m)	سبب
choix (m)	iχtiyār (m)	إختيار
chose (f) (objet)	ʃay' (m)	شيء
coïncidence (f)	ṣudfa (f)	صدفة
comparaison (f)	muqārana (f)	مقارنة
compensation (f)	ta'wīḍ (m)	تعويض
confortable (adj)	murīḥ	مريح
croissance (f)	numuww (m)	نمو
début (m)	bidāya (f)	بداية
degré (m) (~ de liberté)	daraʒa (f)	درجة
développement (m)	tanmiya (f)	تنمية
différence (f)	farq (m)	فرق
d'urgence (adv)	'āʒilan	عاجلًا
effet (m)	ta'θīr (m)	تأثير
effort (m)	ʒuhd (m)	جهد
élément (m)	'unṣur (m)	عنصر
exemple (m)	miθāl (m)	مثال
fait (m)	ḥaqīqa (f)	حقيقة
faute, erreur (f)	χaṭa' (m)	خطأ
fin (f)	nihāya (f)	نهاية
fond (m) (arrière-plan)	χalfiyya (f)	خلفيّة
forme (f)	ʃakl (m)	شكل
fréquent (adj)	mutakarrir (m)	متكرّر
genre (m) (type, sorte)	naw' (m)	نوع
idéal (m)	miθāl (m)	مثال
labyrinthe (m)	tayh (m)	تيه
mode (m) (méthode)	ṭarīqa (f)	طريقة
moment (m)	laḥẓa (f)	لحظة
objet (m)	mawḍū' (m)	موضوع
obstacle (m)	'aqba (f)	عقبة
original (m)	aṣl (m)	أصل
part (f)	ʒuz' (m)	جزء
particule (f)	ʒuz' (m)	جزء

pause (f)	istirāḥa (f)	إستراحة
position (f)	mawqif (m)	موقف
principe (m)	mabda' (m)	مبدأ
problème (m)	muʃkila (f)	مشكلة
processus (m)	ʿamaliyya (f)	عمليّة
progrès (m)	taqaddum (m)	تقدّم
propriété (f) (qualité)	χaṣṣa (f)	خاصّة
réaction (f)	radd fiʿl (m)	ردّ فعل
risque (m)	muχāṭara (f)	مخاطرة
secret (m)	sirr (m)	سرّ
série (f)	silsila (f)	سلسلة
situation (f)	ḥāla (f), waḍʿ (m)	حالة, وضع
solution (f)	ḥall (m)	حلّ
standard (adj)	qiyāsiy	قياسيّ
standard (m)	qiyās (m)	قياس
style (m)	uslūb (m)	أسلوب
système (m)	niẓām (m)	نظام
tableau (m) (grille)	ʒadwal (m)	جدول
tempo (m)	surʿa (f)	سرعة
terme (m)	muṣṭalaḥ (m)	مصطلح
tour (m) (attends ton ~)	dawr (m)	دور
type (m) (~ de sport)	nawʿ (m)	نوع
urgent (adj)	ʿāʒil	عاجل
utilité (f)	manfaʿa (f)	منفعة
vérité (f)	ḥaqīqa (f)	حقيقة
version (f)	ʃakl muχtalif (m)	شكل مختلف
zone (f)	mintaqa (f)	منطقة

250. Les adjectifs. Partie 1

affamé (adj)	ʒawʿān	جوعان
agréable (la voix)	laṭīf	لطيف
aigre (fruits ~s)	ḥāmiḍ	حامض
amer (adj)	murr	مرّ
ancien (adj)	qadīm	قديم
arrière (roue, feu)	χalfiy	خلفيّ
artificiel (adj)	ṣināʿiy	صناعيّ
attentionné (adj)	muhtamm	مهتمّ
aveugle (adj)	aʿma	أعمى
bas (voix ~se)	munχafiḍ	منخفض
basané (adj)	asmar	أسمر
beau (homme)	ʒamīl	جميل
beau, magnifique (adj)	ʒamīl	جميل
bien affilé (adj)	ḥādd	حادّ
bon (~ voyage!)	ʒayyid	جيّد
bon (au bon cœur)	ṭayyib	طيّب

bon (savoureux)	laðīð	لذيذ
bon marché (adj)	raχīṣ	رخيص
bronzé (adj)	asmar	أسمر
calme (tranquille)	hādi'	هادئ
central (adj)	markaziy	مركزيّ
chaud (modérément)	dāfi'	دافئ
cher (adj)	ɣāli	غال
civil (droit ~)	madaniy	مدنيّ
clair (couleur)	fātiḥ	فاتح
clair (explication ~e)	wāḍiḥ	واضح
clandestin (adj)	sirriy	سرّيّ
commun (projet ~)	muʃtarak	مشترك
compatible (adj)	mutawāfiq	متوافق
considérable (adj)	muhimm	مهمّ
content (adj)	rāḍi	راض
continu (incessant)	mutawāṣil	متواصل
continu (usage ~)	mumtadd	ممتدّ
convenu (approprié)	ṣāliḥ	صالح
court (de taille)	qaṣīr	قصير
court (en durée)	qaṣīr	قصير
cru (non cuit)	nayy	نيّ
d'à côté, voisin	qarīb	قريب
dangereux (adj)	χaṭīr	خطير
d'enfant (adj)	lil aṭfāl	للأطفال
dense (brouillard ~)	kaθīf	كثيف
dernier (final)	'āχir	آخر
différent (adj)	muχtalif	مختلف
difficile (complexe)	ṣa'b	صعب
difficile (décision)	ṣa'b	صعب
divers (adj)	muχtalif	مختلف
d'occasion (adj)	musta'mal	مستعمل
douce (l'eau ~)	'aðb	عذب
droit (pas courbe)	mustaqīm	مستقيم
droit (situé à droite)	al yamīn	اليمين
dur (pas mou)	ʒāmid	جامد
éloigné (adj)	ba'īd	بعيد
ensoleillé (jour ~)	muʃmis	مشمس
entier (adj)	kāmil	كامل
épais (brouillard ~)	kaθīf	كثيف
épais (mur, etc.)	θaχīn	ثخين
étranger (adj)	aʒnabiy	أجنبيّ
étroit (passage, etc.)	ḍayyiq	ضيّق
excellent (adj)	mumtāz	ممتاز
excessif (adj)	mufriṭ	مفرط
extérieur (adj)	χāriʒiy	خارجيّ
facile (adj)	sahl	سهل
faible (lumière)	bāhit	باهت

fatiguant (adj)	mut'ib	متعب
fatigué (adj)	ta'bān	تعبان
fermé (adj)	muɣlaq	مغلق
fertile (le sol ~)	χaṣib	خصب
fort (homme ~)	qawiy	قويّ
fort (voix ~e)	'āli	عال
fragile (vaisselle, etc.)	haʃʃ	هشّ
frais (adj) (légèrement froid)	qarīr	قرير
frais (du pain ~)	ṭāziʒ	طازج
froid (boisson ~e)	bārid	بارد
gauche (adj)	al yasār	اليسار
géant (adj)	ḍaχm	ضخم
gentil (adj)	laṭīf	لطيف
grand (dimension)	kabīr	كبير
gras (repas ~)	dasim	دسم
gratuit (adj)	maʒʒāniy	مجّانيّ
heureux (adj)	sa'īd	سعيد
hostile (adj)	mu'ādin	معاد
humide (adj)	raṭib	رطب
immobile (adj)	θābit	ثابت
important (adj)	muhimm	مهمّ
impossible (adj)	mustaḥīl	مستحيل
indéchiffrable (adj)	ɣayr wāḍiḥ	غير واضح
indispensable (adj)	ḍarūriy	ضروريّ
intelligent (adj)	ðakiy	ذكيّ
intérieur (adj)	dāχiliy	داخليّ
jeune (adj)	ʃābb	شابّ
joyeux (adj)	farḥān	فرحان
juste, correct (adj)	ṣaḥīḥ	صحيح

251. Les adjectifs. Partie 2

large (~ route)	wāsi'	واسع
le même, pareil (adj)	mumāθil	مماثل
le plus important	ahamm	أهمّ
le plus proche	aqrab	أقرب
légal (adj)	qānūniy, ʃar'iy	قانونيّ, شرعيّ
léger (pas lourd)	χafīf	خفيف
libre (accès, etc.)	ḥurr	حرّ
limité (adj)	maḥdūd	محدود
liquide (adj)	sā'il	سائل
lisse (adj)	amlas	أملس
lointain (adj)	ba'īd	بعيد
long (~ chemin)	ṭawīl	طويل
lourd (adj)	taqīl	ثقيل
maigre (adj)	naḥīf	نحيف
malade (adj)	marīḍ	مريض

mat (couleur)	munṭafi'	منطفئ
mauvais (adj)	sayyi'	سيّئ
méticuleux (~ travail)	mutqan	متقن
miséreux (adj)	muʿdim	معدم
mort (adj)	mayyit	ميّت
mou (souple)	ṭariy	طريّ
mûr (fruit ~)	nāḍiʒ	ناضج
myope (adj)	qaṣīr an naẓar	قصير النظر
mystérieux (adj)	ɣarīb	غريب
natal (ville, pays)	aṣliy	أصليّ
nécessaire (adj)	lāzim	لازم
négatif (adj)	salbiy	سلبيّ
négligent (adj)	muhmil	مهمل
nerveux (adj)	ʿaṣabiy	عصبيّ
neuf (adj)	ʒadīd	جديد
normal (adj)	ʿādiy	عاديّ
obligatoire (adj)	ḍarūriy	ضروريّ
opposé (adj)	muqābil	مقابل
ordinaire (adj)	ʿādiy	عاديّ
original (peu commun)	aṣliy	أصليّ
ouvert (adj)	maftūḥ	مفتوح
parfait (adj)	mumtāz	ممتاز
pas clair (adj)	ɣayr wāḍiḥ	غير واضح
pas difficile (adj)	ɣayr ṣaʿb	غير صعب
pas grand (adj)	ɣayr kabīr	غير كبير
passé (le mois ~)	māḍi	ماض
passé (participe ~)	māḍi	ماض
pauvre (adj)	faqīr	فقير
permanent (adj)	dā'im	دائم
personnel (adj)	ʃaχṣiy	شخصيّ
petit (adj)	ṣaɣīr	صغير
peu expérimenté (adj)	qalīl al χibra	قليل الخبرة
peu important (adj)	ɣayr muhimm	غير مهمّ
peu profond (adj)	ḍaḥl	ضحل
plat (l'écran ~)	musaṭṭaḥ	مسطّح
plat (surface ~e)	musaṭṭaḥ	مسطّح
plein (rempli)	malyān	مليان
poli (adj)	mu'addab	مؤدّب
ponctuel (adj)	daqīq	دقيق
possible (adj)	mumkin	ممكن
précédent (adj)	māḍi	ماض
précis, exact (adj)	daqīq	دقيق
présent (moment ~)	ḥāḍir	حاضر
principal (adj)	ra'īsi	رئيسي
principal (idée ~e)	asāsiy	أساسيّ
privé (réservé)	ʃaχṣiy	شخصيّ
probable (adj)	muḥtamal	محتمل

proche (pas lointain)	qarīb	قريب
propre (chemise ~)	naẓīf	نظيف
public (adj)	'āmm	عامّ
rapide (adj)	sarī'	سريع
rare (adj)	nādir	نادر
reconnaissant (adj)	ʃākir	شاكر
risqué (adj)	χaṭir	خطر
salé (adj)	māliḥ	مالح
sale (pas propre)	wasiχ	وسخ
sans nuages (adj)	ṣāfi	صاف
satisfait (client, etc.)	rāḍi	راض
sec (adj)	ʒāff	جافّ
serré, étroit (vêtement)	ḍayyiq	ضيّق
similaire (adj)	ʃabīh	شبيه
simple (adj)	basīṭ	بسيط
solide (bâtiment, etc.)	matīn	متين
sombre (paysage ~)	muẓlim	مظلم
sombre (pièce ~)	muẓlim	مظلم
spacieux (adj)	wāsi'	واسع
spécial (adj)	χāṣṣ	خاصّ
stupide (adj)	ɣabiy	غبيّ
sucré (adj)	musakkar	مسكّر
suivant (vol ~)	muqbil	مقبل
supplémentaire (adj)	iḍāfiy	إضافيّ
suprême (adj)	a'la	أعلى
sûr (pas dangereux)	'āmin	آمن
surgelé (produits ~s)	muʒammad	مجمّد
tendre (affectueux)	ḥanūn	حنون
tranquille (adj)	hādi'	هادئ
transparent (adj)	ʃaffāf	شفّاف
trempé (adj)	mablūl	مبلول
très chaud (adj)	sāχin	ساخن
triste (adj)	ḥazīn	حزين
triste (regard ~)	ḥazīn	حزين
trop maigre (émacié)	naḥīf	نحيف
unique (exceptionnel)	farīd	فريد
vide (bouteille, etc.)	χāli	خال
vieux (bâtiment, etc.)	qadīm	قديم
voisin (maison ~e)	muʒāwir	مجاور

LES 500 VERBES LES PLUS UTILISÉS

252. Les verbes les plus courants (de A à C)

abaisser (vt)	anzal	أنزل
accompagner (vt)	rāfaq	رافق
accoster (vi)	rasa	رسا
accrocher (suspendre)	ʻallaq	علّق
accuser (vt)	ittaham	إتّهم
acheter (vt)	iʃtara	إشترى
admirer (vt)	uʻʒab bi	أعجب بـ
affirmer (vt)	aṣarr	أصرّ
agir (vi)	ʻamal	عمل
agiter (les bras)	lawwaḥ	لوّح
aider (vt)	sāʻad	ساعد
aimer (apprécier)	aḥabb	أحبّ
aimer (qn)	aḥabb	أحبّ
ajouter (vt)	aḍāf	أضاف
aller (à pied)	maʃa	مشى
aller (en voiture, etc.)	sāfar	سافر
aller bien (robe, etc.)	nāsab	ناسب
aller se coucher	nām	نام
allumer (~ la cheminée)	aʃʻal	أشعل
allumer (la radio, etc.)	fataḥ, ʃaɣɣal	فتح, شغّل
amener, apporter (vt)	ata bi	أتى بـ
amputer (vt)	batar	بتر
amuser (vt)	salla	سلّى
annoncer (qch a qn)	aχbar	أخبر
annuler (vt)	alɣa	ألغى
apercevoir (vt)	lāḥaẓ	لاحظ
apparaître (vi)	ẓahar	ظهر
appartenir à …	χaṣṣ	خصّ
appeler (au secours)	istaɣāθ	إستغاث
appeler (dénommer)	samma	سمّى
appeler (vt)	nāda	نادى
applaudir (vi)	ṣaffaq	صفّق
apprendre (qch à qn)	ʻallam	علّم
arracher (vt)	qaṭaʻ	قطع
arriver (le train)	waṣal	وصل
arroser (plantes)	saqa	سقى
aspirer à …	saʻa	سعى
assister (vt)	sāʻad	ساعد

attacher à ...	rabaṭ bi ...	ربط بـ...
attaquer (mil.)	haʒam	هجم
atteindre (lieu)	waṣal	وصل
atteindre (objectif)	balaɣ	بلغ
attendre (vt)	intaẓar	إنتظر
attraper (vt)	amsak	أمسك
attraper ... (maladie)	inʿada	إنعدى
augmenter (vi)	izdād	إزداد
augmenter (vt)	zayyad	زيّد
autoriser (vt)	samaḥ	سمح
avertir (du danger)	ḥaððar	حذّر
aveugler (par les phares)	aʿma	أعمى
avoir (vt)	malak	ملك
avoir confiance	waθiq	وثق
avoir peur	χāf	خاف
avouer (vi, vt)	iʿtaraf	إعترف
baigner (~ les enfants)	ḥammam	حمّم
battre (frapper)	ḍarab	ضرب
boire (vt)	ʃarib	شرب
briller (vi)	lamʿ	لمع
briser, casser (vt)	kasar	كسر
brûler (des papiers)	ḥaraq	حرق
cacher (vt)	χabaʾ	خبأ
calmer (enfant, etc.)	ṭamʾan	طمأن
caresser (vt)	masaḥ	مسح
céder (vt)	istaslam	إستسلم
cesser (vt)	tawaqqaf	توقّف
changer (~ d'avis)	ɣayyar	غيّر
changer (échanger)	ṣaraf	صرف
charger (arme)	ḥaʃa	حشا
charger (véhicule, etc.)	ʃaḥan	شحن
charmer (vt)	fatan	فتن
chasser (animaux)	iṣṭād	إصطاد
chasser (faire partir)	ṭarad	طرد
chauffer (vt)	saχχan	سخّن
chercher (vt)	baḥaθ	بحث
choisir (vt)	iχtār	إختار
citer (vt)	istaʃhad	إستشهد
combattre (vi)	qātal	قاتل
commander (~ le menu)	ṭalab	طلب
commencer (vt)	badaʾ	بدأ
comparer (vt)	qāran	قارن
compenser (vt)	ʿawwaḍ	عوّض
compliquer (vt)	ʿaqqad	عقّد
composer (musique)	laḥḥan	لحّن
comprendre (vt)	fahim	فهم

compromettre (vt)	faḍah	فضح
compter (l'argent, etc.)	ʿadd	عدّ
compter sur ...	iʿtamad ʿala ...	إعتمد على...
concevoir (créer)	ṣammam	صمّم
concurrencer (vt)	nāfas	نافس
condamner (vt)	ḥakam	حكم
conduire une voiture	qād sayyāra	قاد سيّارة
confondre (vt)	iχtalaṭ	إختلط
connaître (qn)	ʿaraf	عرف
conseiller (vt)	naṣaḥ	نصح
consulter (docteur, etc.)	istaʃār ...	إستشار...
contaminer (vt)	aʿda	أعدى
continuer (vt)	istamarr	إستمرّ
contrôler (vt)	taḥakkam	تحكّم
convaincre (vt)	aqnaʿ	أقنع
coopérer (vi)	taʿāwan	تعاون
coordonner (vt)	nassaq	نسّق
corriger (une erreur)	ṣaḥḥaḥ	صحّح
couper (avec une hache)	qaṭaʿ	قطع
couper (un doigt, etc.)	qaṭaʿ	قطع
courir (vi)	ʒara	جرى
coûter (vt)	kallaf	كلّف
cracher (vi)	bazaq	بزق
créer (vt)	χalaq	خلق
creuser (vt)	ḥafar	حفر
crier (vi)	ṣaraχ	صرخ
croire (vi, vt)	iʿtaqad	إعتقد
cueillir (fleurs, etc.)	qaṭaf	قطف
cultiver (plantes)	anbat	أنبت

253. Les verbes les plus courants (de D à E)

dater de ...	raʒaʿ tarīχuhu ila	رجع تاريخه إلى
décider (vt)	qarrar	قرّر
décoller (avion)	aqlaʿ	أقلع
décorer (~ la maison)	zayyan	زيّن
décorer (de la médaille)	manaḥ	منح
découvrir (vt)	iktaʃaf	إكتشف
dédier (vt)	karras	كرّس
défendre (vt)	dāfaʿ	دافع
déjeuner (vi)	taɣadda	تغدّى
demander (de faire qch)	ṭalab	طلب
dénoncer (vt)	waʃa	وشى
dépasser (village, etc.)	marr bi	مرّ بـ
dépendre de ...	taʿallaq bi ...	تعلّق بـ...
déplacer (des meubles)	ḥarrak	حرّك
déranger (vt)	azʿaʒ	أزعج

descendre (vi)	nazil	نزل
désirer (vt)	raɣib	رغب
détacher (vt)	fakk	فكّ
détruire (~ des preuves)	atlaf	أتلف
devenir (vi)	aṣbaḥ	أصبح
devenir pensif	ʃaṭaḥ bi muχayyilatih	شطح بمخيّلته
deviner (vt)	χamman	خمّن
devoir (v aux)	kān yaʒib ʿalayh	كان يجب عليه
diffuser (distribuer)	wazzaʿ	وزّع
diminuer (vt)	qallal	قلّل
dîner (vi)	taʿaʃʃa	تعشّى
dire (vt)	qāl	قال
diriger (~ une usine)	adār	أدار
diriger (vers ...)	waʒʒah	وجّه
discuter (vt)	nāqaʃ	ناقش
disparaître (vi)	iχtafa	إختفى
distribuer (bonbons, etc.)	wazzaʿ ʿala	وزّع على
diviser (~ par 2)	qasam	قسم
dominer (château, etc.)	irtafaʿ	إرتفع
donner (qch à qn)	aʿṭa	أعطى
doubler (la mise, etc.)	ḍāʿaf	ضاعف
douter (vt)	ʃakk fi	شكّ في
dresser (~ une liste)	ʒammaʿ	جمّع
dresser (un chien)	darrab	درّب
éclairer (soleil)	aḍāʾ	أضاء
écouter (vt)	istamaʿ	إستمع
écouter aux portes	tanaṣṣat	تنصّت
écraser (cafard, etc.)	faʿaṣ	فعص
écrire (vt)	katab	كتب
effacer (vt)	masaḥ	مسح
éliminer (supprimer)	azāl	أزال
embaucher (vt)	waẓẓaf	وظّف
employer (utiliser)	istaχdam	إستخدم
emporter (vt)	ðahab bi	ذهب بـ
emprunter (vt)	istalaf	إستلف
enlever (~ des taches)	azāl	أزال
enlever (un objet)	nazaʿ	نزع
enlever la boue	naẓẓaf	نظّف
entendre (bruit, etc.)	samiʿ	سمع
entraîner (vt)	darrab	درّب
entreprendre (vt)	qām bi	قام بـ
entrer (vi)	daχal	دخل
envelopper (vt)	laff	لفّ
envier (vt)	ḥasad	حسد
envoyer (vt)	arsal	أرسل
épier (vt)	waṣwaṣ	وصوص

équiper (vt)	ʒahhaz	جهّز
espérer (vi)	tamanna	تمنّى
essayer (de faire qch)	ḥāwal	حاول
éteindre (~ la lumière)	aṭfa'	أطفأ
éteindre (incendie)	aṭfa'	أطفأ
étonner (vt)	adhaʃ	أدهش
être (vi)	kān	كان
être allongé (personne)	raqad	رقد
être assez (suffire)	kafa	كفى
être assis	ʒalas	جلس
être basé (sur ...)	i'tamad	إعتمد
être convaincu de ...	iqtana'	إقتنع
être d'accord	ittafaq	إتّفق
être différent	iχtalaf	إختلف
être en tête (de ...)	ra's	رأس
être fatigué	ta'ib	تعب
être indispensable	kān maṭlūb	كان مطلوبًا
être la cause de ...	sabbab	سبّب
être nécessaire	kānat hunāk ḥāʒa ila	كانت هناك حاجة إلى
être perplexe	iḥtār	إحتار
être pressé	ista'ʒal	إستعجل
étudier (vt)	daras	درس
éviter (~ la foule)	taʒannab	تجنّب
examiner (une question)	baḥas fi	بحث في
exclure, expulser (vt)	faṣal	فصل
excuser (vt)	'aðar	عذر
exiger (vt)	ṭālib	طالب
exister (vi)	kān mawʒūd	كان موجودًا
expliquer (vt)	ʃaraḥ	شرح
exprimer (vt)	'abbar	عبّر

254. Les verbes les plus courants (de F à N)

fâcher (vt)	az'al	أزعل
faciliter (vt)	sahhal	سهّل
faire (vt)	'amal	عمل
faire allusion	lamaḥ	لمح
faire connaissance	ta'arraf	تعرّف
faire de la publicité	a'lan	أعلن
faire des copies	ṣawwar	صوّر
faire la guerre	ḥārab	حارب
faire la lessive	ɣasal	غسل
faire le ménage	rattab	رتّب
faire surface (sous-marin)	ṣa'id ilas saṭḥ	صعد إلى السطح
faire tomber	awqa'	أوقع

faire un rapport	qaddam taqrīr	قدّم تقريرًا
fatiguer (vt)	at'ab	أتعب
féliciter (vt)	hanna'	هنّأ
fermer (vt)	aɣlaq	أغلق
finir (vt)	atamm	أتمّ
flatter (vt)	ʒāmal	جامل
forcer (obliger)	aʒbar	أجبر
former (composer)	ʃakkal	شكّل
frapper (~ à la porte)	daqq	دقّ
garantir (vt)	ḍaman	ضمن
garder (lettres, etc.)	iḥtafaẓ	إحتفظ
garder le silence	sakat	سكت
griffer (vt)	χadaʃ	خدش
gronder (qn)	wabbaχ	وبّخ
habiter (vt)	sakan	سكن
hériter (vt)	wariθ	ورث
imaginer (vt)	taṣawwar	تصوّر
imiter (vt)	qallad	قلّد
importer (vt)	istawrad	إستورد
indiquer (le chemin)	aʃār	أشار
influer (vt)	aθθar	أثّر
informer (vt)	aχbar	أخبر
inquiéter (vt)	aqlaq	أقلق
inscrire (sur la liste)	saʒʒal	سجّل
insérer (~ la clé)	adχal	أدخل
insister (vi)	aṣarr	أصرّ
inspirer (vt)	alham	ألهم
instruire (vt)	'allam	علّم
insulter (vt)	ahān	أهان
interdire (vt)	mana'	منع
intéresser (vt)	hamm	همّ
intervenir (vi)	tadaχχal	تدخّل
inventer (machine, etc.)	iχtara'	إخترع
inviter (vt)	da'a	دعا
irriter (vt)	az'aʒ	أزعج
isoler (vt)	'azal	عزل
jeter (une pierre)	rama	رمى
jouer (acteur)	maθθal	مثّل
jouer (s'amuser)	la'ib	لعب
laisser (oublier)	nasiya	نسي
lancer (un projet)	aṭlaq	أطلق
larguer les amarres	aqla'	أقلع
laver (vt)	ɣasal	غسل
libérer (ville, etc.)	ḥarrar	حرّر
ligoter (vt)	rabaṭ	ربط
limiter (vt)	ḥaddad	حدّد

lire (vi, vt)	qara'	قرأ
louer (barque, etc.)	ista'ʒar	إستأجر
louer (prendre en location)	ista'ʒar	إستأجر
lutter (~ contre ...)	qātal	قاتل
lutter (sport)	ṣāra'	صارع
manger (vi, vt)	akal	أكل
manquer (l'école)	ɣāb	غاب
marquer (sur la carte)	'allam	علّم
mélanger (vt)	χalaṭ	خلط
mémoriser (vt)	ḥafaẓ	حفظ
menacer (vt)	haddad	هدّد
mentionner (vt)	ðakar	ذكر
mentir (vi)	kaðib	كذب
mépriser (vt)	iḥtaqar	إحتقر
mériter (vt)	istaḥaqq	إستحقّ
mettre (placer)	waḍa'	وضع
montrer (vt)	'araḍ	عرض
multiplier (math)	ḍarab	ضرب
nager (vi)	sabaḥ	سبح
négocier (vi)	aʒra mubāḥaθāt	أجرى مباحثات
nettoyer (vt)	naẓẓaf	نظّف
nier (vt)	ankar	أنكر
nommer (à une fonction)	'ayyan	عيّن
noter (prendre en note)	katab mulāḥaẓa	كتب ملاحظة
nourrir (vt)	aṭ'am	أطعم

255. Les verbes les plus courants (de O à R)

obéir (vt)	ṭā'	طاع
objecter (vt)	i'taraḍ	إعترض
observer (vt)	rāqab	راقب
offenser (vt)	asā'	أساء
omettre (vt)	ḥaðaf	حذف
ordonner (mil.)	amar	أمر
organiser (concert, etc.)	naẓẓam	نظّم
oser (vt)	aqdam	أقدم
oublier (vt)	nasiy	نسي
ouvrir (vt)	fataḥ	فتح
paraître (livre)	ṣadar	صدر
pardonner (vt)	'afa	عفا
parler avec ...	takallam ma'a ...	تكلّم مع...
participer à ...	iʃtarak	إشترك
partir (~ en voiture)	ɣādar	غادر
payer (régler)	dafa'	دفع
pécher (vi)	aðnab	أذنب
pêcher (vi)	iṣṭād as samak	إصطاد السمك

pénétrer (vt)	daχal	دخل
penser (croire)	iʿtaqad	إعتقد
penser (vi, vt)	ẓann	ظنّ
perdre (les clefs, etc.)	faqad	فقد
permettre (vt)	samaḥ	سمح
peser (~ 100 kilos)	wazan	وزن
photographier (vt)	ṣawwar	صوّر
placer (mettre)	waḍaʿ	وضع
plaire (être apprécié)	aʿʒab	أعجب
plaisanter (vi)	mazaḥ	مزح
planifier (vt)	χaṭṭaṭ	خطّط
pleurer (vi)	baka	بكى
plonger (vi)	ɣāṣ	غاص
posséder (vt)	malak	ملك
pousser (les gens)	dafaʿ	دفع
pouvoir (v aux)	istaṭāʿ	إستطاع
prédominer (vi)	ɣalab	غلب
préférer (vt)	faḍḍal	فضّل
prendre (vt)	aχað	أخذ
prendre en note	katab	كتب
prendre le petit déjeuner	afṭar	أفطر
prendre un risque	χāṭar	خاطر
préparer (le dîner)	ḥaḍḍar	حضّر
préparer (vt)	aʿadd	أعدّ
présenter (faire connaître)	ʿarraf	عرّف
présenter (qn)	qaddam	قدّم
préserver (~ la paix)	ḥafaẓ	حفظ
pressentir (le danger)	ʃaʿr bi	شعر بـ
presser (qn)	aʿʒʒal	عجّل
prévoir (vt)	tanabbaʾ	تنبّأ
prier (~ Dieu)	ṣalla	صلّى
priver (vt)	ḥaram	حرم
progresser (vi)	taqaddam	تقدّم
promettre (vt)	waʿad	وعد
prononcer (vt)	naṭaq	نطق
proposer (vt)	iqtaraḥ, ʿaraḍ	إقترح , عرض
protéger (la nature)	ḥama	حمى
protester (vi, vt)	iḥtaʒʒ	إحتجّ
prouver (une théorie, etc.)	aθbat	أثبت
provoquer (vt)	istafazz	إستفزّ
punir (vt)	ʿāqab	عاقب
quitter (famille, etc.)	tarak	ترك
raconter (une histoire)	ḥaddaθ	حدّث
ranger (jouets, etc.)	ʃāl	شال
rappeler (évoquer un souvenir)	ðakkar	ذكّر

réaliser (vt)	ḥaqqaq	حقّق
recommander (vt)	naṣaḥ	نصح
reconnaître (erreurs)	i'taraf	إعترف
reconnaître (qn)	'araf	عرف
refaire (vt)	a'ād	أعاد
refuser (vt)	rafaḍ	رفض
regarder (vi, vt)	naẓar	نظر
régler (~ un conflit)	sawwa	سوّى
regretter (vt)	nadim	ندم
remarquer (qn)	lamaḥ	لمح
remercier (vt)	ʃakar	شكر
remettre en ordre	naẓẓam	نظّم
remplir (une bouteille)	mala'	ملأ
renforcer (vt)	'azzaz	عزّز
renverser (liquide)	dalaq	دلق
renvoyer (colis, etc.)	a'ād	أعاد
répandre (odeur)	fāḥ	فاح
réparer (vt)	aṣlaḥ	أصلح
repasser (vêtement)	kawa	كوى
répéter (dire encore)	karrar	كرّر
répondre (vi, vt)	aʒāb	أجاب
reprocher (qch à qn)	lām	لام
réserver (une chambre)	ḥaʒaz	حجز
résoudre (le problème)	ḥall	حلّ
respirer (vi)	tanaffas	تنفّس
ressembler à ...	kān ʃabīhan	كان شبيهًا
retenir (empêcher)	mana'	منع
retourner (pierre, etc.)	qalab	قلب
réunir (regrouper)	waḥḥad	وحّد
réveiller (vt)	ayqaẓ	أيقظ
revenir (vi)	'ād	عاد
rêver (en dormant)	ḥalam	حلم
rêver (faut pas ~!)	ḥalam	حلم
rire (vi)	ḍaḥik	ضحك
rougir (vi)	iḥmarr	إحمرّ

256. Les verbes les plus courants (de S à V)

s'adresser (vp)	χāṭab	خاطب
saluer (vt)	sallam 'ala	سلّم على
s'amuser (vp)	istamta'	إستمتع
s'approcher (vp)	iqtarab	إقترب
s'arrêter (vp)	waqaf	وقف
s'asseoir (vp)	ʒalas	جلس
satisfaire (vt)	arḍa	أرضى
s'attendre (vp)	tawaqqa'	توقّع

sauver (la vie à qn)	anqað	أنقذ
savoir (qch)	ʿaraf	عرف
se baigner (vp)	sabaḥ	سبح
se battre (vp)	taʿārak	تعارك
se concentrer (vp)	tarakkaz	تركّز
se conduire (vp)	taṣarraf	تصرّف
se conserver (vp)	baqiya	بقي
se débarrasser de ...	taχallaṣ min ...	تخلّص من...
se défendre (vp)	dāfaʿ ʿan nafsih	دافع عن نفسه
se détourner (vp)	aʿraḍ ʿan	أعرض عن
se fâcher (contre ...)	zaʿal	زعل
se fendre (mur, sol)	taʃaqqaq	تشقّق
se joindre (vp)	inḍamm ila	إنضمّ إلى
se laver (vp)	istaḥamm	إستحمّ
se lever (tôt, tard)	qām	قام
se marier (prendre pour épouse)	tazawwaʒ	تزوج
se moquer (vp)	saχar	سخر
se noyer (vp)	ɣariq	غرق
se peigner (vp)	tamaʃʃaṭ	تمشّط
se plaindre (vp)	ʃaka	شكا
se préoccuper (vp)	qalaq	قلق
se rappeler (vp)	taðakkar	تذكّر
se raser (vp)	ḥalaq	حلق
se renseigner (sur ...)	istafsar	إستفسر
se renverser (du sucre)	saqaṭ	سقط
se reposer (vp)	istarāḥ	إستراح
se rétablir (vp)	ʃufiy	شفي
se rompre (la corde)	inqaṭaʿ	إنقطع
se salir (vp)	tawassaχ	توسّخ
se servir de ...	istanfaʿ	إستنفع
se souvenir (vp)	taðakkar	تذكّر
se taire (vp)	sakat	سكت
se tromper (vp)	aχṭaʾ	أخطأ
se trouver (sur ...)	kān mawʒūdan	كان موجودًا
se vanter (vp)	tabāha	تباهى
se venger (vp)	intaqam	إنتقم
s'échanger (des ...)	tabādal	تبادل
sécher (vt)	ʒaffaf	جفّف
secouer (vt)	hazz	هزّ
sélectionner (vt)	iχtār	إختار
semer (des graines)	baðar	بذر
s'ennuyer (vp)	ʃaʿar bil malal	شعر بالملل
sentir (~ les fleurs)	iʃtamm	إشتمّ
sentir (avoir une odeur)	fāḥ	فاح
s'entraîner (vp)	tadarrab	تدرب

serrer dans ses bras	ʿānaq	عانق
servir (au restaurant)	χadam	خدم
s'étonner (vp)	indahaʃ	إندهش
s'excuser (vp)	iʿtaðar	إعتذر
signer (vt)	waqqaʿ	وقّع
signifier (avoir tel sens)	ʿana	عنى
signifier (vt)	ʿana	عنى
simplifier (vt)	bassaṭ	بسّط
s'indigner (vp)	istāʾ	إستاء
s'inquiéter (vp)	qalaq	قلق
s'intéresser (vp)	ihtamm	إهتمّ
s'irriter (vp)	inzaʿaʒ	إنزعج
soigner (traiter)	ʿālaʒ	عالج
sortir (aller dehors)	χaraʒ	خرج
souffler (vent)	habb	هبّ
souffrir (vi)	ʿāna	عانى
souligner (vt)	waḍaʿ χaṭṭ taḥt	وضع خطًا تحت
soupirer (vi)	tanahhad	تنهّد
sourire (vi)	ibtasam	إبتسم
sous-estimer (vt)	istaχaff	إستخفّ
soutenir (vt)	ayyad	أيّد
suivre ... (suivez-moi)	tabaʿ	تبع
supplier (vt)	tawassal	توسّل
supporter (la douleur)	taḥammal	تحمّل
supposer (vt)	iftaraḍ	إفترض
surestimer (vt)	bāliɣ fit taqdīr	بالغ في التقدير
suspecter (vt)	iʃtabah fi	إشتبه في
tenter (vt)	ḥāwal	حاول
tirer (~ un coup de feu)	aṭlaq an nār	أطلق النار
tirer (corde)	ʃadd	شدّ
tirer une conclusion	istantaʒ	إستنتج
tomber amoureux	aḥabb	أحبّ
toucher (de la main)	lamas	لمس
tourner (~ à gauche)	inʿaṭaf	إنعطف
traduire (vt)	tarʒam	ترجم
transformer (vt)	ḥawwal	حوّل
travailler (vi)	ʿamal	عمل
trembler (de froid)	irtaʿaʃ	إرتعش
tressaillir (vi)	irtaʿaʃ	إرتعش
tromper (vt)	χadaʿ	خدع
trouver (vt)	waʒad	وجد
tuer (vt)	qatal	قتل
vacciner (vt)	laqqaḥ	لقّح
vendre (vt)	bāʿ	باع
verser (à boire)	ṣabb	صبّ

viser … (cible)	ṣawwab	صوّب
vivre (vi)	'āʃ	عاش
voler (avion, oiseau)	ṭār	طار
voler (qch à qn)	saraq	سرق
voter (vi)	ṣawwat	صوّت
vouloir (vt)	arād	أراد

www.ingramcontent.com/pod-product-compliance
Lightning Source LLC
Chambersburg PA
CBHW071326090426
42738CB00012B/2804
* 9 7 8 1 7 8 7 1 6 6 9 8 1 *